西班牙

沉之旅

作者
宋良音

U0004930

太雅

目 錄
CONTENT

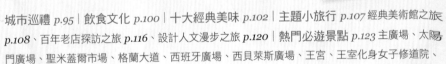

作者序

謝謝大家的支持，
讓「西班牙深度之旅」一書，又再版了！

　　和西班牙的緣分，其實得從我第一份工作擔任雜誌社採訪編輯開始說起，當時探訪了西班牙官員家裡的餐桌，之後更陸續進行橄欖油相關報導，也因此引發了對西班牙的興趣，後來更因為到墨西哥擔任國際志工，對西語系國家文化有了短暫的接觸，而沒想到結婚後竟還隨著先生踏上了這塊我曾經朝思暮想的土地，並得從頭開始學習西班牙文，且得一住5年。人生，就是這麼樣的奇妙吧！

　　也因此，在這4年多的生活裡，我完全地釋放對於想了解這塊土地的欲望，希望自己能好好在這段時間，過得像位當地人一樣，所以我透過參與各式各樣的節慶和活動，並到語言學校、餐旅學院、烹飪教室、舞蹈教室當學生，還擔任中文家教老師以深入當地生活，想從不同的面向來了解這個國家及文化，當然在這之中所結交的各式朋友，更是幫助我深入這裡生活最重要的橋梁。

　　而為了想了解這個比台灣大上14倍的國家，只要有時間，我就踏上了前往各個大城小鎮的旅程，但行旅時，有時是為了想參與這個地方的節慶活動，或是為了想觀看某座建築，抑或是單純只想吃吃看當地的美味而造訪，對我而言這樣的玩法會更有意思，且了解更多，而我就在這樣的過程中建構起對西班牙的認識。

　　所以在初版書籍中，分享了西班牙的生活觀察、節慶特色、飲食文化、特產美味和三大城與周邊城市資訊，向大家介紹我眼中的西班牙，之後在增訂版中，除了三大城市景點與資訊增加，和節慶文化的增幅，還納入充滿濃烈西班牙色彩的城市——塞維亞，而在這次的新版本中，除了原有的內容資訊更新，則再加入後續這段期間我不定期往返西班牙時，所看見的新景點、獲得的訊息，與所發掘的有趣事物，希望這些內容，能豐富大家接下來的西班牙行旅，讓大家能在這個美麗又喧鬧的國度裡，玩得盡興、吃得美味、買得開心，不僅看熱鬧，也懂門道！

　　本書的持續再版，除了感謝家人、之前旅居近5年時在西班牙幫助我的朋友與陌生人，更謝謝出書後持續給我鼓勵、建議和協助的出版社編輯群與讀者、網友們，讓這本書更臻完善。最後謹將這本書的榮耀歸於上帝，感謝祢的指引和看顧，讓本書持續受到讀者喜愛！

　　現在，就請大家跟著我，一起來看看這個我最愛的國家與第二個故鄉——西班牙吧！

宋良音 k.s.

關於作者　宋良音（Kate）

　　世新大學新聞碩士。曾任報社、電台記者、出版社資深編輯，報導與寫作領域遍及新聞時事、美食、旅遊、時尚設計。

　　曾旅居西班牙第三大城瓦倫西亞約5年，除身體力行踏尋西國各地，融入當地生活、參與多樣活動，更以文化著眼了解當地。在西國曾為餐旅學校學生、並為文字工作者，忠實紀錄以傳達西班牙文化風情，現仍不定期往返西班牙，感受體認西班牙文化與生活脈動。

　　著作有：《西班牙節慶散步：大城小鎮全紀錄》、《熱情的地中海滋味！西班牙美食》

編輯室提醒

出發前，請記得利用書上提供的Data再一次確認

　　每一個城市都是有生命的，會隨著時間不斷成長，「改變」於是成為不可避免的常態，雖然本書的作者與編輯已經盡力，讓書中呈現最新最完整的資訊，但是，我們仍要提醒本書的讀者，必要的時候，請多利用書中的資訊，再次確認相關訊息。

資訊不代表對服務品質的背書

　　本書作者所提供的餐廳、商店等等資訊，是作者個人經歷或採訪獲得的資訊，本書作者盡力介紹有特色與價值的旅遊資訊，但是過去有讀者因為店家或機構服務態度不佳，而產生對作者的誤解。敝社申明，「服務」是一種「人為」，作者無法為所有服務生或任何機構的職員背書他們的品行，甚或是費用與服務內容也會隨時間調動，所以，因時地人，可能會與作者的體會不同，這也是旅行的特質。

新版與舊版

　　太雅旅遊書中銷售穩定的書籍，會不斷再版，並利用再版時做修訂工作。通常修訂時，還會新增餐廳、店家，重新製作專題，所以舊版的經典之作，可能會縮小版面，或是僅以情報簡短附錄。不論我們作何改變，一定考量讀者的利益。

票價震盪現象

　　越受歡迎的觀光城市，參觀門票和交通票券的價格，越容易調漲，但是調幅不大(例如倫敦)，若出現跟書中的價格有微小差距，請以平常心接受。

謝謝眾多讀者的來信

　　過去太雅旅遊書，透過非常多讀者的來信，得知更多的資訊，甚至幫忙修訂，非常感謝你們幫忙的熱心與愛好旅遊的熱情。歡迎讀者將你所知道的變動後訊息，善用我們提供的「線上回函」或直接來信taiya@morningstar.com.tw，讓華文旅遊者在世界成為彼此的幫助。

太雅旅行作家俱樂部

如何使用本書
How to use

1 學習西班牙人過生活
關於西班牙的文化、民情介紹，引領你了解這個國度。

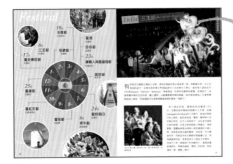

2 特色節慶
大篇幅介紹西班牙文化及特色節慶，番茄節的激戰、三王節的遊行、四月節的狂舞等，即使不在當地也如親臨現場般了解。

3 伴手禮
介紹關於西班牙的**美食**、**紀念品**、**流行服飾**等必BUY伴手禮，該買什麼、到哪買，看這就對了！

4 主題小旅行
前三大城市都設計有「主題小旅行」單元，包括像：**博物館、百年老店、高第建築、美食饗宴**等等，介紹出該地景點、特色餐廳，可依個人需求規畫自己的主題旅行。

5 四大城市

四大城市皆有開版及小目錄，讓你隨時索引。

6 景點介紹

每個城市的必遊、漫遊景點的介紹。

地圖

三大城市地圖，以 ●景點、●美食、● 購物 的方式表示，一目了然。

8 貼心小提醒

作者親身體驗的貼心小叮嚀，讓你直接抓住重點。

7 西國文化發現

告訴你一些西班牙的文化小知識。

9 周邊城市散步

四大城後皆介紹附近精采可訪的其他城市，有時間之餘，也可一同規畫進去喔！

10 旅遊小錦囊

西班牙實用的旅遊資訊，都在這裡，出發前記得做好功課喔！

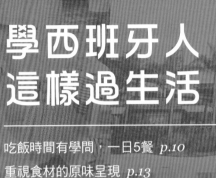

學西班牙人
這樣過生活

吃飯時間有學問 一日5餐

來到西班牙，除了要先適應時差，再者要面臨的就是重新調整「吃飯時間」的生理時鐘衝擊，西班牙人在吃飯時間上可區分為5個時段，分別為：

烤麵包加上咖啡及柳丁汁，是很常見的早餐組合

 ## 早餐（Desayuno）麵包配咖啡

早晨上班之前，多數西國人會選擇到咖啡店(Cafetería)，或在家喝杯牛奶咖啡(Café con Leche)，搭配可頌麵包(Croassant)或橫切後的長棍麵包(Pan)、吐司(Tostadas)，長棍麵包和吐司在烤後，會先選擇塗抹上新鮮番茄泥，或是直接淋上橄欖油、撒上鹽食用，也有塗抹果醬者。當然也有人會選擇喝巧克力牛奶(Colacao)，或以濃縮咖啡(Expresso)搭配一根香菸展開一天。更豐富者則還會選擇麵包，加上咖啡、柳橙汁的早餐組合。

早上點心時間（Almuerzo）鹹餡餅與三明治

到了11點左右的點心時間，西國人又開始湧進咖啡店，通常會喝杯咖啡、吃塊餅乾。也有人會將早餐挪到這個時候吃，就可能會出現名為Empanada的鹹餡餅、及被稱為Bocadillo的三明治。

Empanada鹹餡餅，是將餡料包入餅皮中對折成半月形所烤製，常見的口味有番茄鮪魚或松子菠菜餡。Bocadillo三明治，則是將長形麵包從側面切開，夾入火腿、起司，或

餡料滿溢的波卡迪優三明治，吃完一個就很有飽足感

鮪魚、鯷魚、橄欖、番茄、烤紅椒等，也有將西班牙馬鈴薯蛋餅(Tortilla)切塊放入者。

而這個點心時間，就在簡單的15～20分鐘休息後，回到工作崗位。

午餐（Comida）
午間套餐最划算

午餐為西班牙人最重要的一餐，通常在下午2點～4點半左右，店家多半會拉下店門用餐去！有別於單點的晚餐，許多餐廳都可看到一份約€8～20不等的每日套餐(Menú del Día)，大家在這個時刻，和同事聊天，同時曬曬太陽、透透氣，吃完再回到公司稍微閉目養神一番，但若離家近，也有人會選擇回家吃中飯，睡個午覺(Siesta)，養足精神。至於旅人則可趁此，品嘗到西國美味又實惠的餐點。

午間套餐，相較於晚餐，經濟又實惠

西班牙人重視午餐。而在每次用餐前，也常說「Buen Provecho」，表示請好好享用之意

西國文化發現

西班牙人愛午休（Siesta）？

其實午休是為了抵擋夏日酷暑所延伸出的習慣，除可妥善利用大略從下午1點半到4點半的炎熱時段(依店家或公司規定不同，午休長度各有調整)，在室內吃飯和午睡休息，也可藉此減少在外走動，所產生的中暑機會。而午休後仍會持續工作，因此西班牙人的工作時間，仍為8小時左右。

各式的小麵包是傍晚休息時間，補充體力的好選擇

　　傍晚小朋友放學時，都習慣吃個小點心或波卡迪優，所以來接小孩下課的父母就會直接帶來，讓他們在路途中邊走邊吃。至於上班族則會以一些迷你的巧克力可頌或點心，搭配一杯咖啡度過，接著再工作到8點左右下班。

晚餐（Cena）
Tapas或簡單餐點

　　晚餐約莫在9點左右開飯，若是到餐廳用餐，有時得到10點後，才見著客人陸續上門。若早點到，通常會先到餐廳附設的酒吧(或鄰近Tapas吧)，喝杯酒或點幾盤它帕斯(Tapas)下酒菜打發時間，接著入內用晚餐，也因為是接近睡覺的時間，不少人會以少量為原則，但用餐時間有時吃到凌晨1點也是常有的事。之後也可能再去酒吧喝個酒或跳舞玩樂，徹底放鬆。

　　也有西國人就僅到小酒館喝杯酒，點幾盤Tapas下酒菜打發，若是在家吃飯，甚至有時簡單到吃塊馬鈴薯蛋餅配碗湯，或吃盤麵就解決。

　　大體而言，雖然西班牙人常常飲酒吃肉，但或許是這樣多餐且善於調整食量，加上常走路的緣故，所以在西班牙，真正的胖子並不多，且還能見到許多身材曼妙、體態勇健的年輕人，或長壽且健康的銀髮族呢！

Pinchos

下班後到酒吧喝一杯，或簡單叫幾盤Tapas，是許多西班牙人解決晚餐的方式

西國文化發現

到Tapas吧怎麼點？

　　常見的有辣醬馬鈴薯、炸丸子、炸花枝圈、鐵板蘑菇、蒜辣蝦、西班牙蛋餅、俄式沙拉、火腿肉腸盤。另外也有在長棍麵包片上，以牙籤串插固定食材的Pinchos，結帳時以牙籤數量計費。

　　飲料部分，除了常見的啤酒，也可以點由啤酒和蘇打水各半組合成的Clara、啤酒加檸檬汽水的Clara con limón，而紅酒、白酒也可以點單杯，其中紅酒加上蘇打水者稱Tinto de Verano，如果人多，點壺桑格利亞(Sangría)水果調酒也很不錯。到了南部則別忘了來杯雪莉酒喔！

重視食材的原味呈現

位居於地中海上的西班牙，在飲食方面也受到地中海飲食風格的影響，食材的選擇主要以蔬菜、水果、五穀雜糧、堅果豆類為主，其中在蔬菜的選擇上，春天特產可見白蘆筍、草莓、水蜜桃、鳳梨，夏天有西瓜、櫻桃、蟠桃、李子、甜瓜、無花果，秋天以菇類、葡萄、石榴、西洋梨為常見，冬天則有朝鮮薊、菠菜、橘子、甜柿、香蕉等。並有品嘗葡萄酒的習慣，加上產米的緣故，所以也可見到各式飯類料理。

豆類和菇類也是西班牙人選擇的蔬菜種類之一

長年在市場菜攤上會見到的有櫛瓜、番茄、洋蔥、茄子，還有紅、綠椒、花椰菜、蘆筍、南瓜等

烹調方式簡單不複雜

烹調方式上，最大烹調原則就是盡量地發揮食材本身的味道，因此在正統的菜肴裡，常見的烹調方式，就是生食、燉煮、油煎炸，及爐烤形式。生食最熟知的方式莫過於生菜沙拉，在新鮮的生菜上，淋上橄欖油和葡萄酒醋、撒上鹽，是最常見的調味方法。

燉煮就是將食材加入水或高湯經過長時間熬煮，使得料理呈現糊爛的狀態，即使是蔬菜亦採這樣的方式。而油煎部分就是將食材放在鍋內或鐵板上煎後，再灑上鹽及用橄欖油調味，如海鮮、肉類、蔬菜都能見到這樣的呈現方式。

至於爐烤，除了各式的烤雞、烤豬外，最特別者就是各式的烤蔬菜。其中，最具代表性的就是烤南瓜，當然你也可能會在熟食攤看到烤櫛瓜、茄子、紅蘿蔔、花椰菜、番薯等蔬菜的身影。

另外還有一種炭烤方式，作法非常簡單，在炭烤架上，放上如肉腸、肋排等肉類，烤好後夾進麵包中或直接食用。烤玉米也是一絕，放在烤架上，烤得微焦

黑，不加任何調味料，率性地啃著吃，和台灣炭烤攤塗加醬料的吃法，有著截然不同的概念。

在這些烹調形式中，可以發現西班牙人在烹調方式上並不複雜，但有趣的是，鹽的部分，下得非常重，所以吃到道地的西班牙燉飯時可別嚇著了！因此吃飯時一定要配杯飲料或來上一瓶酒，也就成了西國人的習慣。

貼心小提醒

西班牙必嘗美食速查

Tapas(P.12)、橄欖油(P.83)、葡萄酒(P.83)、西班牙火腿(P.101)、熱巧克力配西班牙式炸油條(P.104)、Cava氣泡酒(P.167)、西班牙燉飯(P.228)、西班牙海鮮燉麵(P.228)、歐恰達飲品(P.228)、西班牙肉腸(P.229)、雪莉酒(P.283)。欲知更多西班牙美食，可詳見本書四大城專章中所介紹的美食篇幅。

1 從菜攤上的蔬菜，可知道他們烹調時會用到的食材種類都很固定 / 2 不加任何調味料的烤玉米

西班牙的上菜程序

一餐 三盤 加咖啡

　　來餐廳用餐，如果能夠先有「一餐三盤加咖啡」的點餐概念，將能領略西國人的用餐樂趣。

　　進門就定位後會發現服務生在送上菜單的同時，會先詢問要喝的飲料(La Bebida)，你可選擇如葡萄酒、啤酒或碳酸飲料、水，但值得注意的是，西班牙人並不以果汁佐餐。

　　接著會送上麵包和醃漬橄欖。若沒點開胃菜(Aperitivo)如火腿、起司盤等，則可直接進入如沙拉、湯或燉飯、燉麵、豆類等第一道菜(Primer Plato)的選擇。而第二道菜(Segundo Plato)主要是以肉類或海鮮為主，最後就是送上甜點及餐後飲料單。在西班牙，甜點的定義則比我們廣很多，只要是甜的都可以被包含在內。除了常見比台灣布丁口感上略硬的Flan及冰淇淋外，包含優格、水果和烤南瓜、烤蘋果、烤西洋梨都被列為餐後甜點的範疇，在餐廳午間的每日套餐(Menú del Día)，通常都會包含在內，當然也有不少人會因為兩道菜吃得太飽而略過甜點，但多半不會錯過咖啡或餐後酒喔！

各式美味的前菜
總教人胃口大開

主菜通常以魚和肉類料理為主

西國文化發現

西班牙餐後酒

　　常見的有，餐廳免費贈送、能幫助消化，名為丘比多(Chupito)的小杯酒，口味有水蜜桃(Melocotón)、蘋果(manzana)、茴香(Anís)等，另外Mistela白葡萄甜酒也是選擇之一，在南部則不少人會品飲甜雪莉酒或橘子酒等。

餐後總少不了各式的蛋糕

飯後來杯咖啡
才算為該餐劃下完美的句點

3 立牌式的午間每日套餐菜單，價格、料理讓人一目了然，並還可以選擇點半份 / 4 不少餐廳會用書寫的方式製作每日午間套餐菜單，正面是第一道、第二道菜，背面是甜點，看來親切又溫馨

不盲從時尚
展現自信品味的穿著

西班牙人是一個非常注重門面的民族，與其說是愛漂亮，倒不如說是一種習慣。不分年齡，女人們出門化妝、弄頭髮是常見的動作，女孩們以牛仔褲為主，上班族和有點年紀的人則是穿著整齊的套裝。而男人們以整齊、乾淨為基本重點，通常以穿著POLO衫、襯衫搭配長褲，或牛仔褲為主。除了衣著外，也重視面容，頭髮梳理整齊，對修眉毛這件事認真看待，常會看到原本有著濃眉的男人，將眉毛修剪得非常整齊，讓整體輪廓更顯明、更具男性魅力。

事實上西國人的穿衣打扮重視的是「個人品味」的呈現，而非刻意彰顯自己就是走在時尚尖端，盲目地追求流行，所以即使是當季的必敗品，也會穿出屬於自己的風格，在此和大家分享3個西國人的裝扮穿衣哲學。

穿衣哲學：款式實用、品牌適宜、場所相襯

首先西國人穿著有型，雖然有時衣服和配件的質感有待商榷，不過靠著穿搭技巧，整體所散發出的品味，倒是常吸引路人目光。且購買實用的款式，遠遠勝過於浮誇的設計，所以在西國大家熟知的ZARA、MANGO等品牌，賣得好的樣式，都是最實穿的樣式。

再者就是每人都有認知上的年齡裝扮，雖然歐洲是眾家時尚品牌的發源地，且價格相對上較亞洲便宜，但走在街上，可並非人人都是國際大牌上身、提著動輒不下上萬元的包款喔！這應該和台灣的流行觀點不同。

西國人的 穿搭 必備品

由於西國人深知只要搭配合宜的首飾，就能為整體裝扮產生畫龍點睛的效果，因此年輕女孩就算是穿簡單的牛仔褲、T恤，總會在身上加條項鍊或絲巾；手上戴幾個手環、手鍊、手指上套個造型戒指；頭上也會戴個髮箍、弄條髮帶、夾個髮夾，讓自己有款有型。所以在西國許多大城裡，可見街頭林立許多飾品專賣店，擠滿了認真挑選的人。如果想要和西國人一樣有自己的裝扮風格，不妨先從添購以下3種飾品開始。

1 耳環

西班牙女人的第一件飾品

在飾品店或一些有品牌的專櫃上，除了女人、女孩們的「正常版」耳環，也常可見到給一出生小女嬰專用的各款迷你耳環(在西班牙，女孩一出生就會穿耳洞)。對西班牙女人來說，一副耳環，能妝點出質感，也讓面部妝容更有精神，而珠寶盒中，就算款式再多，也一定少不了一副純白的珍珠耳環，不僅好搭，看來大方又有氣質。

2 香水

西班牙人的第二件衣服

從隨處可見的香水店，到一些連鎖超市所設的香水專區，就可知曉香水對於西班牙女人的重要性。在香水店裡，還常會見到許多貼有卡通圖案，專門為嬰兒到小女孩設計的淡香水。追究原因，母親幫嬰兒噴上香水，除了讓人好親近外，還有一個原因是，可以消除些在小孩便便後的便臭味。

不過噴香水也不僅是女人的專利，這裡的男人香水，也是琳瑯滿目，當然也有專屬小男生的淡香水囉！

3 圍巾及絲巾

男人和女人的最佳飾品

脖子上圍上一條特色圍巾或繫上一條美麗絲巾就能帶來明顯的效果，是西國人經常用來塑造個人特色與保暖的方法，因此一年四季都能見到西國各大品牌推出相關單品，除了各式花色、寬窄、材質不同的圍巾，近年也出現了毛料或毛線勾織的脖圍，只要單單套在脖子上，或以8字型纏繞，稍作調整就可以有不同的效果。

名為Julia的連鎖香水店，除可買到各式的香水、化妝品，也是西班牙女人進行美容諮詢、打造妝容的好地方

兩大折扣季是搶購的好時機

西班牙一年最重要的兩次大特價(Rebajas)時間為：1月6日三王節過後的冬季大特價，和7月初暑假期間的夏季大特價，通常各為期2個月。不過近幾年來，為了刺激買氣，許多店家會在大特價前，如11月底起的聖誕節購物期間與6月初，就先偷跑下殺些許折扣，到了真正的大特價，就會出現50%(甚至更低)的折扣，且到了第二波特價(Segundas Rebajas)時，折扣更是驚人，但由於西班牙的兩次大特價，是真的照原來的定價打折，為避免喜歡的物品售罄，還是提早趕快搶購吧！

購物前先弄清營業時間

由於每個自治區有自己規定的營業時間，目前只知馬德里地區可以由商家自行決定，不過普遍來說，這裡的商店營業時間，約從早上9點多開始，至下午1點半到2點左右，就會陸續休息用午餐，但是小吃店、餐廳、超市和百貨公司及一些連鎖品牌仍會繼續營業，大約下午4點半到5點半，許多午休的店家，才又會陸續開門營業到8點半或9點半。

也因為這裡除了國定假日外，各自治區或村莊也有自訂的放假日，且一般週日和節日都休息(El Corte Inglés百貨公司和家樂福不一定)，加上1月和7月的2次大特價及12月聖誕假期間，許多店家也都會有所調整，所以建議購物前一定要再次確認門外營業時間的標示喔！

貼心小提醒

切勿輕易殺價

在西國若向店家殺價，是一種不尊重其所訂定價格的行為，若真的開口，可能會被直接回絕。就算大量購買，按照我之前的經驗，所獲得的折扣，也不過僅是去除幾分錢的零頭而已。

提前探好門路，折扣開始時掃貨閃人

那麼，怎樣在擁擠的購物人群中，精準、輕鬆地消費呢？

「事先部署，早早出門，拿到就閃」是我歸納出來的西班牙人打折教戰守則。以冬季大特價為例，不少精明購物者，為了免除會花費許多時間在試衣間和結帳區排隊的困擾，所以早在1月5日(因1月6日國定假日休息)，就會先去店家看準，或記下要買的東西，甚至先試穿，以便在7日上午10點商店一開門，就直接找到自己要的貨品而後結帳，往下一家目標邁進。

也由於該國的「15天退貨」服務，所以有的消費者為了節省試穿時間，甚至會將該款式差不多的尺寸都買回家，只要不拆除「標籤」、拿著「發票」，就能在15天內從容

地，拿到店裡去退貨。值得注意的是，近年來有些店家會在結帳時，提醒買家特價品不退貨、不更換，所以結帳前得先想好才行。

西國文化發現

西班牙唯一品牌的連鎖百貨公司
El Corte Inglés

成立於1935年，以製作英式裁縫西服起家，目前在西班牙約莫有70家同名百貨公司，是境內最大的零售集團，並還跨足保險、金融、房仲、旅遊、婚紗、超市經營，且還擁有自營品牌商品。

西國文化發現

為何不在聖誕節進行特價？

原因就是聖誕節是西班牙人「絕對」購物的好時機，也是讓商人大發聖誕財的機會，因此等到過完聖誕假期，再舉行真正的大特價，不僅能讓商人出清貨品，再賺一筆，也讓消費者能再有開心購物的機會。

1 在大特價期間，各店家以不同的櫥窗展現型態，傳遞打折訊息 / 2 熱門的品牌大特價時，總會看到賣場一片混亂，可見戰況激烈 / 3 近年來為了刺激買氣，折扣也下得兇，有的品牌甚至在大特價的第一天就貼出下殺3折的折扣

西班牙人的
住家生活習慣

走在西班牙街頭，尤其是行旅到南部或一些海港城市，越會發現許多屋舍會在牆面上以白、粉紅、藍色、黃色等，代替我們傳統印象中的塗彩，這樣的作法，有一說是，淺色油漆有反射陽光作用，可對抗夏日炎熱的氣候，以避免深色的牆面吸熱造成屋內過熱所致。也有一說是，藉由顏色以方便認出自家的房子。

當然也有在牆上裝飾各式盆栽，貼上各色磁磚的作法，除了有美化視覺、增加特色的效果，也藉由盆栽來調節溫度。而有些小城鎮的住家大門，也能發現不安裝上鐵門，而是掛上長條的流蘇、綴飾簾，或是以長的簾蓆覆蓋，這主要是為了預防風沙進屋，當然也是方便遮蔽，當為了通風而將大門打開散熱時，可讓外人不會在經過時，一眼就看見屋內人的作息。

當地人除了裝設百葉窗、窗簾減少陽光射入屋內，還在陽台外裝飾長簾蓆或帆布棚，來達到遮陽作用

西班牙人喜歡運用植栽布置陽台

西國人天天打掃家裡

　　此外，西班牙人注重門面的打扮，對於家裡的清潔也不馬虎，絕大部分的西班牙媽媽們都有天天打掃的習慣，且男人們通常也會幫忙分擔家事，上班夫妻若沒時間打掃，也會每週雇請鐘點女傭保持清潔。由於這裡有常保清潔的習慣，所以不管何時到西國人家裡作客，都可以看見乾淨的室內呢！

體貼客人，進入室內免脫鞋

　　雖然西班牙人愛乾淨，卻有一個很衝突的生活習慣──穿外出鞋入屋。詢問西國人這個習慣的來源，雖眾說紛紜，卻都是體貼來訪客人的表現。朋友A說：「這樣進門不用脫鞋，出門又不用穿回原來的鞋子，不是很方便嗎？」另一個朋友F說：「萬一來訪的客人有腳臭，或是因為襪子有破洞、襪子兩隻顏色不同，都會造成彼此的尷尬，所以穿鞋子進來不就省事多了嗎？」

　　至於洗澡後，才會換穿的室內拖鞋，夏天通常就是穿夾腳拖，或是一般常見的室內拖鞋款。而冬天的室內拖鞋，除了有類似動物腳掌形狀的保暖拖鞋，還有短靴式的拖鞋，可讓腳踝和小腿肚更加暖烘烘。

　　不同於東方人是將鞋櫃放在玄關，有些西班牙人則是將鞋櫃放在自己房間裡，可能是放在衣櫃下方，或是在房間裡另外設一個鞋櫃，這樣的設置，是為了方便在穿著衣服時，能夠找到適合搭配的鞋子，看來他們注重門面，從這點就可略窺一二啦！

西國文化發現

樓層的界定從0樓開始

　　在西班牙，所有的房子是由0樓開始計算，而這一層被稱為Planta Baja，因此在電梯的標示上會被標為「B」或「0」，不像台灣位於地面的樓層就被稱為一樓，所以在西班牙，只要把最後一層加上1，即可知道這棟房子的總樓層數。

　　另外這裡的電梯少有關門鍵，據當地人表示，他們知道電梯自然會有關上門的時間，不需要那麼急，所以在這等電梯關門時，請耐心等待。

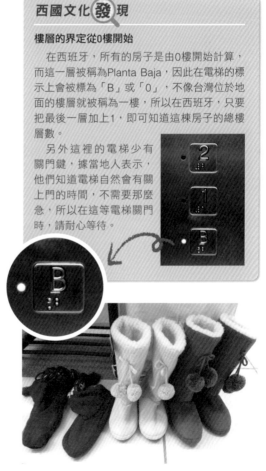

造型可愛的保暖靴，是不少西班牙人到了冬天在室內保暖足部的選擇

為避免洗澡時水濺出浴缸外，通常都會裝置浴簾，有的還會在浴缸外擺放吸水踏墊

澡盆外沒有排水孔，務必保持地面乾燥

入住西國飯店，或使用當地人家廁所時，多半會發現除了有洗手台、馬桶、淋浴間或澡盆外，還有一個「下身盆」，讓人如廁完後，清潔屁屁用。這裡的浴室和台灣最大不同點就是，澡盆外沒有排水孔，換句話說，就是水不能滴落於澡盆外，務必要保持地面的乾燥。

因此，洗澡時有3個要項，首先要先鋪設好吸水踏墊，且記得拉上浴簾或擋水窗，而浴巾擺放的地方，最好是靠近浴盆，減緩在拿浴巾的過程中，身體未乾水珠滴落的情形，這樣除了保持清潔，也可以避免水滴外露可能產生的滑倒意外，所以洗澡時，為了安全與保持地面清爽，可千萬別忘記這幾點。

上完廁所後，馬桶沖水時，西班牙人都會蓋上馬桶蓋，以保持空氣清新，更會運用下身盆，在便便完後沖洗屁屁，保持乾淨

用另一種角度學習
對人的尊重

注重順序，到市場採買需先抽號碼

若説日本人是世上最注重排隊的民族，那麼西國人可能是最懂得順序的民族之一。

以市場為例，每個攤位大多會設有抽號機，採買者必須先抽取號碼紙，等待號碼燈亮，老闆叫號後，才能向老闆採買。如果沒有抽號機，西國人仍會習慣性地問一下：「最後是哪位？(¿Quién es el último?)」這時隊伍最後的人會舉起手來，你就可以排在該人後面。

若購買的攤子上有抽籤機，記得抽籤等燈號到後，才能購買

不可隨意碰觸生鮮蔬果，要請老闆拿給你

到西班牙的生鮮市場採買要記得幾件事，其一就是不要任意碰觸攤上的生鮮蔬果，頂多只能指向你要的那一個蔬果，請店家裝袋。因為他們認為，我賣的都是好東西，且誰又會想要買你挑剩下的呢？其二就是這裡的店家很容易算錯、找錯錢，所以要記得核對金額後再離開。

此外，若是在超市，則還得套上店家準備好的塑膠手套，才能選取食物，這樣除了保護你的手不被弄髒，同時也是保護這些食物。

從等待中學習對人尊重與自我的權益

雖然西班牙人講話快，動作誇大，有時會讓人誤以為沒有耐心，但從兩件事情中，卻顯現出他們善於「等待」的美德。

在西國的某些區域，如在瓦倫西亞搭乘公車時，巴士司機會行駛到「特定」的站牌(並非總站)後熄火，下車休息5～10分鐘，藉此下車如廁，也可伸展筋骨或抽菸、吃點東西，而車內的乘客，則會耐心等到駕駛獲得了應休息的權益。或許剛開始會覺得在車上等待很浪費時間，但是換個角度想，這是從尊重駕駛同樣為人的價值出發，所以照顧其生心理需求，受益的反而也是乘客啊！

再者，記得有次旅行到塞哥維亞(Segovia)的一家小糕餅店，欲買某家櫥窗內看起來好吃的手工糕餅，而在我之前的一對夫婦，因不知如何下手購買，想聽取店家老媽媽的建議，結果這位老媽媽細心地講解每種糕餅的製作與吃法，甚至是這家店的歷史，雖然僅買了兩樣糕餅，卻聊了45分鐘，完全不顧店內其他仍在排隊的客人，但有趣的是，其他人還是耐著性子等待。大家都覺得買東西、辦事情就是要排隊，當輪到你被服務時，就可以完全地擁有這段被服務的時間，這是權益。因為，西國人的概念是：當我尊重了前面的人，別人同樣也得尊重我。

在瓦倫西亞固定的幾個公車站，設有司機專用廁所，司機工作行進至此，可在此上廁所與稍作休憩

到傳統市場採購時，別隨意碰觸攤上的食物，只需告知所要的東西和數量，攤商就會在挑選後秤重給你

愛喝咖啡話家常
珍惜人際間互動的可貴

向來從不把工作當作生活主要環節，不時將休假安排、休閒娛樂放在前頭的西國人，即使在經濟危機時，也僅是做了「調整」或「換個形式」，如出國度假改成國內旅遊、出外聚餐調整為在家聚會、減少上咖啡廳、酒吧、舞廳的次數，以在有限的金錢下，保有這些「應有」的享受，讓自己的生活像個生活。所以西國人的人生觀是從自己在過生活的觀點出發，而非用社會氣氛、別人的眼光在過生活。

　　或許就是因為這麼放得開、想得通，所以以歡樂為主要要件的人生，就是構成西國人生活最主要的要素。而其中除了政府單位籌辦大型節慶能夠大家一起狂歡，平常舉辦Party也是最能直接達到歡樂的目的。Party的名義從單純的朋友聚餐、家庭聚會，到朋友慶祝單身派對、慶祝生日、搬家、升遷、找到工作、歡送，甚至鄰居間或家長間相互聯誼的活動等都有。仔細想想，這其實是注重人與人之間情感連結的表現。

1

愛聊天是人際連結的起點

　　從愛聊天這件事，就足以證明西國人注重人與人之間的連結，從簡單的上下電梯，鄰居間打招呼講起，如果不太熟悉，起碼也都會禮貌性地和你以「Hola！」(你好)或是Buenos Días(早安)、Buenas Tardes(午安)、Buenas Noches(晚安)問好，若先行離去，也會向電梯裡的人說Hasta Luego(等會見)、Salud(祝你健康)、Adios(再見)。到商場、超市買東西，也多半會有這些問候，讓人覺得親切及禮貌。

　　若對陌生人也是如此，那麼對熟人則更熱情了。出門買東西，碰到左鄰右舍，就在兩頰上各親一下(通常先親對方的右臉頰，再親左臉頰；若非熟人，則是親碰兩頰，嘴邊發出波聲，男生亦視交情有親抱或握手舉動)，聊一下彼此和家人的近況，買些什麼東西；到銀行辦事排隊時，也能和周邊

西國文化發現

西班牙人愛放假

　　西國的節慶絕大部分都和宗教有關，除了全國性的三王節、聖週、聖誕節固定放假日，加上每個地區還有所屬的主保聖人／守護聖者，因此也有專屬該區的放假日，所以當你行旅各城發現，在巴塞隆納某些日子會放假，但瓦倫西亞卻沒有時，也別覺得驚訝。

　　此外，西班牙的上班族一年之中，多半會有一個月的假期，可以集中在炎熱夏天避暑度假，或是分散在一年中。放假有時就是全家到鄉村或是海邊窩上一整個假期，徹底地放鬆，享受悠閒的時光。

---

1 西班牙人的朋友圈大體都很固定，且都會定期聚會聯繫感情 / 2 朋友間聚會，若遇到客滿，和朋友一起站在門外吃喝也是常有的事 / 3 西班牙人常藉著許多名義，舉辦不同形式的聚會，有時會是一人帶一道菜舉行 / 4 在路上不能見到原本認識但是恰巧偶遇的西班牙人，群聚聊聊彼此的近況

酒吧和餐廳也是西班牙人最常聚會聯繫感情的地方

的人聊起來，這些聊天沒有特定的話題，卻也成了一種人和人之間奇妙的連結，有時感覺人情味更甚台灣。

透過語言，可以發覺西國人是個會在言語、表情中反應出自己喜好的民族。買東西時，店員以美女(Guapa)呼喊女性客人並不稀奇。若是女性親朋好友間，以「美女」、或是「親愛的」(Gariño)相互稱呼也很甜蜜；對小孩更是有許多讚美的稱呼，讓人感受到滿滿的愛意，且常常會把好可愛、好漂亮掛在嘴邊，也讓人聽得心花怒放。

西國人常常三不五時與家人、朋友相約喝咖啡，分享一些生活瑣事與家人近況，雖然感覺朋友圈不大，很少拓展新朋友，但頻繁見面的次數卻超過我們的想像。且他們相約喝咖啡，不見得會坐很久，有時只是單純找個地方聊個半小時，甚至站著喝一下就走，或許咖啡之所以在西國這麼普遍存在，只是為了作為人際間在短暫時刻的連結點吧！

有時聚會並不是為了品嘗美食，而是為了相見了解彼此的近況

西國文化發現

西班牙常見咖啡種類

不加牛奶的純咖啡稱為Café Solo、加入一點點牛奶者，稱為Cortado、咖啡和牛奶各占1/2，稱作Café con Leche，牛奶比例占3/4者稱為Manchado。另外還有在咖啡內加入煉乳的Café bombón、加上打發鮮奶油的Suizo等。

若想來杯冰咖啡(Café con Hielo)，在西班牙則在送上熱咖啡時，會奉上一杯冰塊。你得先在熱咖啡中加入喜歡的糖量，待溶化後，再把「咖啡迅速且有技巧地倒入冰塊杯中」攪拌到冰塊融化就可以了。

緊密親子觀
重視家庭價值

西國人對於維護家人聯繫,與重視家庭觀念的用心程度,有時都令我吃驚,他們有許多和家人一起度過的節日或活動,如聖誕節及其他大大小小節慶,或初領聖餐儀式(La Primera Comunión)等,除此之外,每個週末幾乎都會選一天作為家庭聚會,和家人共同度過。且也不排斥和父母、或公婆住得近,畢竟好照應這件事,對西國人來說才是最重要的。

對孩子的愛無上限的西國人

除出生後,一應俱全的嬰兒用品外,服飾用品上,不少當地知名品牌如ZARA也設置了時髦童裝專櫃,知名飾品TOD也少不了小朋友的配戴首飾。空間上,不僅有上百坪結合圖書、玩具、教具的專門書店,還有附設兒童遊戲區的咖啡廳。教育互動方面,西國人也很願意花時間陪小朋友閱讀,或在書店選書,且常帶小孩一起出遊或散步,即使手頭拮据,仍願意在教養、教育預算上有較多的家庭支出。

友愛孩童，不忽略孩子的需求

　　和孩童一起同樂這方面，若以西班牙人常舉辦的書展、網球公開賽、市集等各式大型活動為例，除了有適合大人的玩樂設施，還有專門蓋給小朋友玩的充氣泳池、吹氣滑溜梯、彩繪區、兒童劇場、人體滾球區、益智遊戲區等，注重孩子需求的設施。

　　友善孩童部分，譬如在公車上雖然常可見到小朋友開心玩耍或哭鬧，但除非是家長自覺制止，不然其餘的乘客對於這些小孩的容忍度可是非常高。而對於小孩也大量使用鼓勵、讚美言語，我鮮少見到大人在公眾場合打罵小孩的景象。

　　如果遇到活動遊行期間，大人和小孩扮裝上車，在車上群體唱歌、拍打樂器，公車司機和乘客也會一起同樂，甚至還有專為小朋友設立的節日，如三王節(P.39)，讓大人也樂在其中，陪小孩一起玩樂。或許每個大人都是從小孩而來的，同樣都經歷過這樣被寵愛的年紀，因此對自己的孩子也會有相似的教育觀念吧！

1 西班牙人用心經營與孩子的相處 / 2 許多媽媽都非常願意花時間在照顧孩子身上 / 3 西班牙人有時會選擇在公園，召集眾多親友，幫小朋友慶生 / 4 網球公開賽場地周邊，除了給小朋友玩的網球場，還有許多如彈跳床、吹氣城堡溜滑梯的設備 / 5 天冷時，西班牙人會將小朋友放入拉鍊保暖套中，讓小朋友從腳到頸部徹底保暖

融入國民運動
和西班牙人一起瘋足球

西班牙人熱愛足球的程度超乎你我想像，甚至可視為全民運動，除了在球賽期間球迷會到有轉播球賽的餐廳或酒吧和志同道合者一起緊盯螢幕，隨著賽事起伏，牽動情緒發出嘆息聲或是「Gol!」的進球歡呼聲，更甚者會買張票親臨球場為支持的隊伍加油打氣，即使是對足球沒那麼熱衷，也能從每天大量的體育新聞資訊，乃至是周邊友人的話題中得知最新的足球賽事狀況，若是遇到西班牙甲組聯賽(La Liga)、西班牙國王盃(Copa del Rey)、歐洲冠軍聯賽(UEFA Champions League)等重要足球賽事，在熱血沸騰氣氛的感染下，即便你不是足球迷，也很難脫離足球的影響力。

親身接觸
感受當地球迷狂熱氛圍

　　而足球之所以那麼令人著迷，也成為不少人在西班牙經濟不景氣時振奮精神的良藥，西班牙足球隊的魅力功不可沒，在西班牙足球隊中，尤以皇家馬德里隊(Real Madrid Club de Fútbol)、馬德里競技隊(Club Atlético de Madrid)、巴塞隆納隊(Fútbol Club Barcelona)最為出名，若你也想到球場感受極具水準的賽事、狂熱的現場氛圍和球迷們瘋狂的加油聲，那麼觀賞前，以下幾點得先注意：

　　1.購票須知：(1)確認賽程。由於西班牙足球賽除了重要賽事，也有一般賽事，大都會在週末舉辦，亦有少數在週間舉行，所以可提前於各球隊官網查詢。(亦曾發生有球賽改期情況，所以開賽前應多次確認)。若欲

觀賞西班牙甲組聯賽，球季約莫從8月進行到來年的5月，詳細賽程多半會在賽前兩週公告。(2)提前購票：票價依照賽事規格大小，與對戰隊伍和座位的區別從數十歐元到數百歐元都有，若是一般賽事可直接到球場售票口購買當日票，熱門賽事則建議在票開賣時就先在球隊的官網上買。(注意：不要購買黃牛票，以免違法)

2.觀賽須知：(1)務必提前到場：為避免比賽當天擁擠人潮，若又想在周邊小攤或是官方商店購買加油道具，加上有的球場需過安檢會花費較多時間，故宜提前到場。(2)穿著輕便，吃飽再來：球場人多，有時會有扒手出沒，故應穿著簡便，不宜帶太多現金。此外，因為整場球賽約3小時，有時球賽晚上9點才開賽或是會有延長賽等情況，且場內多半以販賣簡單的點心飲料為主，建議可先吃飽或是帶簡易小食進場，值得注意的是，為了場內安全起見，安檢時會將水壺收走，若是現場買瓶裝水則會被拔走瓶蓋唷！(3)其他：為避免與熱血球迷產生衝突，切勿穿著或攜帶敵對球隊的球衣和加油用品(如加油巾)。由

於有些城市的早晚溫差大，若是晚間看球賽，建議帶保暖衣物。散場後因人潮眾多，若欲搭乘捷運，可先買好回程票。

透過參訪球場
認識更多西班牙足球

由於西班牙人對於自己所支持的球隊有一定的忠誠度，所以在非球賽期間參觀足球場與其博物館，而後順便到一旁的球隊紀念品店買些心儀球員或球隊的衣服與紀念品，也成為朝聖行程，而這對旅人來說也不失為另一種親近西班牙足球的好方式，以下介紹三個球場讓大家認識。

到球場現場看球，有時會發現球迷的反應可能比場上賽事更精采

皇家馬德里足球隊球迷的朝聖之地

伯納烏球場
Estadio Santiago Bernabéu

地址 Avenida de Concha Espina 1｜**交通** 搭乘地鐵 10號線至Santiago Bernabéu站，出站後過了馬路即可到達｜**門票** 需門票，可網路訂票｜**網址** www.realmadrid.cn/tickets/bernabeu-tour｜**地圖** P.99

為皇家馬德里足球隊的主場，在1944年動工，1947年落成時，其實名為查馬丁足球場(Estadio Chamartin)，後來1955年皇家馬德里足球俱樂部(Real Madrid Club de Fútbol)才以推動球場興建、且促進球隊、俱樂部成長功不可沒的主席聖地牙哥·伯納烏(Santiago Bernabéu)之名命名。後來經過多次的規模更新，目前已成可容納8萬多人的場地，並在2005年被歐洲足球協會，評定為可以舉辦歐洲冠軍盃決賽的五星級球場。

在通過行李檢查後，就可以搭乘電梯到球場上方，享受俯視球場的快感，看看藍色觀眾席上夾雜白色座椅，所拼出的「REAL MADRID CF」字樣，而在其他的樓層，則可以看到展示皇馬足球隊相關歷史、戰績、歷屆球員的介紹，以及閃閃發亮的獎盃們和知名球員使用過的手套或相關用品。

接著到球場上參觀貴賓席，和球員、教練的休息區，想像一下心儀球員在此練球或等待上場的景象，當然也別錯過設備高級的球員更衣休息室及舉辦賽後記者會的新聞室。

皇家馬德里足球俱樂部 官方商店
伯納烏球場
地址 C/ Padre Damián, Puerta 55
太陽門附近（P.125）
地址 C/Carmen, 3

1　2

....

馬德里競技隊的主場足球場

萬達大都會球場
Estadio Wanda Metropolitano

地址 Av. de Luis Aragones, 4｜**交通** 搭乘地鐵 7號線至Estadio Metropolitano站，出站後即可到達｜**門票** 需門票，可網路訂票｜**網址** www.atleticodemadrid.com｜**地圖** P. 99

這座球場在2017年正式揭幕、被選為2019年歐冠盃決賽場地。場內可容納約68,000名觀眾(但有19,000個無菸座位)，且

是世界上第一座百分百LED照明的足球場，中層看臺還有個360度530公尺的LED屏幕，並有3塊由超過300個LED螢幕組成的超大電子記分牌，增加看球賽的娛樂性，也因為這座球場標榜節能環保，所以還有使用太陽能加溫和提供熱水等環保節能的設計。

參觀球場內部時，會發現每個地方都是以紅白為主題，讓人隨即就能感受到該球隊的氣氛。參訪過程中，除了看到球員更衣室，參觀主教練和球員們賽後接受媒體

採訪的新聞媒體室,並有一條展示該球隊在特殊比賽的精采瞬間紀念照片走道。之後還能穿過球員通道直達比賽場地,且坐

在球場的看臺區觀看整座球場的設計,感受這座現代化球場所帶來的活力。

瓦倫西亞歷史最悠久球場
梅斯塔雅足球場 Estadio de Mestalla

地址 Av. de Suècia, 17 | **交通** 搭乘地鐵5、7號線至Aragón站,出站後過馬路,沿著球場走,就可以走到Av. de Suècia | **門票** 需門票,可網路訂票 | **網址** www.valenciacf.com/en/tickets/forevertour/tour (或可洽官方商店:Plaza del Valencia C.F, 2,及球場三號門旁售票處) | **地圖** P.225

雖然瓦倫西亞足球俱樂部(Valencia Club de Fútbol,簡稱Valencia CF)是在1919年3月18日成立,但這座足球場卻是在1923年5月20日落成使用至今,在這座能容納5萬5千人的場地裡,除因造就了這支經歷許多偉大戰績的足球隊並培植過多位明星球員如大衛‧維亞(David Villa)等,更因為舉辦過30多場的國際比賽,加上是歐洲許多重要足球賽事的舉辦場地而聲名大噪。

一下國王盃舉行時國王坐的位置,最後則是到展示區,透過各式的獎盃、照片、球衣,了解這個球場和球隊的歷史風華。

在參訪行程中,導覽人員會帶領你從球場3號門旁的鐵門入口爬到最頂層,從VIP看球室開始參觀,接著陸續巡遊記者會發布室,及球員採訪室,而最重要的球員更衣室、水療室、復健區和裁判休息室也不會錯過,甚至還有敬拜堂。並會到球場上實際參觀,不僅可以到球員休息區,也能站在球場上,亦可沿著座位區往上爬,找

1 伯納烏球場外觀 / 2 只要場內舉行比賽,外頭就會林立許多販賣相關足球商品的小販 / 3 這座兼具創新與環保設計的球場,將為看球賽帶來嶄新感官享受 / 4 身為馬德里競技隊球迷絕對不能錯過的球員更衣室 / 5 對當地人具有指標性和歷史意義的梅斯塔雅足球場 / 6 在VIP室能俯瞰整座球場 / 7 獎盃及球衣、海報展示區

到國營旅館住一晚
體驗另一種西國風情

入住由修道院、宮殿、中世紀古堡、貴族宅邸等歷史建物改建而來的西班牙國營旅館(Parador)，由於能夠一窺建物歷史風華，享受沉浸在下榻中古世紀氛圍空間的樂趣，加上各旅館的餐廳都以提供當地區域傳統菜肴為主，供應有一定水準的餐點與美酒，所以具有很大的吸引力。

以收入維護建築、保護周遭生態

國營旅館起初是由國王阿方索十三世於1928年設立，而這種透過住房收入來達到維護建築，甚至是保護周遭生態環境的做法，對於維護西班牙的自然和文化遺產也成為一大幫助。目前由西班牙政府相關單位經營管理的國營旅館，在全國各地約莫90多家，從北部的加利西亞到南部的安達盧西亞，且在加那利群島，以及北非的兩個西班牙城市梅利利亞(Melilla)和修達(Ceuta)也能見到。

雖說有些旅館的位置，需得花些交通時間才能抵達，但是因為每個國營旅館各有特點，大體可分為以悠久歷史建物著稱、或以靠近海岸、山谷等大自然為特色，抑或是具有都會感者等等，也能被當作一個「景點」，正也因為這樣，加上入住的價格近似四星級或是五星級旅館(不定期還有訂房折扣)，所以成為不少西班牙人親近在地文化、增進與享受國內旅遊樂趣的一種方式。甚至也讓許多人成為國營旅館迷，以「集點」概念為目標，甚至是為了入住該旅館而到此地旅遊，因而發掘更多西班牙之美。

要入住國營旅館，可到其官網查詢每個國營旅館的介紹並訂房(www.parador.es/es)，以下介紹幾個國營旅館和大家分享。

西貢薩國營旅館 (☆☆☆☆)
Parador de Sigüenza

地址 Plaza del Castillo, s/n 19250 Sigüenza Guadalajara | **網址** www.parador.es/es/paradores/parador-de-siguenza

位於西班牙中部瓜達拉哈拉省(Guadalajara)，是由12世紀的城堡所改建而成，曾有國王與紅衣主教在此居住，從厚實的石城牆、鵝卵石庭院，到館內的大廳、餐廳和酒吧與所有房間，都能在空間和家飾擺設裡感受到中世紀氛圍。

萊昂國營旅館 (☆☆☆☆☆)
Parador de León

地址 Pza. de San Marcos, 7 24001 León León | **網址** www.parador.es/es/paradores/parador-de-leon

位在古城萊昂郊區與Bernesga河橋梁旁，由16世紀的聖馬可仕修道院(Hostalde San Marcos)改建而來。除曾為朝聖者服務的臨時處所，與西班牙內戰時期集中營等歷史意義，由於在建物立面、內部的教堂都能見到精美雕刻，加上空間與擺設都洋溢著早期的貴族風華，讓整個旅館宛如一座生動的博物館。

昆卡國營旅館 (☆☆☆☆)
Parador de Cuenca

地址 Subida a San Pablo, s/n 16001 Cuenca Cuenca | **網址** www.parador.es/es/paradores/parador-de-cuenca

和1996年被列為世界遺產目錄的昆卡古城僅有一橋之隔的國營旅館，由於昆卡本身擁有被河川侵蝕後形成的斷崖險壁景致，若入住於此就能看到對橋昆卡城獨特的自然景觀，與矗立在懸崖上的「懸空之屋」。且館內更有美麗玻璃迴廊與偌大的泳池，能增添下榻樂趣。

聖地亞哥—孔波斯特拉國營旅館 (☆☆☆☆☆)
Parador de Santiago de Compostela

地址 Praza do Obradoiro, 1 15705 Santiago de Compostela A Coruña | **網址** www.parador.es/es/paradores/parador-de-santiago-de-compostela

這棟和世界遺產「朝聖之路」目的地—聖地亞哥—孔波斯特拉主教座堂(Catedral de Santiago de Compostela)比鄰而居的國營旅館，改建自1499年建造的皇家醫院，被認為是國營旅館中最美麗和豪華者。在這座能感受到融合歷史、藝術和傳統的旅館裡，除可近距離眺望到主教座堂之美，館內所提供的加利西亞風格料理更讓許多人難忘。

註：「朝聖之路」(Camino de Santiago)又名聖雅各之路。由於在9世紀初於聖地亞哥—孔波斯特拉，發現耶穌十二門徒之一聖雅各的墓地，而吸引眾多朝聖者前來所形成的朝聖路，起始點若從法國的SJPP小鎮(縮寫)開始有7百多公里，後來該路也被登錄為和道路有關的世界遺產。

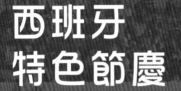

西班牙
特色節慶

Festival

19日
法雅節
瓦倫西亞

聖週
全國性

四月節
全國性

23日
摩爾人與基督徒節
瓦倫西亞

6日
三王節
全國性

狂歡節
全國性

17日
聖安東尼節
全國性

庭院節
哥多華

25日
聖誕節
全國性

番紅花節
孔蘇埃格拉

*1*月 *2*月 *3*月 *4*月 *5*月 *6*月 *7*月 *8*月 *9*月 *10*月 *11*月 *12*月

番茄節
布紐爾

6日
奔牛節
潘普隆納

24日
聖約翰日
全國性

1月6日 三王節 *Día de los Reyes*

一年中孩子最引頸期盼的日子，
因為今天，完全專屬於這些小天使。

有西班牙兒童節之稱的三王節，源自於聖經中馬太福音第二章，耶穌誕生時，天上出現祂的星芒，從東方來的博士們(稱為東方三王或東方三博士，後世有人認為名字分別是Gaspar、Melchor、Baltasar)，帶著黃金、乳香和沒藥等祝賀禮，依循星芒，抵達馬槽向瑪利亞及約瑟，獻上禮物，以歡慶聖嬰耶穌的降臨。後來被延伸為三王會帶禮物送給小朋友，而這個節日也是整個聖誕假期的最後一個節日。

站在花車上費心裝扮的小孩，開心地享受這一切歡樂氣氛

對小朋友來說，最期盼的其實是1月5日，全國各地所舉辦的規模大小不等、俗稱Cabalgata de Reyes的三王遊行，參加花車遊行的小朋友，裝扮成海盜、警察、動物等心目中夢幻角色，在大人的陪伴下，坐在各式造型花車內進場，花車上除有裝飾小熊維尼、海綿寶寶、愛麗絲夢遊仙境等小朋友最愛的卡通人物，有些甚至是從真的警車、消防車、巴士變身而來，而隊伍中各式樂隊和馬戲團小丑、踩高蹺雜耍特技，更是逗得大小朋友不亦樂乎，但這不只是一個看遊行的活動而已，看看周邊裝備齊全、準備來盛裝「禮物」的民眾，就知道有一場「硬戰」要打！

禮物滿天飛，人人化身為捕手

　　遊行過程中，坐在花車上的遊行者，會不斷地向兩旁投擲數不盡的糖果和各式的玩具車、運動用品、洋娃娃、文具繪畫組等，宛如下起了糖果雨或禮物雪一般，頓時現場的大人小孩，有的早已擬好戰略，搶成一片，而此起彼落的「丟這裡！」、「這裡！」、「給我球！」、「玩具車，我要玩具車」、「啊！我被丟中鼻子了！」、「爸爸！那邊，那邊啦！」話語，也讓大家又叫又笑，花車上的人也像是瘋了一樣，隨意地就拿起手邊的東西，又喊又跳地往各處的民眾丟去，伴隨著漫天飄散的紙花，飛舞不斷的糖果，像極了夢幻歡樂園！

　　遊行的尾端，三王們帥氣地搭乘花車進場，小朋友像是看到心目中的偶像，瘋狂地大叫，遊行的末了，在某些地方，有將願望信投進三王郵筒中並且被抽中的小朋友，就得以上台領取三王贈送的禮物，看到現場洋溢溫馨氣氛，也讓人回味起美好的童年！

三王節遊行GO!

遊行前夕，大人和小朋友都準備可以盛裝糖果的袋子準備應戰

各式造型花車所到之處引起熱烈歡迎

遊行中還可見到許多造型動物，可愛的模樣，總能引起驚呼

遊行的最後，3位國王出現開心地向大家揮手致意

隊伍中還有許多雜耍特技與奇特裝置

遊行抵達終點，三王會向布置有耶穌誕生的馬槽獻上賀禮，以歡慶聖嬰降臨

專屬禮物、甜點
盡享歡樂節慶

　　此外，回家後，小朋友還會將能裝入禮物的襪子或袋子放在明顯的地方，並幫三王做好放禮物的指標，接著很乖地早早就寢入睡，這時真正的三王——父母，就會將禮物悄悄地放入袋子裡，等待6日一早，若是被「三王」認定是乖巧的小朋友，就會因得到禮物，而興奮莫名。但若是調皮不乖的孩子就只能得到煤炭造型的糖果，以告誡這是不聽話、不乖的下場，讓小朋友引以為戒，在來年一定要更乖巧才行。

　　而在這天，大家還會藉由品嘗一種名為Roscón de Reyes的糕點來凝聚感情，這種由圈形麵包夾入巧克力或奶油餡，上頭鋪有醃漬水果的麵包，在中間會放上一個紙皇冠，品嘗時，若咬到了藏在內館中的三王陶偶，就可以戴上皇冠，且被認為今年會好運不斷，若是不幸咬到一顆扁豆(Haba)，就得乖乖支付Roscón de Reyes的費用了！這在各式的麵包蛋糕店都能看到，不妨在5日時就品嘗看看，因為6日可是國定休假日，店家不一定有開門喔！

1 三王節前夕，知名糕餅店製作的Roscón de Reyes供不應求。也會有糕餅店推出專門特製服務 / **2** 美味Roscón de Reyes上所擺飾的紙皇冠和內層所藏匿的小模型及扁豆 / **3** 黑漆漆的木炭糖(Carbón de Caramelo)是小朋友最不想收到的禮物

西國文化發現

盛裝糖果禮物有一「套」

　　如果想要和西國人一樣，體驗在三王遊行後滿載而歸的快感，那麼不妨仿效一下西國人，除將打開的傘倒過來盛接，或利用帽子裝盛，也別忘記準備好大型的袋子，以盛裝你的戰利品，但無論使用何種方法，切記不要妨礙他人，尤其是當日的主角——小朋友們！

1月17日 聖安東尼節 San Antonio Abad

在聖安東尼聖像的見證下讓神父
替心愛的寵物灑上聖水祈福。

想知道西班牙人多麼注重家中寵物，想要看看盛大馬車遊行，那麼請別錯過這個為動物祈福的節日——聖安東尼(San Antonio Abad)節。

一年之初，在西班牙，除了人們祈求平安，在1月17日這天，也會請守護動物的聖人：聖安東尼，替自己心愛的寵物祈福(Bendicion de Los Animales)。

盛大篝火聲光秀讓人又愛又怕

節慶前夕，全國各地都會在教堂或廣場升起大小不同的篝火，及舉行煙火釋放活動，以表示拉開節慶序幕，若是盛大一點的活動，則會用松樹等易燃樹木，裡頭埋藏大量煙火做成大型篝火堆，並上演聖安東尼率領教士對戰科拉魔鬼(Colla de Diables)的戲碼，該戲碼演繹至今，已成了精采萬分的聲光秀。

當黑夜降臨，身著魔鬼裝的遊行隊伍，從主廣場，手持著璀璨煙火揭開幕幕，沿途不斷釋放各式煙火以宣告魔鬼的來臨，回到主廣場後，大量的煙火道具紛紛上場，不斷地噴射出各式亮光和煙火，照亮漆黑的夜晚。

在活動中，魔鬼會不斷地拿著煙火朝四面八方噴射，常讓圍觀的民眾驚嚇連連，發出

1 節慶前的聖安東尼率領教士對戰科拉魔鬼遊行，現場煙火四射，讓人目眩神迷 / 2 馬匹遊行中，可以看到許多大小規模不同的馬車，非常壯觀

「啊！」、「哇！」的尖叫聲，但也有小朋友不懼怕煙火，隨行跟著魔鬼一同跑跳玩樂，在猖狂的魔鬼一一展演出的華麗道具接近尾聲時，代表正義的教士出現，和魔鬼舉行一場火焰對決，就在魔鬼們逐一倒地戰敗後，教士點燃勝利的篝火堆，讓熊熊烈火，吞噬黑夜，盡情地燃燒至盡，以宣告聖安東尼節的正式來臨。

3-4 聖安東尼節當天，大家陸續地帶自己的寵物前來，現場非常熱鬧 / 5 有些地方，在聖安東尼率領教士對戰科拉魔鬼(Colla de Diables)的遊行末了，才會點燃巨型篝火 / 6 在聖安東尼教堂裡，可以見到他的聖像，及隨身在旁的小豬

神父祈福求平安

　　17日節日當天只見大家陸續地帶自己的寵物前來活動會場，無論是天上飛的鳥兒，地上走的馬兒、天竺鼠、蒼鼠、小狗、貓咪、兔子，到爬的如蜥蜴、烏龜，水裡游的如魚兒等，大家都依序排著隊，待時間一到，列隊走到神父前，在聖安東尼聖像的見證下，讓神父為寵物灑上聖水，祈求自己的寵物在這一年平安、健康、幸福，事後並會領取一份點心回家享用。

　　隨後則會有規模大小不同的馬匹遊行，各飼主不僅為馬兒帥氣裝扮展示英姿，其所隨附的華麗馬車也很有看頭。遊行同時，除讓神父為人民辛勞的馬兒祈福，也穿插各種馬術表演，無論是馬兒踢腿、跪地、騎士站在馬兒上飛奔等橋段都搏得掌聲，有的地方還會頒發相關馬兒競賽獎盃。行進過程中，甚至還可以見到巡遊到當地的馬戲團，將其表演動物整裝列隊，希望得到神父的祝福，所以如果在1月中旬時，行旅至西國，不妨來看看這有趣的節慶吧！

撒聖水為寵物 祈福

時間一到大家紛紛走向神父

等待神父為寵物灑聖水　　　正在對動物撒聖水的神父

動物祈福完後，主人都會拿到一份點心
裡面有聖人聖像祈福卡

遊行、跳舞、歡唱，
在齋戒之前盡情釋放歡樂能量！

狂歡節為天主教節期——四旬節(Cuaresma，又稱大齋期)前的活動，由於大齋期是從復活節前的46天(含主日)計算，而復活節(見P.50聖週介紹)每年的日子不盡相同，但多半在2～3月舉行。也因位大齋期期間，要禁止娛樂、肉食，且必須齋戒、懺悔自身的罪行，因此在大齋期前，人們就會大肆舉行宴會、舞會，先好好縱情享樂一番。

在西班牙許多地方都舉辦有狂歡節，規模最大、最出名者，當屬在加那利群島(Islas Canarias) 中，位於特內里非島的聖克魯斯(Santa Cruz de Tenerife)和大加納利亞島上的拉斯·帕爾瑪斯(Las Palmas de Gran Canaria)。而在西班牙本島，則以南部的加地思(Cádiz)，最為盛大，但也因為出名，可看性強，所以最少需3個月前，就開始著手規畫訂房和交通事宜。此外，在西班牙地中海沿海，如加泰隆尼亞自治區的錫切斯(Sitges)、瓦倫西亞自治區內卡斯特翁省(Castellón)內的維納洛斯(Vinaròs)所舉辦的狂歡節，也吸引不少人參與。

維納洛斯(Vinaròs)的狂歡節遊行，許多隊伍和花車都打扮得華麗萬分

音樂扮妝遊行與沙丁魚葬禮

　　在每次約兩週左右的狂歡節活動中，各地在慶祝時，有時會訂出不同主題的音樂扮裝遊行、或舉辦狂歡節皇后選拔等活動，有的還會耗資打造美麗的大型花車，且許多遊行隊伍也斥資在裝扮上，讓遊行更有看頭。遊行時隊伍中的表演者除了賣力跳舞演出，更會渲染無比的歡樂氣氛，有的還會盡其所能地搞笑，帶動民眾的情緒與大家互動，讓活動High到最高點，而城內許多地方也妝點得熱鬧萬分，不少民眾也會費心打扮參與，此外更竭盡吃喝玩樂慶祝之能事，放縱享樂。

　　整個活動，會在最後一夜埋葬狂歡節縱樂惡習的「沙丁魚葬禮」(El Entierro de la Sardina)遊行中結束，表示與狂歡節告別，遊行中，除了煞有其事穿著黑衣、披上黑紗的抬轎人，周邊的人還會「象徵性」地哭泣表示哀傷，而當沙丁魚(僅是沙丁魚意象、非真的魚，有些地方也會做成別的意象)被熊熊烈火燒毀後，也表示狂歡節結束。

西國文化發現

埋葬沙丁魚儀式

　　來源眾說紛紜，其一是17世紀時，卡洛斯國王三世(Carlos III)為了和人民慶祝狂歡節的結束，購買了大量的沙丁魚和葡萄酒，但那年的天氣卻異常的炎熱，導致沙丁魚發出惱人的異味，人們為了消除這可怕的味道，而想出了掩埋的方法，但當開始面對大齋期的禁食禁慾生活，人們卻又開始想念起狂歡期的種種歡樂吃喝情景，遂而逐漸演變成以這個形式作為告別狂歡節的一種儀式。

「沙丁魚葬禮」遊行

在錫切斯(Sitges)一到狂歡節，街頭可見販賣各式的面具和裝扮道具的店家和攤販，隨時滿足想變身的民眾

在錫切斯(Sitges)的狂歡節遊行花車，常可見到不少大型的造型道具

在錫切斯(Sitges)，準備參加埋葬沙丁魚遊行的群眾裝扮

1-2 錫切斯(Sitges)的狂歡節遊行時，會用彩紙花和民眾相互投擲，營造歡樂 / 3 在維納洛斯(Vinaròs)的每隊隊伍後都有個飲料供應站，隨時供應酒精和軟性飲料 / 4 在錫切斯(Sitges)的街頭，可見許多和狂歡節有關的多樣布置

看那費時整年製作的精美人偶
被能能大火吞噬，將美麗深烙於彼此心中。

盛大的法雅節不僅是瓦倫西亞的重要節日，也是西班牙三大節慶之一。相傳在中世紀，當地的木匠在冬天的晚上工作時，會在木條上放蠟燭作為照明，但是，當春天來臨，日照變長，木匠便將這些稱為Parots的木條燒毀，後來木匠逐漸將各種人偶裝飾在上頭，就慢慢演變成我們所知道的法雅(Fallas)。加上3月19日為木匠的守護聖者聖約瑟(San José)的生日(也因為聖約瑟亦是耶穌在人世間的父親，所以這天也是西國的父親節)，因此最後就將燃燒法雅作為主要的慶祝活動，並從節慶最高潮，19日的前一週起，開始進行各式慶祝活動。

在法雅週前的法雅人偶展，總能吸引上萬人次進場觀賞，而每位大人、小孩皆可在會場內，找到令自己佇足欣賞的人偶

公主、人偶、鞭炮構成的激賞節慶

法雅節主要由法雅公主、法雅人偶和鞭炮所組成。節慶期間，可在許多活動看到全城所選出的26位大小法雅公主，隨意走在路上，也能看到不少當地人身著傳統服飾，進行各項日常活動，讓人有種穿越時空，回到過去的錯覺。

至於從3月15日起，林立在街頭巷尾，耗費了1年設計製作、組裝好的法雅人偶，更是把整座城市變成一座巨大的美術館。從數公尺到

1 鞭炮是法雅節不可缺少的元素，除了市政府廣場前籠內的大鞭炮Mascletá，還有法雅週期間，每晚在杜利亞河床公園釋放的炫麗煙火 / 2 法雅公主是法雅節的靈魂人物，在節慶期間許多大型場合都能見到她們

數十公尺高的巨大精細人偶，搭配街頭閃耀的華麗燈飾，隨便漫遊，都能發出驚呼聲。

也因為法雅節又稱「火節」，藉由炮竹煙火燃燒後，所產生的火光也就成了代表，最具觀賞特色的就是每天下午2點，在市政府廣場所圍起的巨大炮籠所釋放的Mascletá鞭炮了，這種分貝破百的驚心動魄砲響秀，會讓耳朵有種痛快淋漓、身體感覺地面震動的奇異感受，請一定要學著當地人不搗耳朵扎實感受一番。到了夜晚，除可到Sueca街及Cuba街欣賞預算超過1萬歐元的華麗燈飾牌樓（如P.46首圖），更可以到杜利亞河床公園旁，觀賞子夜時分閃亮在空中的上萬朵華麗煙火。

若喜歡觀賞各式遊行的旅人，相信對於天天不同的主題遊行，都能感到驚喜，例如裝扮各種造型的兒童人偶遊行、詭譎迷幻的「火的遊行」等等。

但若是要論絕對要觀賞的遊行，那就是在3月17、18日連續兩天舉辦的聖母獻花遊行，城內絕大部分身穿傳統服飾的民眾，都會拿束鮮花，列隊從自家社區出發，朝聖母廣場(Plaza de la Virgen)步行前進，將鮮花交給專業的插花團隊，以拋接方式，將花插置在高約20公尺的聖母造型木樁上，作為花袍，完成後的聖母散發出溫柔的女性美，現場也洋溢著民眾對聖母的尊敬之情。

3 聖母獻花時，不少小娃兒也被家人推出來共襄盛舉 / 4 聖母獻花完成的會場

燃燒人偶象徵結束
也代表新的開始

　　到了19日，從10點陸續開始的燃燒法雅人偶活動，就是整個節慶最重要的時刻了。因為將目睹這幾天所觀賞的精緻人偶，被熊熊火焰吞噬，成為一團烏黑的灰燼，和當地人在人偶旁齊聲歡唱、歡樂奏樂的景象，形成強烈對比。但請別哀傷，因為這些人偶的美麗，早已深深的烙印在人們心中，向傳統致意才是重要目的，而明年又將會有更美麗的人偶到來。

以鮮花插製成的花袍，每年圖案都不同

觀賞有一套，從特選法雅人偶開始

　　全城380座法雅人偶都有其可看性，但若要看得精、看得巧，不妨就從市政府所評選出的13座特選法雅人偶(Fallas Especial)和市政府出資的人偶開始。由於這些區域在製作上會花比較多的預算，因此藝術性和可看性相對也強些，只要到書店或是書報攤買份標示特選法雅人偶的地圖，就可以按圖索驥。此外，政府也規畫有公車路線及捷運搭乘觀賞地圖，請多善加利用。

　　因為各區法雅會都設有自己的法雅人偶，所以當法雅人偶燃燒時，當地人多半都會留在所屬區域欣賞，不然就是在特選法雅人偶中選一尊自己最喜歡的觀看。雖然市政府廣場的人偶焚燒觀賞價值很高，會由城選的法雅公主點燃引苗，伴隨音樂和煙火營造氣氛，但是由於人潮眾多，如要觀看，請記得提前在3～4小時前卡位。

　　值得注意的是，由於前幾名的特選法雅人偶相隔甚遠，加上人潮擁擠，無法同時間觀看多尊，所以請在出發前選定一尊欣賞燒毀過程即可。

　　而觀賞人偶焚燒時，請別靠法雅人偶太近，因為燃燒時的灰燼及濃煙可能會嗆得你吃不消，加上伴隨消防人員的水柱噴灑，可能讓你的衣服遭殃。

燃燒法雅人偶是節慶尾聲的重頭戲

西國文化發現

必吃的節慶點心──Buñuelo油炸圈

　　和甜甜圈很相似的Buñuelo，是法雅節一定要吃的點心。這是由麵粉和水調製混合成麵糊後，捏製成圈狀油炸、灑上糖粉製成的點心，吃起來外皮酥香、內館糊軟，沾上濃稠的熱巧克力食用，更是驅趕寒冷天氣的絕佳選擇，也是最正確的吃法。

每年最新法雅節資訊，可見官網：
www.fallas.com。

人偶

千姿百態的法雅人偶
令人歎為觀止

法雅週期間，走在街頭，都能見到各式美麗高聳、充滿故事性的人偶

除了大型的人偶，也有約莫3、4公尺的小型人偶

由多樣做工精緻小型人偶拼組成的人偶，單看每個都有值得觀賞之處

遊行時法雅公主們乘坐花車出場，受到大家的歡迎

在3月19日傍晚的「火的遊行」中，大小法雅公主在手持炮竹的紅袍遊行者護送下陸續出場，受到熱烈的歡呼

火的遊行中，巨大火龍與噴發不停的煙火，吸引眾人目光

遊行

兒童人偶遊行裡，以瓦倫西亞省省旗為主題的美麗花車

在莊嚴聖週，看西班牙人對耶穌基督的虔誠祈禱，見識信仰帶來的感動。

主復活日所抬出、裝飾華麗的聖母聖像，充滿慈愛聖潔的光輝

相較於其他知名歡樂節慶所看到西班牙人的開心面容，連同復活節長達8天的「聖週」活動，卻顯得沉靜悲淒，讓人看到西國人收斂起平時給人的印象，深切地表達出對於耶穌基督，深沉且幽長的敬意和懷念。

每年的聖週日期並不相同，是依據每年春分月圓後的第一個星期日為主復活日當作基準(偶有出現於3月)，往前一個禮拜日(即棕枝主日，Domingo de Ramos)開始。雖說聖週屬於信奉天主教的西班牙全國性節日，但在各大城小鎮舉辦規模中，以南部安達盧西亞地區的塞維亞(Sevilla)動員人數和聖轎抬出的數量最為盛大。為了表達對聖母及耶穌的敬意，在聖週前步行於街道中，會發現教徒們開始在自家陽台掛上聖母或耶穌的聖像布幕，並且裝飾上棕枝。

聖週來臨前，不少人都會購買造型棕枝，掛在陽台外

從聖轎遊行看西班牙人的宗教虔誠

聖週期間主要依照如：最後的晚餐、被羅馬士兵俘虜及釘架於十字等聖經記載的故事，以「教會」為單位，每天扛抬不同聖像(Paso)、聖轎(Paso de Misterio)的聖週遊行(Procesión de la Semana Santa)，作為紀念該節的方式。

其中尤以聖母瑪麗亞和耶穌基督被放在裝飾繁複華麗，且插滿鮮花和蠟燭的聖轎上最具可看性；這些以真金、真銀，採巴洛克式雕飾打造、重達上百公斤的聖轎，主要由數十個抬轎人(Los Costaleros)負責扛抬，還能看到許多難得一見的聖器，供信徒瞻仰。

遊行觀賞的重點，不僅有聖轎，還有參與遊行的西國人。他們多半都穿著連身長袍，頭戴全罩露眼的尖帽，手持各式聖器現身，以表示懺悔者Nazareno宛如罪人般恥於以真面目示人。隊伍中亦有扮演耶穌、聖母、羅馬士兵者，伴隨著樂隊前進，而這些行頭都是自己打理，也讓人見識到西國人在宗教活動參與上的虔誠。

除了棕枝主日，遊行的最高潮主要是從星期四晚上的耶穌受難前夕與十二門徒「最後的晚餐」開始，接連到星期五耶穌遭羅馬士兵逮捕、審判後，被判釘於十字架上，星期六晚上舉行神聖的復活前夕守夜禮，到星期日中午主復活日(Domingo de Pascua)為止。

遊行的路線則是從各兄弟會所屬的教堂出發，到主教堂後再折返，因為聖轎非常

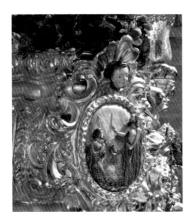

在塞維亞，每個聖轎都造價不菲

貼心小提醒

參與聖週遊行請先索取遊行資訊

建議到當地旅遊中心，索取一份遊行資訊，以了解當地教區在聖週列出的每日遊行時間，如果是重要的大遊行，建議提早卡位。有些甚至可以在旅遊局或遊行會場購買座位票，讓你輕鬆觀賞。

1 聖母在聖週期間，會依照各教區的主題遊行，而有不同裝扮 / 2 各隊伍懺悔者的服飾顏色都不相同，也代表不同意涵 / 3 懺悔者所持的聖物，都有其意義

沉重，通常扛走數公尺就得休息，所以遊行進行得異常緩慢，且沉默、嚴肅，從3～10個多小時不等，但無論是遊行者、一旁的觀賞者，或是追隨隊伍的眾多信徒，都不見有人顯得不耐，反而有人靜靜禱告，或是對於能親眼看到兩者的聖像，而感動流下眼淚。

聖轎所到之處，不少居民會從其陽台，擲出康乃馨或灑落滿天花瓣，以表示敬意。更有教會安排擅唱Saetas曲的信徒，以時而低沉、時而高昂的聲調，唱出對基督、聖母的情感。當夜晚降臨時，面無表情的遊行者點燃蠟燭，聖轎上的上百根蠟燭也同時點燃，頓時點點的火光，在昏暗的街燈下，散發強大靜默、虔誠的氛圍，營造出一種獨特的神祕渲染力。當聖轎遊行繞行一周回到教區，直到教堂大門關上的那一刻，信徒才結束了一天的行程，紛紛散去。但對旅人而言，這種成千上百人的朝聖景象，終將深深烙印於心中，久久不散。

1 在聖週星期四(Jueves Santo)的主受難日，教區的遊行隊伍中，有人扮演被綁上繩索的耶穌/ 2 在聖週遊行中少不了羅馬士兵 / 3 棕枝主日每個隊伍都會持棕櫚枝，按照既定的遊行路線到達主日禮拜會場 / 4 即使是同一天的活動，在不同教區也有不同的遊行形式，並會安排兩個教區的聖轎相會 / 5 在許多地方都會有聖週博物館，展示當地聖週相關服裝、聖轎等等，圖中為瓦倫西亞的聖週博物館

4月

聖週過後的下一週
四月節 Feria de Abril

盡情地舞蹈享受歡樂時光，
熱血沸騰的氣氛使人迷戀，徹「週」不離！

想要見證西國人歡騰熱舞、繽紛多彩的盛大春會Party，請來四月節！這個19世紀中期發源於南部塞維亞交易市集的傳統，從原本當地人的交誼、娛樂活動中心，慢慢成為結合飲食和傳統歌舞的集會活動，現在已經成了聖週過後全國各地會舉辦的盛會，其中又以塞維亞規模最大、最有名。

節慶前，碩大廣場架起的大型燈飾牌樓，與一字排開的帳篷，及數不清的華燈為即將到來的盛會點燃了歡樂氣氛，在子夜點燈儀式後，也象徵著為期一週的歡樂時光正式登場。

1 塞維亞四月節每年會場的燈飾牌樓，都會設計不同的款式 / 2 無論年紀多寡，來參與的人都精心打扮 / 3 塞維亞納斯舞是很普遍的民間舞蹈，不少男女老幼都可以來上一段

穿梭帳篷間
盡情跳舞、放聲談笑

　　驅車前往會場五彩斑斕的華麗馬車，帶來了濃郁的傳統西班牙在地風情。參與盛會的女子們，穿著縫飾層疊荷葉邊的鮮豔連身裙，頭上裝飾花朵髮飾或造型髮叉，以婀娜多姿的姿態穿梭會場；男士們則身著緊身短外套和馬褲，頭戴圓邊氈帽紳士般現身。不分男女老幼，大家穿梭於裝飾著奔放熱情的帳篷間，盡情跳舞及放聲談笑，品嘗各式炸海鮮、火腿肉腸拼盤Tapas，暢飲著啤酒、雪莉酒(Jerez)，或雪莉酒加上蘇打水或是七喜汽水的Rebujito，過著今朝有酒今朝醉的時光。

西國文化發現

何謂塞維亞納斯舞(Sevillanas)？
　　舞風上歡樂的塞維亞納斯舞(Sevillanas)，和佛朗明哥舞(Flamenco)一樣發源於塞維亞，但相較於悲沉內斂的曲風及複雜舞步的佛朗明哥，由每段3小節共4段組成的輕鬆易學塞維亞納斯舞，反而得以在西班牙廣為流傳，不僅能夠男女、女女雙人對跳，也可群舞，因此常可在西國人的家庭聚會、節日，甚至一些酒吧裡看見有人即興起舞呢！

1 在整列的帳篷前常可見大家在此喝酒、聊天 / 2 在帳篷內大肆吃喝，是在四月節會場中常見到的景象 / 3 會場內不時可見穿著傳統服飾的男女，一同騎乘在馬匹上，增添許多愜意浪漫風情 / 4 美麗的髮叉和大朵花飾，讓穿著傳統服飾女子的背影更顯迷人魅力 / 5 在帳篷內，跳舞、唱歌徹底歡樂，是一定會做的事

　　歡飲的同時，伴隨著帳篷內熱鬧喧騰、輕鬆愉快的塞維亞納斯(Sevillanas)音樂，人們更在酒酣耳熱之際，忘情地隨著節奏隨口哼唱，一邊扭腰擺臀、一邊舞動手腕、踏著愉悅的步伐，沉浸在歡樂時光中，不時發出「Ole！Ole！」叫喊聲，更將享樂氣氛推到了最高點。

　　除了會場帳篷區，一旁也有臨時搭建的大型遊樂場，讓人無論何時到此、何時參與，都能隨即感受到西國人愛熱鬧的狂歡氣息。或許就是因為熱血沸騰的氣氛太過讓人著迷，因此使得許多人迷戀在此，徹「週」不離！

　　當最後一天週日的子夜，河堤璀璨煙火點燃的同時，會場熄燈觀賞，感受春會即將落幕的時刻。而當燈光亮起，大家可沒就此失落離去，因為距離到隔天還有些許時間，此時大家再度回到帳篷裡，盡情地享受最後的歡樂時光，把握樂在當下的浪漫生活時刻，一切就等到天亮再說吧！

6 繞行會場的裝飾馬車，也是觀賞的重點 / 7 會場周邊會搭建各項遊樂設施，讓歡樂更延續 / 8 傳統服飾將西班牙男人灑脫豪邁的姿態顯露無遺 / 9 穿著傳統服飾，洋溢著南部浪漫、迷人氣息的女孩們

西國文化發現

如何進到帳篷裡和西國人同樂？

　　在四月節看到的帳篷(Caseta)，除大小和設備有基本的規定，裡頭以塞維亞風格裝飾的設計也具有可看性，加上歡樂的氣氛總讓人流連，所以進入帳篷和當地人同歡，是參與此節時一定要有的體驗。

　　但帳篷一般是隸屬家族、協會、社團或公司私人所有，稱Caseta Privada，若要入內，除非是經過帳篷成員的邀請才得以進入，另也有所謂的公開帳篷(Caseta Pública)，直接入內即可。所以進入帳篷前，得先搞清楚才行。

4月23日 摩爾人與基督徒節
Fiesta de Moros y Cristianos

從摩爾人手中奪回領地，
為出征的軍隊，提前慶祝終將勝利的歸來。

這個節日主要是為了慶祝1492年信仰基督教的西班牙人，從信仰伊斯蘭教的「摩爾人」(Moros)(即穆斯林)手中，奪回被占領將近8世紀的西國國土。

在西國各地慶祝的時間和方式略有不同，其中又以瓦倫西亞自治區內的阿爾科伊城(Alcoy)，從4月22日一連3天舉辦的大型活動最受矚目(有時會在該週末舉辦)，以慶祝阿爾科伊城的守護聖者聖喬治(San Jorge)在1276年4月23日，對抗穆斯林軍隊元首Al-Azraq取得勝利。

1 將軍的衣服和行頭每年都不同 / 2 運用各種花車載乘士兵、將領們進場，更顯氣勢 / 3 行經街道，兩旁住戶總會灑落滿天的紙花，讓場面更為壯觀

重現歷史，緬懷驕傲時刻

節慶期間走在阿爾科伊街道上，隨風擺動的白底紅十字旗「聖喬治十字」(Cruz de San Jorge)，傳送著勝利的喜悅，21日晚上的街頭樂隊遊行、音樂演奏會與大型煙火秀，更為接下來的3天做足了暖場。

在被稱為入城日(Día de la Entrada)的22日一早，大家期盼的基督教軍隊遊行，在夾道歡呼聲中熱烈登場，披著華麗的金屬盔甲或毛皮戰袍，手持仿古兵器的遊行士兵，雄赳赳、氣昂昂地出現，隨行在後的巨大老鷹與各式造型花車、身穿多彩繽紛舞衣的舞者與慷慨激昂的樂隊，更將現場烘托得氣勢非凡，滿天落下的飛舞紙花，宛如是為即將出征的軍隊，提前慶祝終將勝利的歸來。

西國文化發現

參與摩爾人與基督徒節這樣做

第一天上午和下午、第二天傍晚、第三天下午的大型遊行時，路線兩側都會擺放椅子，如需租賃，可洽當地旅遊局。

觀賞第三天的交戰日時，建議穿著長袖上衣及長褲，且準備好耳塞、口罩，以避免槍響造成的過量濃煙，引起耳朵和呼吸系統的不適。也由於上午和下午的繞城射擊過程大同小異，建議擇一觀賞即可，如是搭公車前來，由於班次並不頻繁，應留意上車時間。

在摩爾人和基督徒的軍隊中，每個隊伍的行頭都不同，將領們服裝也搭配隊伍，極有觀賞價值

至於下午的摩爾人遊行，排場同樣不同凡響，穿著古老阿拉伯戰衣，飾以伊斯蘭飾品，腰配短彎刀的士兵，搭配騎著精神抖擻的馬匹在遊行路線上來回奔跑的將領，加上以蛇蠍、大炮、獅子為裝飾的大型花車，與妖媚豔麗妝容的中東造型舞者、迴盪不絕於耳的中東音樂，更帶領民眾進入奇異的阿拉伯世界。從現場座無虛席、呼聲不斷的情況看來，就知道大家對遊行的滿意程度。

事後和當地民眾閒聊，一位特地從瓦倫西亞市返鄉來觀看遊行的先生說：「3天活動中，我最喜歡就是這一天，覺得特別地光榮！哈哈！」在他爽朗的笑聲中，我分享了他對故鄉節慶的榮耀。

多樣活動，活絡節慶氣氛

相較於22日的熱鬧喧騰，23日的聖喬治節(Día de San Jorge)似乎平和許多，化身為聖喬治的男孩，在聖物隊伍中從聖喬治教堂(Iglesia de San Jorge)出發，接受大家的擲花致意，下午在釋放震耳欲聾的Mascletá鞭炮與聖喬治巨大雕像的花車遊行後，暫時休息。

但接近子夜的彩車遊行(Retreta)，讓大家陷入了前所未有的瘋狂，花車遊行上，所丟擲給兩旁民眾的禮物，實在是豐富得超乎想像。此起彼落的賽車、玩具車、文具、洋娃娃、運動用品、家用品等等，宛如下起超大型的禮物雨，讓拿到的人都笑得樂開懷，尤其是興奮指數破百的小朋友，更是期盼這一刻永遠不要結束啊！

到了24日的戰爭日(Día del Alardo)，就是重現戰爭的時刻。廣場上的城堡，一天兩場上演了摩爾人攻占西班牙城堡，與西班牙人收復被摩爾人掠奪失土的戲碼。

1 隊伍中也常見有真實動物，拉著各式巨型道具或將領搭乘的花車前進 / 2 將領騎乘的馬兒，亦用心搭配上綴飾，作整體造型 / 3 隊伍的行頭極具可看性 / 4 在隊伍中，也穿插有精心打扮的舞者，舞出曼妙姿態 / 5 在阿爾科伊節慶博物館裡，可以見到聖喬治的畫像

在夜晚的彩車遊行中，民眾不斷將手伸向花車上的人，希望能拿到禮物

24號戰爭日，在廣場所架設的城堡上，可見一字排開陣容堅強的摩爾人將領

　　兩隊的將領，各自率領精銳軍隊，在整個舊城區，朝著天空和地面接連不斷地射擊發出槍響，頓時整個城煙霧瀰漫，隆隆作響，宛如深陷砲火之中，連做生意的店家都不得不戴上耳塞消音，可見陣仗之大。當下午的西班牙人獲得勝利後，扮演聖喬治的小男孩也現身於城堡上，接受大家的歡呼，最後在盛大的煙火中，這充滿歷史意義的節慶終於落幕，雖然僅是短短的3天，但相信這一段輝煌的歷史，終將深植每位旅人的心中吧！

西國文化發現

節慶的統籌者：聖喬治協會
　　整個節慶都由1883年成立至今的聖喬治協會(Asociación de San Jorge)負責，旗下共有28個稱為Filaes的會所，以傳承制的方式，負責扮演穆斯林或基督教軍隊，這28個Filaes在節慶期間會搭設帳篷，供自己所屬的會員聚會作樂，所以千萬別亂闖喔！

6 炮聲隆隆、煙霧瀰漫的阿爾科伊城巷 / 7 節慶期間常可見到穿著摩爾人服或基督徒服的士兵，在街頭開心喝酒、吃飯

每年最新摩爾人與基督徒節資訊，
可見官網：www.associaciosantjordi.org。

自然與人文完美結合，
在美麗的庭院中優雅綻放。

在住宅中設置庭園或中庭，據說是哥多華早期就有的一種為因應乾燥炎熱氣候，所產生的一種建築形式，可以藉由在中庭所設置的小型噴泉、具有儲存雨水功能的水井帶來些許涼意，並會在空間中種植和妝點多樣植栽與家飾，營造出可供休憩的公共空間。

公認為文化遺產的美麗庭院節

至於在2012年被聯合國教科文組織宣布為非物質文化遺產的庭院節，是從1918年開始，並有舉行相關庭院競賽(第一名獎金有高達數千歐元)，且在這段期間民眾可以根據當地規畫好、分散在城內的數條路線，進入參與比賽、且有開放的庭院或中庭裡，看看這家主人費時耗工、用心照顧一年，或是從他前幾代家族就傳承下來的美麗庭院。

而這些願意開放給民眾參觀的庭院，都布置得相當用心，除了原本這些頗具歷史的房舍採用的石造、木造或磚造材質，與如用石板、石子鑲嵌或磁磚拼貼方式的地面所帶來的可看性，加上屋主本身想法所採用的布置風格，都讓每座庭院具有獨特的觀賞性。

在庭院節時，有許多個人住宅都會開放給民眾免費參觀

在細節中發現藝術巧思

不少中庭就採用了豐盛滿溢的布置方式,除了地面空間可以擺放植栽的地方,從柱子、牆面、都能看到爭相競豔的花朵,甚至連種植容器的大小、材質、上頭的彩繪圖案、垂掛的方式,都讓人覺得頗為講究,也營造出另一種藝術觀賞樂趣,有的屋主還結合了生態情境,不但有魚池,甚至還可見到烏龜、鳥兒,搭配著大自然流水蟲鳴音樂,讓人一進入便覺得來到戶外花園的一隅。

有的庭院,則巧妙運用早期留下來的噴泉與水井進行裝飾,仔細一看,有些現在還在使用呢!此外,並還會保留洗衣槽與早期烹飪的器具或家具,抑或用陶器、雕刻品當作裝飾,所以穿梭在這些庭院中,還能觀察到舊時生活的軌跡,非常之有趣!

而來到這裡,也因為這些屋主對於花草植栽的培植上頗有心得,所以如果對其所栽種的珍奇花朵、使用的花器與種植方式有疑問,還能當面和主人請益,譬如如何對種植在兩層樓高的牆面上的盆栽澆水?有的主人除會詳細敘述,還會親身以長杓示範。

此外有些庭院裡還會供應西班牙冷湯或小點,讓民眾可以稍作駐足歇息,由於這些庭院都是免費開放參觀,所以如果喜歡這座庭院,不妨就投些錢,給他們點鼓勵吧!

兩層樓高的牆面植栽必須用長杓來澆灌,有些庭院內的主人會讓民眾試著操作

每年最新庭院節資訊,可見:patios.cordoba.es/es

1 除了各式植栽,還可見到許多老家飾妝點其中 / 2 節慶期間在街上可見許多音樂舞蹈表演,也吸引民眾同歡共舞 / 3 參觀中庭雖然不收費,但如果喜歡其風格設計,可以投錢給予鼓勵 / 4 在曾得獎的中庭裡,也可以看到該屋主展示各種獲獎榮耀 / 5 每年的庭院節都會規畫數條路線,並有明確的標示供民眾參考

6月24日 聖約翰日 Día de San Juan

點燃夜灘上的篝火，在全年夜晚最短的一日 體驗徹夜未眠的樂趣，並祈福消除厄運。

6月24日是一年中白晝最長的夏至，但從23日晚上、也就是當地人所稱的聖約翰之夜(Noche de San Juan)起，會徹夜狂歡，若想和熱血愛鬧的西國青年，一同在海灘上迎接夏至，那麼歡迎你的加入！

由於太陽、火、水是慶祝該節的必要元素，因此西國年輕人在和家人用過晚餐後，就興沖沖地拿著一打打的啤酒和食物往海邊前進，當然也有家庭選擇一起前往海灘度過。

海灘上的狂熱「夏」饗宴

年輕男女們就定位，換好海灘褲和比基尼後，開始熟練地在沙灘上挖洞，堆放上木頭、樹枝後點燃以製造篝火，寄望藉由「火」，在全年夜晚最短的一晚幫太陽加油打氣，也幫自己去除厄運。放眼整個沙灘，一叢一叢的篝火，搭配皎潔的月光和陣陣的海浪聲，為漆黑的海灘，營造出微微的浪漫。大家三三兩兩席地而坐，一面聽海喝酒，一面嘻笑談天，有的乾脆烤肉、圍起圈圈唱歌跳起舞來，但更多則是玩著跳火堆、走篝火的練膽識遊戲，恣意地享受放縱青春的快感。

在更靠近海邊的沙灘上，一處處的小帳篷，是情人的激情溫柔鄉；也有人乾脆趁著黑夜來個大解放，無論是光著屁屁朝著海邊灑尿邊吶喊的男子，或褪去衣物，來個月光裸泳的女

西國文化發現

「課本」是升火的必備品？

聖約翰日是以「火」為主要慶祝活動的節日，這是從舊時焚燒舊家具的習慣而來，到了現在，年輕人口耳相傳的助燃物，則已經轉化為適逢期末考結束後不要的課本了。所以如果在沙灘上，看到學生將課本、講義往篝火裡送，可別太驚訝，因為他們可能正處在期末考考完後的狂歡狀態中！

在該夜最常做的事，就是三五好友聚集在沙灘上，點起篝火、喝酒談天

子，都為這個夜晚，蒙上了不平靜的氣息，更別說是瀰漫在空氣中的大麻氣味，隱約透露著危險。

就在這樣放縱又歡樂的夜晚裡，有人徹夜未眠、盡情享受；有人則以海灘為床、夜空為被，度過這一夜。當24日的曙光升起，睡眼惺忪的疲累人們則進行了一場千人返家徒步之旅，好好地在家補個眠，等待著明年狂歡夏夜的來臨。

與法雅節些許雷同的聖約翰篝火日

如果有機會在這個時候到達阿利坎特(Alicante，P.270)，則可以參與聖約翰篝火日(Hogueras de San Juan)，無論是矗立在城內各處的大型工藝人偶、選出的節慶貝耶莎(Belleza del Fuego)公主，到街頭巷尾進行的多樣遊行活動、各式造型提供吃喝的攤位，隨處可聽的震耳欲聾Mascletá鞭炮聲等等，都教人振奮。而在24日晚上則會燃燒這些人偶，雖然感覺和法雅節的活動些許類似，但卻有自己的一套呈現方式，而這個慶祝夏至到來的活動，即使在人偶焚燒完畢後，在海灘仍會有升篝火的活動一直持續到月底，讓人徹底地感受夏天的到來。

西國文化發現

節慶限定美味——Coca de San Juan

這是一種在麵團上，鋪上各式蜜漬水果片，加上松子烤製的節慶限定甜點。在聖約翰日來臨的前一週，都可以在糕餅店、麵包店及超市看到，依€4～15不等的價格有不同大小的尺寸。

1 在阿利坎特的聖約翰篝火日，同樣也有聖母獻花活動，每年的聖母花袍圖案也都不同 / 2 僅有數公尺高的Hogueras小型人偶 / 3 阿利坎特市政府製作的Hogueras人偶，每年都是觀賞的重點

每年都會選出7位貝耶莎公主，中間者為第一名

7月6日 奔牛節 Fiestas de San Fermín

奔牛的激情衝撞，
舉城陷入「絕對歡樂」的迷人魔力之中。

西班牙三大節慶之一、同時也是世界知名節慶的奔牛節，主要是為了紀念守護聖者聖費爾明(San Fermín)，每年從7月6日到7月14日，都會在東北部的納瓦拉(Navarre)自治區首府潘普隆納(Pamplona)熱鬧展開。

這個節日源自於1591年，常見的由來說法有，為了要將公牛趕進城內的鬥牛場，有人遂想出了將牛激怒、得以在激怒者的引導下，追入鬥牛場。另外則和氣候有關，所以將原本10月的慶祝活動，變更到夏天的7月舉行。之後更因為諾貝爾文學獎得主美國作家——海明威在1926年的《太陽照常升起》(The Sun Also Rises)一書中，生動描繪了該節奔牛、鬥牛的情景，讓這個節慶在國際間聲名大噪。

1 每早8點開始的奔牛活動，除非清晨就來卡位或購買有出售席位的票券，不然只能透過沿途架起的雙層欄杆，觀看奔牛的情景 / 2 節慶期間，常可看到許多人隨意地在路上演奏跳舞

3-4 奔牛節期間，在鬥牛場除了鬥牛，也有許多和牛有關的表演

舉城狂歡的奔牛活動

　　而這個對潘普隆納人重要的節日，每年在7月6日的市政廳廣場，於中午12點舉辦熱鬧的El Txupinazo(El Chupinazo)火箭炮發射開幕式後，就會「正式」進入「絕對歡樂」的狀態，身穿白衣白褲、戴紅巾、甚至是白底紅帶傳統鞋的人們，穿梭在一個個奔牛、鬥牛、人偶巡街遊行、露天音樂會、釋放煙火等活動中，而街頭不時可見飲酒、跳舞、奏樂、狂歡的景象，並也設置有臨時遊樂園，這一切的一切就是要歡度這個節慶。

　　其中最受矚目的，莫過於是奔牛活動(Los Encierros)了！每年都在7月7日到7月14日早上8點準時登場。參與的民眾得在被雙層木柵欄圍起、全長約875公尺的道路上，被引導衝向鬥牛場的鬥牛所追趕。雖然僅不過數分鐘，但除了場上的人得繃緊神經、時時做好可能冷不防被牛攻擊的反應，場外的人也看得心驚膽跳、有時忍不住捏把冷汗，雖說每年總不時會傳出受傷消息，仍舊吸引許多人樂此不疲參與。

5 晚上的大型煙火為節慶的夜晚增添許多熱鬧的氣氛 / 6 San Fermín的字樣，在奔牛節會被大量用在各種產品形式上，連棒棒糖也不例外 / 7 無論是白天或夜晚的露天音樂會都吸引不少人聆聽

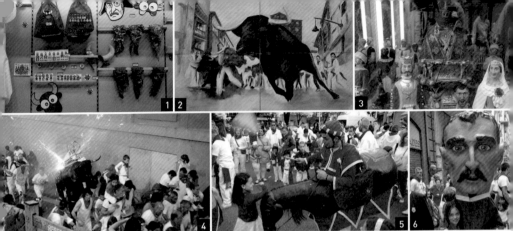

1 許多店家和街頭都販賣著和奔牛節有關的商品 / 2 以鬥牛節聞名的潘普隆納，在城內常會看到和奔牛有關的裝飾 / 3 該節主要是為了紀念守護聖者聖費爾明，不時會見相關擺設 / 4 節慶期間會上演各種和牛相關的活動，其中噴射出火花的道具牛在街上追逐人們就是其一 / 5-6 除了巨人人偶，也有裝扮大頭人偶和馬型道具的遊行者與大家玩樂 / 7 7月14號晚上12點，眾人齊聚市政府高聲齊唱「可憐的我」，在璀璨煙火中，為奔牛節劃下句點

　　而在各式活動中，又尤以巨人和大頭造型的人偶遊行(La Comparsa de Gigantes y Cabezudos)，被視為大人小孩必看的重點，期間的跳舞、旋轉和民眾互動，都讓人欣喜。而鬥牛場的鬥牛(La Corrida)活動(P.286)也有許多人觀看。

　　在經歷了一連串的精采活動後，到了14號晚上12點將進入尾聲，眾人將會再次群聚在市政廳廣場，手持紅領巾，並點上蠟燭，高聲齊唱「可憐的我」(¡Pobre de mí!)一曲，在不斷重複"pobre de mí, pobre de mi, que se han acabado las fiestas de San Fermín"的歌詞中伴隨著齊發的煙火，璀璨落幕，但在歌聲結束後，就會再次進入迎接明年奔牛節的倒數了，所以不少人仍會帶著開心的心情把握當夜繼續玩樂。

每年最新奔牛節資訊，可見：
sanfermin.pamplona.es、www.sanfermin.com

貼心小提醒

狂歡之餘注意安全

　　節慶期間常可見到徹夜飲酒作樂，早上就直接到奔牛會場觀看的人們，所以有時也會伴隨有酒後衝突景象，請旅人多加小心。

西國文化發現

認識巨人和大頭造型人偶
(La Comparsa de Gigantes y Cabezudos)

　　這些由真人裝扮的人偶隊伍，非僅出現在潘普隆納。其中近4公尺高的巨人人偶(Gigantes)，代表4種不同種族的國王和王后。而大頭人偶(Cabezudos)約高2公尺，有5種造型。另外還有6種帶著三角帽、頭大身小、名為Kilikis的人偶。至於裝備成馬匹造型的遊行者，稱Zaldikos。

8月 最後一週的星期三 番茄節 La Tomatina

疯狂激戰在一片紅的番茄海洋裡，
痛快洗一場養顏美容的番茄浴。

西班牙節慶的舉辦，多半和宗教或紀念城鎮守護聖者有絕大的關係，但在每年8月最後一個星期三，於瓦倫西亞自治區內的布紐爾鎮(Buñol)所舉辦的番茄節，則可能無法被歸類，不過所呈現的極度瘋狂、混亂與歡樂狀態，卻讓全世界的人都為之矚目。

節慶的來源眾説紛紜，有一説是一些年輕人在觀賞「巨人和大頭」(Gigantes y Cabezudos)遊行的時候，絆倒一名遊行者，兩人於是爭執扭打，結果竟使得路人捲進其中，便順手拿起一旁水果攤上的番茄互砸消氣。隔年心有不甘的年輕人回到該地，以自備的番茄，引發這場戰爭。由於這樣的發洩方式不具傷害性，又帶有趣味，因而引發民眾興趣而傳開。雖曾一度被禁止，但到1980年當地政府開始正式舉辦該活動，並進而成為世界知名節慶，不過近年來因參與人數暴增，已經開始進行入場收費管制，如欲參加，建議在數個月前就利用網路來購票。(購票網站：latomatina.info/en/buy-tickets)

各式以番茄娃娃為主題的T恤，買的人相當踴躍

從參與民眾一身齊全的裝扮，就知道有備而來

大戰開始前，各路人馬摩拳擦掌

活動開始前，當地政府會備妥好數卡車熟透的番茄，等待活動當天從四面八方湧來的番茄戰士，這些戰士們除了頭戴蛙鏡、身穿短褲、T恤或泳裝、腳套扣帶涼鞋外，也有許多人身穿卡通造型裝或奇裝異服前來，甚至還將西瓜肉挖空，當作防護帽上陣。家家戶戶則禁閉門窗，以塑膠布蓋住牆面嚴陣以待。

當早上9點，塗滿油脂的木桿上，所綁的火腿(Jamón)被民眾攀爬拿取後，就等於是宣告番茄大戰開始。頓時裝滿番茄「砲彈」的卡車緩緩駛進戰區，開始傾倒於街道上，車上市政府派出的番茄戰士，也摩拳擦掌準備和前來參與的民眾進行一場番茄大戰。

1 女孩們除了泳帽，連浴帽都出籠 / 2 身穿顯眼銀色緊身衣的民眾，讓人不看也難 / 3 穿著連身皮卡丘裝的搞怪民眾

4 民眾熱烈歡迎從番茄戰場中駛出的番茄卡車 / 5 賽前雪白的T恤，在經過番茄浴的洗禮，已經變成粉紅色 / 6 滿身被熟爛番茄「紋身」的男子

大戰開始，番茄變身紅色炸彈

當11點一到炮聲響起，大戰正式開始！成千上萬的現場民眾，開始胡亂地拿起熟爛的番茄，朝身邊認識或不認識的人發動攻擊，「不要丟我啦！」、「看你往哪裡跑！」、「啊！我的眼鏡歪了啦！」、「我的鼻子好痛喔！」、「丟那個正在拍照的」、「趕快撤到牆角」、「我要躲到那邊啦！」、「幹嘛扯我衣服啊！」、「我的鞋子漂走了啦！」就這樣，高低不同分貝的尖叫聲和喊叫聲瀰漫全城，唯一全身而退的方式，就是不斷地攻擊，因為當你停下來的那一刻，就是準備被擊潰的時候，當然也有人完全放棄，乾脆泡在這些被丟得稀巴爛的番茄所形成的河裡，痛快洗一場養顏美容的番茄浴，只是搭配飄散在炎熱高溫中所散發的溫熱熟透番茄味，實在毫無舒服的氛圍可言，噁心到了極點！

大戰結束
開始進行街道大清洗

　　1小時後，天空所擊發的砲聲，宣告大家停止手邊戰鬥，結束戰爭。在戰爭中彼此憤恨的敵人，頓時成了同病相憐的戰友，只見每個人原本白色的T恤，都被番茄汁渲染成番茄紅，頭上、臉上、身體上都有著番茄殘渣或番茄籽，大家不是忙著找鞋，就是揉著身體被砸痛的部位，哄堂大笑看著彼此半斤八兩的慘樣。

番茄大戰後，民眾暢快地在水柱下清洗

　　笑完後，大家恢復理智，開始進行大清洗，這時待命的清潔隊員和消防車、水柱紛紛出動，居民也開始出現打掃這被番茄戰火洗禮的居家環境，不過玩到瘋的民眾，還是能在打掃時找出一點樂子，走到鄰近河裡清洗的同時，也順便再玩起潑水戰，或故意跑到清潔人員所噴灑的高壓水柱前，像自動洗車的旋轉刷，不斷地旋轉，或者追逐著到處噴灑的水柱，想延續番茄大戰所帶來的樂趣。

　　就在當地政府和全鎮居民的齊心齊力打掃下，整個鎮又恢復了原本乾淨的模樣，而參與的人們，則在路邊小攤以烤肉腸、三明治充飢後，拖著疲累的身軀邁向回家的旅程。

車站擠滿清洗乾淨的返程民眾

西國文化發現

遵守當地政府規定，明「則」保身

　　為了保護前來參與活動的民眾，當地政府規定：禁止攜帶瓶子及危險物品進入活動區域，大戰過程中不能丟擲番茄以外的東西，也不得撕扯或丟擲對方的衣物。丟擲番茄時，必須先捏爛以免造成他人傷害。再者，注意行進中裝載番茄的卡車，最後，當第二次炮聲響起時，必須停止扔擲番茄，否則將會罰款。

　　但我認為丟擲番茄時，必須先捏爛以免造成他人傷害是有點困難的，因為有時實在來不及啊！

10月
最後一週的星期四～日
番紅花節

Fiesta de la Rosa del Azafrán

每一蕊番紅花，得來不易，
是農民辛勤的成果，也是節慶最珍貴的真諦。

SANCHO

喜歡料理的人，來到西班牙若要帶點伴手禮回去，那就一定不能錯過番紅花，若是想探究番紅花在西國人的心中地位，與了解製作的過程，那不妨在10月走訪唐吉軻德故事舞台的拉曼查大地時，參與這熱鬧的紅金慶典。

紫色田地裡的珍貴紅金

稱番紅花為紅金可是一點都不為過，從其歷經5個月、需種植於乾燥、排水佳的石灰質地面的「限地栽種」培育條件，到採收時，必須得趕緊在早上10點前採收、並經篩選、烤乾、分級、包裝，儲存等「全程手工」、「費工耗時」的製作過程，就可以略知一二。

當然價高的最主要原因就是「量少」，這是因為在一朵紫色的番紅花中，只取3根紅色雌蕊柱頭，而1公克的番紅花絲，就要耗費200朵，在經過烘烤後，還會縮小至5分之1。目前1公斤的番紅花，市價甚至可達€2,000，因此被稱為「紫田裡的紅金」應該是恰如其分吧！

在6片的紫色番紅花瓣中，僅有3根的紅色雌蕊最具使用價值

也因為番紅花在西國人的眼中如此珍貴，因此在每年10月底卡斯堤亞——拉曼查自治區內的各地番紅花收成時，當地的農民，總要好好慶祝一番，其中又以擁有白色風車出名的孔蘇埃格拉鎮(Consuegra)最為盛大。

該慶典的由來，最主要源於推廣當地的工藝、農產品，因此從10月最後一個週四～週日的4天活動裡，集合了農用機械、食品、工藝品的展覽會也同步進行，各式的皮雕、木雕、塑陶、彩繪玻璃等作品讓人看得眼花撩亂，當然美味的肉腸、起司、造型糕餅也誘人萬分。其中最曬目的區域就是各農家推出的番紅花商品，和各式製作器材布置，相信能一次滿足對番紅花有興趣的旅人。

1 唐吉軻德劇結束後，在波列羅(Bolero)風車旁賞心悅目的舞蹈表演 / 2 在推廣手工藝農產品的市集裡，可以看到許多現場示範的當地藝術家

必看的唐吉軻德真人實境劇

除能買到高品質的番紅花商品，也千萬別錯過各式的慶祝活動，首先必看的是山丘上桑丘(Sancho)風車前，所上演的唐吉軻德帶著牽驢的隨從桑丘(Sancho)造型磨坊主人，宣告出征的戲碼。看著扮演得維妙維肖的演員，和以風車、拉曼查大地為背景的場景，真的會有穿越時空的感覺。

其後就是看著已經功成身退的風車，為了慶祝節慶且結合公益活動而示範的轉動風車研磨麵粉的過程。當觀賞完定位於已被改為旅遊處的波列羅(Bolero)風車旁空地上的傳統舞蹈後，別忘記排隊領取一包以棉布袋包裝好的麵粉，感受其質樸溫暖的香氣，重新體會風車早期辛苦工作的成果。

在週六的夜晚你可以繼續流連於市集中，或到鎮上人聲鼎沸的酒吧小酌一杯，當然和當地人一起觀賞廣場上的露天音樂會，或是劇院的舞台劇表演，也是很不錯的選擇。

由演員扮演的唐吉軻德和桑丘維妙維肖，所上演的劇碼很令人期待

分秒必爭的摘取番紅花雌蕊大賽

　　至於最後一個觀賞重點就是週日早上在西班牙廣場(Plaza España)舉辦的摘取番紅花雌蕊大賽，在兒童組比賽結束後，緊接而來的，就是在鎮長和杜爾西內亞公主見證下舉行的成人組賽事。6位箇中好手坐定後，工作人員一一將一定重量的番紅花倒置於選手面前，當比賽開始，選手們以驚人的速度撐開花瓣，摘取3根雌蕊放入盤中，待全部摘取、檢查完畢後，即可起身站至椅子後方，待時間一到，裁判逐一檢查，按照摘取完整度、準確度和時間來評分。當冠軍產生，現場隨即響起如雷的掌聲。

　　最後整個節慶，就在大型傳統歌舞音樂表演中落幕。如果仍覺得意猶未盡，那麼建議，到鎮上有供應番紅花料理的餐廳好好吃上一餐，相信你將能更加領略番紅花節慶旅遊的終極樂趣。

1-2 來到番紅花著名產地，怎能不買份番紅花 / 3 摘取番紅花大賽會場 / 4 番紅花大賽後的熱鬧非凡舞蹈表演，圖為舞蹈中有著低調華麗美感的馬德里(Madrid)表演團體

12月25日 聖誕節 *Fiestas de Navidad*

和家人一同品嘗耶誕大餐，共度溫馨夜晚，沐浴在聖母、天父賜予的恩典中。

從12月22日起到來年1月6日的聖誕假期，可説是西國人整年度最重視的假期。歡騰的氣氛從11月底就開始，街上璀璨的燈飾及巨型聖誕樹、店家展示著繽紛多彩的聖誕櫥窗、熱鬧非凡的聖誕市集、各地區主要廣場、教堂所布置的耶穌誕生馬槽(Belén)，以各種形式出現的聖誕老公公等，都洋溢著濃郁得化不開的歡樂節慶氛圍。西國人除了忙於籌備及參加公司年終聚餐，與選購給客人或員工的禮物，在休息及假日時，則開始周旋於採購家人的聖誕禮物及家庭布置間，並構思著聖誕晚餐。

西班牙人年終總忙著選購給客人和員工的禮物或聖誕禮籃(Cestas y Lotes de Navidad)

貼心小提醒

西國人的聖誕假期放假日

雖說12月22日到1月6日是西國人的聖誕假期，但這只針對學生而言，若是全國放假日僅有12月25日聖誕節、1月1日及1月6日三王節。其餘時間西國人還是得正常上班，店家仍得照常營業。不過從12月開始，為了方便民眾採購聖誕節、三王節的相關禮品和食物，許多店家會延長營業，所以購物前，記得看一下各家營業時間表喔！

聚集歡笑和溫馨的假期

整個假期就從22日的聖誕彩券(El Gordo、Lotería de Navidad)開獎開始，這種在10月就開始販賣的彩券，以總獎金金額居全球之冠、人人有獎為概念而受到歡迎，雖然一張要價€20，但買氣仍然很旺。開獎時，由馬德里Colegio de San Ildefonso學校的小學生，以別具特色的方式「唸唱」出中獎號碼和金額，當開獎完畢，在街頭就能相繼看到得獎者歡樂慶祝的畫面，感染開心的氣息。對於天性樂觀的西國人來説，中獎是運氣好，沒中獎，反正過幾天聖誕節就可以拆禮物，也挺好！

至於24日晚上，西國人都在下班後趕緊回家和家人一起共享聖誕大餐，餐桌上飄著溫馨幸福香氣的烤雞、烤海鮮或大肉捲都讓人口水直流，少不了的火腿、肉腸盤、應景點心「杜隆杏仁糖」(Turrón)(P.230)、Polvorón、Mantecado、Cava氣泡酒等，更讓人覺得心滿意足。隔天25日則繼續和親戚

`1`

`2`

相聚一起拆禮物聚餐。整個假期就在這樣的吃吃喝喝、談談笑笑中度過，盡情沐浴在聖母、天父賜予的恩典中。

到了28日，從神聖無罪者日(Día de Los Santos Inocentes)延伸而來的愚人節，西班牙人很習慣和親朋好友相互開玩笑或惡作劇，甚至還會在別人的背後偷偷貼上一種名為Llufes的紙型娃娃，以嘲笑這個人太天真。如果你在這天發現報紙或媒體上出現不合常理的新聞，那很有可能是媒體人惡作劇，小心別被騙囉！以輕鬆的心情度過這一天是最好的方法。過完這天後，接下來，就開始迎接每年的最後一個慶祝活動——跨年。

西國文化發現

西國人的重要聖誕裝飾：耶穌誕生馬槽(Belén)擺飾

信奉天主教的西國人，為祝賀聖嬰耶穌基督的誕生，因而將耶穌降臨至馬槽(原意為伯利恆的Belén)的情景重現。整個馬槽主要以瑪麗亞、約瑟、聖嬰、三王人偶為主，並會擺放上相關的動物。規模從小至擺放桌上，大到如真人一般高，甚至可見完整呈現耶穌誕生時的城內景象者，十分壯觀。

1 馬德里一家曾開出第一特獎的彩券行，在最清淡的時段，裡面也總是擠滿了人 / 2 來聖誕市集裡，少不了販賣裝飾耶穌誕生馬槽的各式人偶，尤以三王最為熱門

西國文化發現

望鐘吞葡萄，象徵來年的願望終將實現

在12月31日的倒數前夕，你會發現許多西國人趕著買無籽的白葡萄和Cava氣泡酒，在當晚的12點前，準備好12顆洗淨的白葡萄，講究點的，還會先穿上嶄新、象徵帶來愛情或好運的紅或黃色內衣褲。

由於每顆葡萄代表每個新年願望，所以在吃前得先想好，接著看著電視的倒數節目，或是到鎮府廣場(其中以馬德里太陽門廣場的跨年倒數最出名，見P.125)，隨著倒數12秒所響起的每個鐘聲，依序吃下葡萄，許下願望，並在最後一個跨年鐘響前吃完所有的葡萄，如此一來，所許的願望中，在來年就有可能實現。

接著和旁邊的人道賀、親吻，說聲「新年快樂」(Feliz Año Nuevo)後，喝杯Cava氣泡酒，跨年儀式才算完成。若想完整度過整個跨年夜，西國人會繼續到酒吧狂歡到天明，元旦一早還得去吃份Churros熱油條配熱巧克力，並回家睡到自然醒，待中午和家人吃過飯後，才算告一段落。

馬德里的太陽門廣場跨年

西班牙跨年時，總少不了吞12顆白葡萄的習俗

Cava氣泡酒

3 可以帶來好運、順遂的植物——槲寄生(Muérdago)，許多人都會購買 / 4 巴塞隆納的Feria de Santa Llúcia聖誕市集，可見名為Tió de Nadal的木頭人偶裝飾 / 5 瓦倫西亞著名的中央市場，在聖誕節期間也放置了高大的聖誕樹

貼心小提醒

西班牙四大城聖誕市集地點

聖誕市集多半從11月底開始到12月底，有些會持續到1月6日三王節，出發前請再查詢詳細日期。

＊**馬德里** 主廣場(Plaza Mayor，P.124)、西班牙廣場(Plaza de España，P.129)等。

＊**巴塞隆納** 大教堂(Catedral，P.205)前的Feria de Santa Llúcia市集最出名。

＊**瓦倫西亞** 大教堂(Catedral，P.238)前、古隆市場(Mercado de Colón，P.264)、新中心廣場(Nuevo Centro)等。

＊**塞維亞** 聖巴斯提安公園(Jardines del Prado de San Sebastián)、恩卡納西翁廣場(plaza de la Encarnación)。

~西國節慶特輯~
和台灣相似又相異的西班牙節日

　　雖然台灣和西班牙距離相隔甚遠，但有些節慶其實都並存，只是慶祝的方式略為不同，除了前述節慶文章提到的父親節(P.46)、聖誕節(P.73)、愚人節(P.74)等，還有哪些呢？一起來看看吧！

清明節緬懷祖先

諸聖節

　　不同於台灣4月5日的清明節，西國人是以11月1日的諸聖節(Día de Todos Los Santos)，作為追思先人的日子，這也是西班牙的國定假日。這一天在天主教原是為紀念包括知名、不知名聖者和殉道者所設的節日。

　　諸聖節當天，西班牙人會買一束鮮花到墓園表達敬意，並打掃先人的墓地和擦拭墓碑。且在節日期間，還會品嘗長條狀夾餡的聖人之骨(Huesos de Santo)、包著奶油或巧克力等內餡的圓球Buñuelos de Viento，或是以杏仁糖糕裹上松子的Panellets松子球等應景甜點。不過也因為西班牙領土面積甚廣，所以有些地方也有其自己的紀念方式及品嘗的食物。

在諸聖節這天，西國人都會買花去墓地祭拜先人，因此當天即使是放假日，也會有些花店開門，或常可見到小販兜售花束

聖人之骨(Huesos de Santo)甜點，現在有些糕餅店，已製作有多元的口味如草莓(Fresa)、摩卡咖啡(Moka)、奇異果(Kiwi)等

11月1日的諸聖節應景甜點——聖人之骨和Buñuelos de Viento甜點

西國文化發現

西班牙國慶日
　　西班牙的國慶日(Día de la Fiesta Nacional／Fiesta Nacional de España)為10月12日，這一天在馬德里各地都舉辦有閱兵遊行，也因為這天也是1492年時哥倫布(Cristóbal Colón)發現美洲新大陸的日子，進而讓歐洲開啟與美洲的接觸，所以也被稱為西班牙國家文化節(Día de la Hispanidad)。

西班牙的母親節
　　西班牙的母親節，和匈牙利、葡萄牙、羅馬尼亞、立陶宛一樣，是在5月的第一個星期日。不似台灣是在5月的第二個星期日。

情人節傳遞浪漫情意

聖多尼斯日、聖喬治日

　　台西兩地除了都有2月14日的西洋情人節(Día de San Valentín)外，在台灣亦有七夕，至於西班牙如瓦倫西亞地區，也有當地的情人節，即10月9日的聖多尼斯日(Día de Sant Dionís)。在這天男士會選購Mocadorà甜點，除有表示繁殖多產之意的蔬菜水果造型，也有傳統的Piuleta或Tronador長型及彎曲形狀者，並會以絲巾包好送給心儀的女性。

　　而在加泰隆尼亞地區的情人節，則為4月23日的聖喬治日(Día de Sant Jordi)，男人會以表示愛情與友誼的玫瑰與有多產之意的麥穗為禮、女人則採贈書的方式傳遞愛意，因此每當該節來臨，可在蘭布拉大道(P.196)和當地書店，看到人們選購應景花束和書籍的景象。

10月9日情人節前夕，在瓦倫西亞自治區，百貨公司裡的超市都可以看見相關布置與商品

以玫瑰和麥穗，搭配中世紀勇士聖喬治屠龍救公主故事中的兩大主角小盆飾，討喜又可愛

聖多尼斯日(Día de Sant Dionís)節慶海報

以上3圖皆為各式的Mocadorà甜點

四大城特色節慶總整理

馬德里

🌿 5月15日 聖伊西德羅節(Fiestas de San Isidro)

為紀念馬德里主保聖人,也是農業勞動者的守護神——聖伊西德羅,當天除在聖伊西德羅教堂(La Pradera de San Isidro)舉辦彌撒,並有聖像遊行與音樂活動,亦能在街頭看到當地人身穿傳統服飾(Chulapo / Chulapa)跳名為Chotis的舞蹈,而該日之前亦有相關慶祝活動。

🌿 10月底 移牧遷徙 (Fiesta de la Trashumancia)

每年10月下旬的某週日,都會在市中心看到這個移牧遷徙傳統活動。當天會看到牧羊人帶著為數可觀的羊群,依著早期訂定的「移牧之路」,經過馬德里市區。

🌿 11月10日 阿爾穆德納聖母日(Día de la Virgen de la Almudena)

為馬德里主保聖人之一紀念日,當天在阿爾穆德納聖母主教座堂(P.133)後側的城牆遺跡會有獻花活動,並在主廣場(P.124)舉辦有彌撒活動,亦能見到聖母聖轎遊行。

🌿 12月31日 跨年(P.75、P.125)

阿爾穆德納聖母日當天的聖母聖轎遊行,總會吸引為數眾多的人潮

除了聖伊西德羅節,在馬德里如阿爾穆德納聖母日等重大節慶,也能看到身穿傳統服飾的當地人跳Chotis舞

阿爾穆德納聖母主教座堂在阿爾穆德納聖母日當天的獻花活動,可深深感受到當地人對聖母虔誠的心

巴塞隆納

〰 4月23日 聖喬治日(Sant Jordi)(P.77)

〰 9月24日 聖梅爾塞節(Fiesta de la Mercé)
　為巴塞隆納主保聖人聖梅爾塞(即聖母Nuestra Señora de la Merced)紀念日,從該節日前幾天就開始會有相關慶祝活動,除了音樂舞蹈表演活動、釋放煙火,並有大型人偶遊行與著名的疊人塔表演。

瓦倫西亞

〰 1月22日 聖維森特·馬蒂爾
(San Vicente Mártir)日(P.239)

〰 3月19日 法雅節(Las Fallas)
(P.46)

〰 5月第二個週日 聖母節
(Festividad de la Virgen de
los Desamparados)(P.241)

每年的聖維森特·馬蒂爾聖像遊行,有不少當地人都會到現場觀看。

塞維亞

〰 春分月圓後的第一個週日 聖週(Semana Santa)(P.50)

〰 聖週後的1到2週 四月節(Feria de Abril) (P.53)

〰 7月最後一週 聖安娜節(La Velá de Santiago y Santa Ana)
　為紀念塞維亞特里安納區(Barrio de Triana)(P.302)守護神Velá de Santa Ana,有音樂會和Sevillanas舞蹈比賽等慶祝活動,其中在La Cucaña的活動中,參賽者必須走在從河船伸出的塗有油的桿子上,取得桿頭的旗幟,而未取得者則會落水。

〰 9月塞維亞佛朗明哥雙年展(La Bienal de Flamenco de Sevilla)
　從1980年開始,每兩年從9月開始為期約3週左右的佛朗明哥藝術節,是世界上最重要的佛朗明哥舞慶祝活動之一。除在當地各大劇院舉辦相關舞蹈、音樂演出,並有靜態展覽、街頭表演等。

西班牙
BUY家伴手禮

Spain 特色美味帶著走 Delicious

遊玩西班牙後想帶些當地好滋味伴手禮回家該怎麼選？雖然現在台灣已進口有下列所介紹的多款西班牙食材與食品，但論產地價格優勢、品項多元，加上心意無限，仍舊值得購買。以下Kate選出曾帶回台灣受到親友「歐洛」(誇獎的台語)的伴手禮給大家，就讓我們一起來Rico！Rico (美味之意的西文)吧！

1 蜂蜜洋柑菊茶包、冷泡茶包

西班牙人習慣在飯後喝杯香藥草茶，所以生產出許多茶款，其中Kate百喝不膩的就是這一款，在淡雅洋柑橘花香中，有著香甜蜂蜜滋味的茶品，品牌包括了西班牙百年茶品牌HORNIMANS，和Mercadona連鎖超市自有品牌HACENDADO，另外也有如鳳梨、椰子或野莓口味的冷泡茶。

2 西班牙燉飯粉

回到家想要回味西班牙燉飯，又想免除準備調味料的煩惱，那就別忘了帶包西班牙燉飯粉，無論是瓦倫西亞傳統的兔雞口味，還是海鮮口味，只要炒好料、放入米、水及一包粉，燉煮後就OK了！目前常見品牌為Carmencita。

3 焦糖堅果點心

西班牙人愛嗑堅果，從花生、葵瓜子、核桃、葡萄乾什麼都吃，最特別的就是將杏仁和花生放入鍋爐中炒熱後，與糖混合，裹製成名為Garrapiñada的焦糖堅果，吃來外脆內香，另外還有以白色糖霜裹上松子、杏仁者，不妨試試看！

4 橄欖油

　　西班牙的橄欖／油相當出名，油品購買前可從等級和酸度(指油中所含的自由脂肪酸／游離脂肪酸)作為參考，等級最好者就是特級初榨橄欖油(Aceite de Oliva Virgen Extra)、依序為初榨橄欖油原油(Aceite de Oliva Virgen)、純橄欖油(Aceite de Oliva Pure)，而酸度宜越低越好，表示越新鮮，上述三者分別為0.8%以下、不超過2%、2%以上。另外亦可參考如松露、西班牙飲品歐恰達、番紅花、哇沙米等加味橄欖油，亦有噴式及小瓶裝橄欖油。

5 西班牙橄欖油薄餅

　　產於塞維亞(Sevilla)，是以麵粉加上橄欖油、茴香等，以手拍成手掌大小後，灑上細糖所烤製，吃起來薄脆酥香，最有名的品牌是1910年於塞維亞創立的INES ROSALES，口味多元，無論是單吃或配咖啡、牛奶都美味。

6 番紅花

　　有香料女王美譽的番紅花(Azafrán)，是西班牙的重要香料，又以拉曼查省為主要產地，用於製作西班牙燉飯、燉麵或海鮮湯，都是增香調色的一絕。購買時，粉狀雖然比絲狀方便，但就品質和香氣而言，還是絲狀較佳。

7 雪莉酒或葡萄酒、桑格利亞

　　在酒比水便宜的優質產酒地西班牙，購買時可從受到西班牙原產地名稱保護(Denomination de Origin)制度，政府所公布的69個法定產區著手，較知名的包括靠近北部的拉里奧哈(La Rioja)或卡斯提亞-雷昂自治區內斗羅河岸(Ribera del duero)的葡萄酒、加泰隆尼亞自治區內佩內德斯(Penedés)地區產的Cava氣泡酒，乃至是南部安達魯西亞自治區內赫雷斯(Jerez)的雪莉酒(Jerez)都是絕佳選擇。

　　如果念念不忘桑格利亞調酒的滋味，也有現成調好者，不過可別忘記每個人(年滿20歲)可攜帶酒類1公升回台灣的免稅規定！

8 歐恰達豆奶或原豆產品

若你對西班牙的歐恰達豆奶(P.228)情有獨鍾,在當地也可見到將其濃縮液採瓶裝或小包裝的形式,只要加上水調和,冰涼後即可飲用。而油莎草塊莖(Chufa)除能單吃,也有許多相關的果醬、餅乾等產品供挑選。

9 蜂蜜檸檬糖

除了台灣很著名出產於巴塞隆納的Chupa Chups棒棒糖,由於西班牙產的蜂蜜很有水準,所以相關製品也是好選擇。最特別的就是加入純蜂蜜製成的蜂蜜檸檬糖,尤其以標榜含20%純蜂蜜的百年糖果公司Pifarré所出產者最有名。

10 杜隆杏仁糖

西班牙的傳統甜點相當多,但以烤杏仁混合蜂蜜、糖、蛋白,做成圓形和薄磚狀的杜隆(Turrón)杏仁糖最具代表性。

依照質地,分有入口融化如同花生泥般的Turrón Blando,和整顆杏仁做成如牛軋糖口感的硬狀Turrón Duro。最著名的產地就是阿利坎特(Alicante)和希荷那(Jijona),知名品牌有1880、el lobo、El Almendro等。

11 除此之外,還有⋯⋯

除了以上之外,還有西班牙巧克力廠的Delaviuda的松露巧克力、搭配西班牙海鮮口味燉飯、燉麵的Allioli蒜味美乃滋,和雪莉酒醋、葡萄酒醋,與各種西班牙經典菜色料理包,如馬德里燉煮料理Cocido、加利西亞水煮章魚Pulpo a la gallega等等,甚至是不同口味和種類的海鮮罐頭,都有其特色。如欲帶回台灣,請多留意台灣海關的攜物規定喔!

~人見人愛的~ 西班牙 代表小物

想要在回家後，繼續延續西班牙的熱情奔放氛圍嗎？那麼各式特色紀念品，將能再喚起你的旅遊回憶，同時妝點家裡，洋溢西班牙風情。但要買什麼？哪裡買？怎麼買？Kate精挑細選以下自己最愛的西班牙風情小物，與大家分享。

1 流蘇繡花披肩

除常見當地女性以不同的綁法搭配傳統或現代服裝，亦可看到披肩成為佛朗明哥舞舞者身上的裝飾、或用於舞蹈中。

價格依照材質和繡花的精細度有數十倍的價差，若想好好買一條，建議到專門店為佳。

2 佛朗明哥舞用具

包括了舞衣、舞鞋、響板(以色深、無圖案、木質者為正統)，而相關的豔麗花飾、髮叉、配件也都是購買選擇，至於佛朗明哥舞曲和吉他的CD、DVD也值得入手喔！

4 鬥牛產品

雖然討論鬥牛存在與否的聲浪不斷，但鬥牛仍是西班牙不可否認的經典國粹，如果不看鬥牛，可把當地設計師配上鮮豔色彩，作成的各式生活風格牛隻意象紀念品買回家當紀念。

3 扇子

西班牙女人除了用於搧風散熱，也作為裝飾，因此對於樣式也很注重，質好的手工扇，扇骨有雕花、扇面有細緻的手工繪圖樣式，即使買後不用，當藝術品擺飾，也讓人覺得值得。

5 陶瓷器

為西班牙著名手工藝品,由於各自治區風情迥異,故造就了不同繪畫風格的陶瓷藝品,但因為重量不容小覷,買時可得斟酌。其中能組合門牌號碼和姓氏名字的瓷磚,和加利西亞Sargadelos品牌陶器飾品,乃至是原創自瓦倫西亞的雅緻瓷偶Lladró(相關介紹見P.260),都很受歡迎。

6 皮革製品

由於西班牙的皮革原料和皮件製作技術優良,因此來此好選一件皮製品準沒錯!除了LOEWE等國際大牌,之前很受歡迎的馬德里Lepanto馬卡龍零錢包也可列入選購參考。(www.lepanto1968.com/en/)

7 除此之外,還有……

如源於北部的皮革酒袋,打開瓶口後對準口(但不接觸嘴),液體就會流洩下來;而以優異技術製成的各式銀器,與產於中部托雷多的鑲嵌工藝品,或是各式的刺繡布品,如手帕、束袋、餐桌巾。和橄欖木製品與橄欖油相關護膚用品,乃至於南部的阿拉伯風情茶具和家飾工藝品,也可列入考慮。而到了夏天,西班牙人會穿的草編鞋(Espadrilles/Alpargatas)或Avarca涼鞋,不少人也會帶上一雙。

此外還有著名景點及城市意象的縮小模型和磁鐵,或是西班牙早期的明信片和郵票都很討喜。最後,如果你是足球迷,可別忘記到所屬足球隊的城市官方商店買個紀念品回家喔!

好物哪裡買?

除了街頭一般的紀念品店外,其他紀念品多半都可在本書介紹的城市內找到:

- **流蘇繡花披肩、扇子、銀器、足球商品、皮件**
  四大城市的舊城區商店,或是El Corte Inglés連鎖百貨公司(P.19)的紀念品櫃
- **老時光明信片、郵票、貨幣**
  週日的馬德里主廣場(P.124)、瓦倫西亞絲綢交易所(P.246)外都有相關市集
- **陶瓷器**
  瓦倫西亞的圓形市場(P.248)和每年5月瓦倫西亞大教堂(P.238)前的Plaza Reina廣場、塞維亞的特里安納區(P.302)
- **燉飯鍋**
  瓦倫西亞的中央市場(P.244)

另外塞維亞的C/Sierpes街、聖十字區(P.291)、哥多華的猶太人街區(P.308)、清真寺——大教堂(P.307)附近的C/Deanes街內也有不少精緻紀念品店。

有趣的西國風格紀念品

除了洋溢西班牙風格的「經典」紀念品，現在還有許多充滿西班牙「現代」風情的商品，無論是自用還是送禮都很適合，趕快來看看吧！

1 佛朗明哥舞者造型太陽能擺飾

這款有著獨特臉部表情，加上一手持扇，一手拿著響板，並結合宛如日本招財貓手勢做成的玩偶擺飾，因讓人看了發出會心的一笑，而受到歡迎。

2 西班牙食物圖案的廚房手套餐墊圍裙組

嘗完美味的Tapas仍留戀不已？那麼這款實用伴手禮，不僅可增添下廚樂趣，也能傳遞西班牙風情，亦有設計西班牙海鮮燉飯或桑格利亞調酒圖案者。

3 西班牙火腿造型抱枕

若對於無法抱隻美味的火腿返家感到扼腕，那麼這款在大小外型和色澤上遠看都幾可亂真的抱枕，很適合放在家裡讓人好好回味這難以忘懷的舌尖美味。

4 佛朗明哥舞者/鬥牛圖案磁繪隔熱墊

這款結合西班牙磁磚工藝、佛朗明哥舞藝術與鬥牛文化的伴手禮，除用於做隔熱墊，還能當作吊飾作為擺設，為家中一角帶來西班牙風情。

5 西班牙食物造型磁鐵

好吃的西班牙食物總叫人回味再三，無論是Tapas的辣醬馬鈴薯、西班牙蛋餅，還是西班牙燉飯、烤飯、烤乳豬，喜歡哪道就買個仿真磁鐵帶回家繼續沉浸在這美味中吧！

6 馬德里瓷繪街磚商品

由於馬德里有的路/街牌上的瓷繪方磚(P.97)圖案就是景點所在地，在幻化為磁鐵、杯子、提袋後，更深具特殊與紀念性，所以不妨挑件喜歡的圖案作為伴手禮吧！

7 除此之外，還有……

印上傳遞西班牙意象如佛朗明哥舞、西班牙燉飯圖案的「圍裙」、各種裝扮造型的「黃色小鴨玩偶」、可以當作擺飾或是擺放湯匙的西班牙特色圖案「湯勺架」，乃至是當地郵局販售的仿真「郵筒造型零錢筒」與「運郵模型車」等等。

西國人最愛的潮流品牌

在國際時尚圈占有一席之地的西班牙，有許多相當知名的品牌，除了台灣耳熟能詳的國際大牌LOEWE、知名小熊Logo珠寶TOUS、OL摩登輕熟女牌MANGO、創意鞋款CAMPER、芭蕾舞鞋Pretty Ballerinas，還有近年來紛紛進駐台灣的Bershka、Desigual、Massimo Dutti、PULL&BEAR、ZARA等，除此之外，還有哪些深受當地人歡迎的西班牙品牌？Kate一次告訴你！

1 bimba & lola

由María和Uxía Domínguez兩姐妹，於2006年創立於北部畢爾包(Bilbao)的品牌，現在在西班牙的主要大城都看得到，Logo以創立者喜愛的獵犬為標示，採大膽創意風格，設計出符合現代女性所需的服飾、皮革、配件等一系列全方位產品，從輕熟女到熟女都有愛好者。**WEB** www.bimbaylola.com

2 LOTTUSSE

於1877年，由創始人Mestre Antonio Fluxá在馬約卡島(Mallorca)創立的品牌，現在傳承至第三代，已經是世界頂級手工鞋的代名詞之一。堅持百分之百手工製作，每雙鞋皆經過120多道工序，而有了絕美的手工藝內涵，除了著稱的男鞋，女鞋也同樣讓人垂愛，店內亦也有包款配件可選擇。**WEB** www.lottusse.com

3 ADOLFO DOMÍNGUEZ

是西班牙知名設計師ADOLFO DOMÍNGUEZ，在1973年從巴黎返回家鄉奧倫塞(Ourese)繼承手工裁縫家族事業時，所發展出的同名品牌，除有男女高級手工訂製服，也製作一系列強調簡單舒適，永不退流行、辨識性強的質感絕佳品味服飾，另外還有「Salta」城市生活休閒服、針對年輕人的「U Line」服飾等系列，各有獨特的設計感，目前在全球共有300多家分店。**WEB** www.adolfodominguez.com

4 kukuxumusu

原意為巴斯克語「跳蚤的親吻」，在1989年，由Gonzalo Dominguez、Koldo Aiestaran及Mikel Urmeneta 3位西班牙設計師於奔牛之鄉潘普隆納(Pamplona)創立，主要以牛和各式動物用Kuso的方式製作出T恤和周邊商品，最特別的是在T恤中融入西班牙各大城市特色的設計，且只有至該城才買得到，因此收集行走過城市出產的kukuxumusu T恤，也成為不少旅人的樂趣，當地人則偏好幽默風格的小物。 WEB www.kukuxumusu.com

西國文化發現

INDITEX、GRUPO CORTEFIEL紡織集團

西班牙INDITEX紡織集團，包括ZARA HOME(提供家居商品)、Massimo Dutti、ZARA、Pull&Bear、Bershka、Stradivarius、UTERQÜE(提供中高價位的精緻配件、服飾)、OYSHO等品牌。 WEB www.inditex.com/es

西班牙GRUPO CORTEFIEL紡織集團，旗下包含CORTEFIEL、Pedro del Hierro、SPRINGFIELD、women'secret等品牌。其中CORTEFIEL提供優雅、質好、舒適、搭配度高的上班族及熟男熟女服飾，Pedro del Hierro則為該集團的高價位服飾、配件品牌。 WEB www.grupocortefiel.com/es

5 OYSHO & women'secret

這兩家都是西班牙知名的女性內睡衣品牌，並開發有家居連身服和內衣配件、泳裝、化妝品、飾品等，在全球有上百家的分店。women'secret隸屬於GRUPO CORTEFIEL集團，品牌成立於1993年。而OYSHO為INDITEX集團下的品牌，成立於2011年，兩個品牌皆強調甜美、可愛、性感元素的單品，並擅長結合許多廠牌，推出聯名商品，如OYSHO與adidas、women'secret與Fifi Lapin等。

WEB www.oysho.com WEB womensecret.com

6 LUPO

　　是José María Morenote在1988年創立於巴塞隆納，且享有盛名的皮件品牌。家族從1920年代就開始從事手工皮件和皮箱的製作，作品特色是賦予簡潔俐落的線條和使用精湛的做工，並在優雅的氛圍中兼具實用性，最著名的系列就是Abanico，曾榮獲義大利皮件博覽會大獎，目前境內僅在巴塞隆納有直營店。WEB www.lupobarcelona.com

7 年輕人最愛的品牌

　　Stradivarius，除了日常穿著，也有展現活力女孩性感一面的款式，並也是尋找跑趴服的好地方，所以成為時下年輕女孩最愛的潮流服飾品牌。而SPRINGFIELD則是訴求讓都會年輕男女能實穿好搭的品牌，因此也有不少愛好者。

Stradivarius WEB www.stradivarius.com / SPRINGFIELD WEB spf.com

8 除此之外，還有……

　　除了以上之外，還有走簡潔、優雅的都會女裝品牌Trucco，於1994年在馬德里創立的Hoss Intropia，其能在眾多場合展現迷人女人風情的服飾與配件也深受輕熟女和上班族歡迎。而屬於西班牙百貨El Corte Inglés集團旗下的Sfera，則提供從男女裝到童裝的各種風格服飾、配件，並有內衣系列。另外，來自北部巴斯克自治區，帶有隨興休閒個性風的Hakei，除了高品質皮件，其服飾、鞋子也受到矚目。

　　配件部分，1995年創立於巴塞隆納的皮件配件品牌PURIFICACION GARCIA(品牌Logo為PG)，除了海外，在西班牙亦有超過50家的分店。而MISAKO(發音同西文Misaco，指「我的包包」)則是在1999年創立於巴塞隆納的平價皮件配件流行品牌。飾品部分，除了從1943年開始、深受優雅人士喜愛的SUAREZ，成立於1990年的UNO 50則是個性族群的愛牌，造訪西班牙時不妨去看看。

Trucco WEB truccoshop.com / Sfera WEB www.sfera.com/es / Hoss Intropia WEB www.facebook.com/IntropiaOfficial / Hakei WEB www.hakei.com / PURIFICACION GARCIA WEB www.purificaciongarcia.com / MISAKO WEB www.misako.com / SUAREZ WEB www.joyeriasuarez.com/es / UNO 50 WEB www.unode50.com/as

四大城市特輯

馬德里 Madrid

多樣城市面容滿溢著藝術氣息，
是旅人到訪的首站。

城市巡禮 從村莊到首都 的歷史轉變

和 歐洲其他國家的首都歷史相較，馬德里的都市歷史實屬不長，它原本只是在9世紀的國土復興運動中，作為軍事據點的小村莊。

　　後來經過1561年腓力二世從托雷多遷都至此，並在16、17世紀的黃金時代，因進行海上探險和發展貿易，累積了雄厚的財富、與積極進行領土擴張，加上後來腓力五世(1700～1746)和卡洛斯三世(1759～1788)在位期間，著手進行皇宮、美術館等重要建設，終於穩固了馬德里作為首都的地位。

　　雖然到了19世紀，經歷了拿破崙入侵與接踵而來的西班牙內戰後，曾讓整個城市陷入前所未有的動盪不安狀

態，一直到1975年佛朗哥政權結束，逐步推行現代化後，恢復繁榮的景象。然而2004年阿托查(Atocha)車站的恐怖分子爆炸事件，卻又再一次振盪人心；近期的經濟、失業危機也一再考驗當地人民，但無論如何，當地人仍有其面對因應之道，所以這個風華未減、滿溢藝術氣息、有著多樣面容的城市，每年仍舊吸引全世界的旅人到訪。

隨處可見藝術創意

如果你愛好藝術，來到馬德里鐵定不會失望，由於歷任國王對於藝術品珍藏的重視和對藝術家的禮遇，所以會看到許多如哥雅、委拉斯蓋茲等優秀藝術家的重要作品，及優越的皇室收藏和現代藝術創作。

如果沒有那麼多時間得以親近，那麼就隨意地走在城裡，看看一棟棟氣派典雅的建築吧！無論是17世紀腓力三世下令建造的主廣場，18世紀重新建造的王宮，還是完成於19世紀的太陽門，或誕生於20世紀的格蘭大道(Gran Vía)等等建設，都能看得到馬德里貴為首都的氣勢。

1 城內隨處可見融合摩登現代和歷史風華的建築 / 2 從格蘭大道(Gran Vía)通往太陽門廣場(Puerta de Sol)的路上，可以看到許多街頭演奏者，為城市增添活力 / 3 當地人常配合節日熱情參與，圖中為城內酒吧在萬聖節時的布置

　　再者也因為佛朗哥政權結束後，拜社會學教授安立克·迪爾諾·卡萬(Enrique Tierno Galván)市長，所積極推動的拉莫維達運動(La Movida)之賜，年輕人開始在多項藝術創意方面有熱情奔放的發展，之後幾經和其他各國的激盪交流，延續至今，在街頭仍可見許多創意店家，且終年有不間斷的文化活動可供觀賞。

　　若是喜歡美食的饕客，來到這美食之都，必定也會相當快活，不僅餐廳的種類多、密度高，從高級的餐廳，到平價的Tapas吧都任君挑選，且服務的品質和水準，也多半有一定的程度。此外，在這裡享受購物樂趣和夜生活等娛樂活動也比想像精采，如果你的下一個旅遊計畫尚未決定，那麼來馬德里吧！

別具特色的街頭路名和路標

4 想要在市中心悠閒地一覽馬德里城市風光，可以到接近格蘭大道(Gran Via)上的El Corte Inglés百貨公司的頂層咖啡廳

怎麼前往馬德里？

⚐ 搭飛機到巴拉哈斯機場 (Aeropuerto Madrid-Barajas)
　WEB www.aeropuertomadrid-barajas.com

⚐ 搭火車到阿托查火車站
　(Estación de Puerta de Atocha)
　WEB www.renfe.com
　從巴塞隆納的Sants車站出發，約3小時
　從瓦倫西亞的Joaquin Sorolla車站出發，約2小時
　從塞維亞的Estación de Santa Justa車站出發，
　約3小時
　＊查馬丁車站(Estación de Chamartín)是前往近郊小鎮和其他國家列車的搭乘站

⚐ 搭巴士到馬德里南巴士站 (Estacíon Sur de Autobuses)
　WEB www.estacionautobusesmadrid.com
　請查詢相關前往巴士，從這一站也能搭乘聯接到其他大城、甚至其他國家的巴士
　＊若是要到巴塞隆納，可到Estacíon de Autobuses de Avenida de América巴士站搭乘(可坐地鐵6號線到Avenida de América站)

⚐ 當地交通網站
　地鐵 (Metro) WEB www.metromadrid.es ｜公車 (Autobús) WEB www.emtmadrid.es ｜
　馬德里旅遊局 WEB www.esmadrid.com

馬德里全區圖

往Las Rozas Village

C. Alberto Aguilera

Carranza

Calle de Fuencaral

C. de San Bernando

BILBAO

VENTURA RODRÍGUEZ

Calle de la Princesa

C. Ferraz

PLAZA DE ESPAÑA

NOVICIADO

帶波神殿
Templo de Debod

西班牙廣場
Plaza de España

C. de la Luna

格蘭大道Gran Vía

Paseo de la Florida

Cuesta de San Vicente

LA CASA DEL ABUELO

皮歐王子車站
Estación de Príncipe Pío

王室化身女子修道院
Real Monasterio de la Encarnación

Plaza del Callao

GRAN VÍA

PRÍNCIPE PÍO

薩巴提尼花園
Jardines de Sabatini

LA BOLA

Calle Bola

SANTO DOMINGO

CASA LABRA

CALLAO

Pl. Del Carmen

C. Preciados

Calle Catmen

SOL

摩爾原野
Jardines del Campo del Moro

王宮
Palacio Real

皇家劇院
Teatro Real

C. del Arenal

Calle Tetuán

La Mallorquina

軍械廣場
Plaza de Armas

Calle Bailén

Plaza de Oriente
東方廣場

OPERA

Chocolatería San Ginés

C.Lavapiés

太陽門廣場
Puerta del S

阿爾穆德納聖母主教座堂
Catedral de la Almudena

Museo del Jamón

SOL

市政廳廣場
Plaza de la Villa

Mercado de San Miguel
聖米蓋爾市場

CASA YUSRAS

C. Mayor

C. de la Pasa

主廣場
Plaza Mayor
Calle Atocha

Calle de Segovia

C. Segovia

C. Colegrata

BOTIN

哈辛多·貝納維德廣場
Pza. Jacinto Benavente

Madrid al Cubo

Carretas

Mesón del Champiñón
TABERNA OLIVEROS

El Corral de la Morería

TIRSO DE M OLINA

LA LATINA

皇家聖凡西斯可教堂
Basílica de San Francisco El Grande

Calle Toledo

C. Sta. Ana

埃爾拉斯特洛
跳蚤市場El Rastro

Ribera de Curtidores

PUERTA DE TOLEDO

Ronda de Toledo

Embajadoras

往L'Albufera Restaurante↑

蘇洛亞美術館 Museo de Sorolla
Paseo General Martínez Campos

BIBO

往Plaza Norte 2
購物中心

Calle Rafael Calvo

查貝里車站博物館
Museo Estacion de Chamberi
Plaza Chamberi

拉查羅‧加迪亞諾美術館
Museo Lázaro Galdiano

SANTIAGO
BERNABÉU

Avenida del General Perón

Calle Santa Engracia

Calle de Almagro

Avenida de
Cocha Espina

NUEVOS
MINISTERIOS

伯納烏球場
Estadio Santiago
Bernabéuá

Paso Elevado

C. de Sagasts

ALONSO
MARTÍNEZ

El Corte Inglés
旗艦店

Calle de Cea
Bermúdez

Calle de
José Abascal

Calle Maria
de Molina

C. Génova

COLÓN

美食天地PLATEA

GREGORIO
MARAÑON

Plz. de
Colón

C/Hermosilla

C/ Goya

SERRANO

聖安東尼市場
Mercado de San Antón

CHUECA

國立考古博物館
Museo Arqueológico

往維塔斯門牛場
Plaza de Toros de Las Ventas

Calle de Augusto Figueroa

Café Gijón

P. DE VERGARA

LHARDY

Paseo de Recoletos

萬達大都會球場
Estadio Wanda
Metropolitano

GRANVÍA

BANCO DE
ESPAÑA

RETIRO

GRAN VÍA

Calle de Alcala

西貝萊斯廣場
Plaza de Cibeles

阿卡拉門
Puerta de Alcalá

Violeta

SEVILLA

皇家聖費南多美術學院
Real Academia de Bellas Artes de San Fernando

Casa Mira

Carrera San Jerónimo

航海博物館Museo Naval

雷提洛公園
Parque del Retiro

Platería
LÓPEZ

Acotté

提森‧博內米薩博物館
Museo Thyssen Bornemisza

Adhoc

Calle de las Huertas

卡諾瓦思‧卡提歐由廣場
Plaza Cánovas del Castillo

CASA
ALBERTO

La Integtal

普拉多美術館
Museo Nacional del Prado

ANTÓN
MARTÍN

Calle Atocha

皇家植物園
Real Jardín Botánico

ESTACIÓN DEL ARTE

LAVAPIÉS

El Brillante

蘇菲亞王妃藝術中心 Museo Nacional Centro de Arte Reina Sofia

ATOCHA RENFE

Rda. Valencia

Rda. Atocha

Sta. María de la Cabeza

阿托查火車站Estación de Atocha

飲食文化

世界菜肴的大熔爐
選擇豐富真對「胃」

來到馬德里，要吃得差，應該是不太可能的事，由於貴為首都，廣納西班牙各地移民，所以得以品嘗到許多當地特色菜肴，加上國際化的特質，同樣也吸引許多中南美洲的西語國家，甚至是亞洲和鄰近國家的移民落腳於此，並以餐飲為業。所以說在馬德里能吃到全世界的美味可是一點也不為過，無論是亞洲的中國菜、日本菜到中南美的委內瑞拉菜等，都能滿足來自全世界旅人的胃。

燒烤與燉煮是主要的烹飪方式

馬德里因為地處中部的地理因素，本身料理也有特別之處，相較於近大西洋或地中海自治區的鮮腴海鮮、富饒農產，這裡則是以牛、豬、羊畜產和野味著名，衍生出的製品可謂琳瑯滿目，從乳製品的起司到肉製品的肉腸等等，都是馬德里人的驕傲，料理的烹調方法則以燒烤和燉煮為主要，種類尤以牛和豬肉的料理最多元。

至於農產品，除了蘆筍、哈密瓜外，還有各式的豆子(包括扁豆和鷹嘴豆)，除了自給自足，也供應西國其他地區，並理所當然地將之用於料理中，烹調時加上各式肉腸也是馬德里菜的特色之一！此外這裡的醃漬品同樣也享有盛名，從各種口味的醃漬橄欖延伸到其他的醃漬品，所以當在市場中看到許多令人驚豔的醃漬物組合時，也別大驚小怪，有時不妨入境隨俗，點杯酒，來盤醃漬物，融入當地人的生活中，享受一下當地的特色美味，更能為旅程加分呢！

1 以醃漬橄欖所組合成的醃漬物是這裡常見的道地美味 / 2 Tapas吧裡，常出現類似炸可樂餅的Croquta，口味有鱈魚或西班牙火腿 / 3 在這裡可以嘗到世界各國的菜色，如委內瑞拉菜──Chalupa / 4 許多創意的開胃小點，在馬德里都能見到

美酒當前，怎能錯過

　　既然講到美酒，由於馬德里距離西班牙年產18億公升的葡萄酒酒倉——卡斯堤亞·拉曼恰相當近，所以無論在酒館或超市，都能買到價廉且品質尚可的葡萄酒。此外，這裡的茴香酒也同樣出名，若在餐後喝一杯，則有幫助消化的效果。

　　最後一提，來到這不能錯過的，還有酒館文化，這當然同樣得拜當初馬德里文化運動(La Movida Madrileña)所賜，它在重新點燃了西班牙人外出飲酒的聚會文化之餘，也讓各式酒館的Tapas開胃菜蓬勃發展，其中尤以各種肉食材做成的料理讓人回味無窮，並增添了與朋友相聚於酒館時的樂趣。

　　所以如果來到馬德里，不好好地放肆吃一下這些美味，滿足一下口腹之欲，豈不是太可惜了呢？

5 美酒、肉腸、火腿是來馬德里必吃的美味 / 6 生動傳達烹調馬德里經典料理——Cocido的瓷繪畫

西國文化發現

關於西班牙火腿

　　來到西班牙怎能錯過西班牙火腿！西班牙火腿主要分有以外表黑色且黑蹄的伊比利豬，做成的伊比利火腿(Cerdo Ibérico)，和用外表白色且白蹄，如Duroc等豬種(暱稱白豬)，作成的塞拉諾火腿(Jamón Serrano)兩種。

　　飼養上，伊比利豬共分有3種，一是Bellota：被放養到有充足橡樹果實作為飼料的Dehesa橡實牧場上。二是Cebo de Campo：採圈養餵以穀物、飼料和放養吃野草、香草等天然食物並行。三是Cebo：完全被圈養在農場裡，以飼料和穀物為主。

　　而在這3種伊比利豬飼養方式中以第一種，且是100%伊比利豬血統做成的火腿風味最佳，通常會以黑色標籤，標示Jamón de Bellota 100% Ibérico。而採用第一種方式，但是是用75%或50%伊比利豬血統做成的火腿會以紅色標籤標示為Jamón de Bellota。採用第二種方式飼養做成的火腿，則用綠色標籤標示為Jamón de Cebo de Campo。而用第三種方式飼養做成的火腿，則用白色標籤標示為Jamón de Cebo。

2 小綠扁豆火腿湯
Lentejas

由於馬德里盛產豆類,這道由橄欖油、大蒜、新鮮番茄泥、火腿丁為湯底,放入以高湯煮好的米飯,連同用香料煮過的小綠扁豆一起燉煮而成的料理,便成為當地的代表菜色之一。品嘗時,豆子綿密、溫潤的口感,輔以鹹香的火腿和肉腸,著實讓人感到豐富無比。

1 鱈魚料理
Bacalao a la Madrileña

西班牙人對於鱈魚的喜愛,讓各區域都發展出屬於自己作法的鱈魚料理方式,在馬德里通常將鹽醃鱈魚經過泡水淡化鹽分的手續後料理,作法上除有用馬鈴薯、大蒜、洋蔥、番茄做成醬汁後,淋於煎好鱈魚塊的作法,也有將鱈魚裹上麵衣炸後,淋上醬汁的方式。

3 馬德里燴菜
Cocido Madrileño

以鷹嘴豆為主角,加上蔬菜、肉塊、五花肉、西班牙肉腸及高湯,放在特製的陶罐中,經過長時間燉煮而成,也是極具代表性的馬德里料理,吃時會先端上加入細短麵的湯品,接著再送上裡面燉煮好的材料,可淋上橄欖油和醋食用。

4 大蒜湯 *Sopa de Ajo*

　　以肉湯為基底，加入丁香、月桂等香料，與硬麵包、大蒜、紅椒粉、西班牙肉腸等做成的湯品，有時上桌前會打上一顆蛋，是寒冷冬天常見的菜色，也被認為是一道有驅寒暖胃作用的料理。

5 燉牛肚
Callos a la Madrileña

　　據說源自16世紀，是非常典型的馬德里料理，主要是以牛肉湯為底，加上牛肚、西班牙肉腸、血腸和香料、番茄、大蒜烹煮而成，由於味重濃郁，所以常見於冬季的菜單中，湯汁可沾食麵包享用。

6 烤乳豬 *Cochinillo Asado*

　　原屬於鄰近卡斯提亞地區的菜色，但在傳到馬德里後，也成為毫不遜色的料理。在馬德里的市場裡有時還會看到有人購買整隻的乳豬回家呢！烹調時主要是用未滿月的乳豬，經過簡單的醃漬後烤製，鮮嫩多汁的肉香，很值得一試。

7 蛋捲和杏仁糖糕 *Barquillos y Mazapán*

　　蛋捲是用麵粉、雞蛋、糖和奶油所做成，Mazapán是一種用杏仁和糖混合後，研磨成糊狀，做成各式形狀的扎實、甜滋滋甜點，通常以新月狀最為經典，除了平常會看到，也常是聖誕節常見的代表點心之一。此外，鄰近的托雷多(Toledo)城所出產者的Mazapán也為人知曉。

8 紫羅蘭糖
Caramelos de Violeta

這外觀擁有5個紫色花瓣造型，以紫羅蘭香精做成的糖果，因入口融化後會有淡淡香氣，曾是西班牙國王阿方索十三世的最愛，加上別具特色，所以已成為不少旅人到此會購買的伴手禮。另外還有一種是直接加入花瓣做成，味道更為濃郁，當然價錢也就更高昂了！

9 熱巧克力
配 西班牙式炸油條
Churros con Chocolate

西班牙是全歐洲第一個開始喝熱巧克力的地方，加上是從皇宮傳出，理所當然馬德里就成了發源地，宛如濃湯般的熱巧克力，吃時以炸得酥脆的西班牙油條沾取享用，除了可以當任何時段的點心，許多西班牙人在狂歡宿醉後，也會來上一份，解酒暖胃後，再回家休息。

10 甜甜圈 *Rosquillas*

這種被稱為馬德里甜甜圈(Rosquillas de Madrid)的麵包，外觀和我們所認知的捏成圈形、烤後，再撒上糖粉的麵包無異，但因為加入了茴香、橙皮或檸檬皮及肉桂，而讓味道更為濃郁。另外還有將圈形麵團烤後的茴香麵包圈(Rosquillas Tontas)；塗上黃檸檬、糖混和成蛋糊，所做的檸檬味甜甜圈(Rosquillas Listas)；加上打發蛋白做成的蛋白糖霜甜甜圈(Rosquillas Santa Clara)口味。

經典美味**哪裡尋**?

Chocolatería San Ginés

✉ Pasadizo de San Ginés,5
🌐 www.chocolateriasangines.com
🗺 P.98

這家創立於1894年的西班牙油條沾熱巧克力店，24小時營業，加上牆上眾多名人照片的加持，無論何時來都能看見許多人在此大啖美味。

Museo del Jamón

✉ Calle Mayor, 7
🌐 www.museodeljamon.es/madrid
🗺 P.98

以供應美味西班牙火腿、肉腸料理為主的平價連鎖吧，從火腿起司可頌三明治到各式的Tapas點心應有盡有，除了吧檯還有座位區，是當地人最愛的店家。

La Violeta

✉ Pza. de Canalejas, 6
🌐 www.lavioletaonline.es
🗺 P.99

在城內享有盛名的紫羅蘭糖專賣店，除了有紫羅蘭糖，也有花瓣包覆糖霜(Escarchadas)者，和紫羅蘭香精，各式美麗的包裝盒，更教人愛不釋手。

El Brillante

✉ Glorieta del Emperador Carlos V, 8
🗺 P.99

正門面對卡洛斯五世廣場，後門靠近蘇菲亞美術館的這家餐館，以供應「全馬德里最美味的炸花枝三明治」而出名，並還提供有多樣餐點及西班牙油條沾熱巧克力。

La Mallorquina

✉ Calle Mayor, 2或 Plaza de la Puerta del Sol, 2
🗺 P.98

以販買多樣傳統糕點聞名的老店，還規畫吧檯區，供應各種美味的現做麵包、點心，如果有時間，不妨到樓上可以看到太陽門廣場的咖啡廳坐坐吧！

Casa Mira

✉ Carrera de San Jerónimo, 30
🌐 www.casamira.es
🗺 P.99

創立於1842年，號稱全馬德里第一家販售杜隆杏仁糖(Turrón)的店，目前店內除了提供各式高品質的杏仁甜點外，還有各式的巧克力及紫羅蘭糖，許多人都會特地到此，採買伴手禮。

Mesón del Champiñón

✉ C/ Cava de San Miguel, 17
🌐 www.mesondelchampinon.com/en
🗺 P.98

創立於1964年的Tapas bar，雖然以用西班牙肉腸塊做成的鮮甜飽滿多汁鐵板蘑菇出名，但是也提供許多經典的Tapas，而這裡除了吧台區，裡頭的座位區也別有洞天，聽店家說有時還會有風琴演奏呢！

BIBO

✉ Paseo de la Castellana, 52
🌐 www.grupodanigarcia.com/en/restaurants/bibo/bibo-madrid/restaurant
🗺 P.99

想要品嘗新式帶點創意的西班牙料理，可以造訪這家由來自安達魯西亞的名廚Dani García所開的餐廳，店內美饌根植於安達魯西亞，並從法、義、日、祕魯菜肴汲取靈感，而來到這不僅能品嘗美味，店內空間布置也很具可看性。

El Corral de la Morería

✉ Calle de la Moreria, 17
🌐 www.corraldelamoreria.com
🗺 P.98

1956年營業自今，為可以邊用餐邊欣賞表演的tablao(指擁有佛朗明哥舞蹈表演的小酒館)，由於表演水準極高，造訪過的名人不計其數，包括了布希總統、畢卡索、達利等人，也因為這裡很受歡迎，記得先預約。

L'Albufera Restaurante

✉ Calle del Capitán Haya, 45
🌐 www.melia.com/en/hotels/spain/madrid/melia-castilla/albufera.html
🗺 P.99

這家創立於1983年、曾經得過西班牙燉飯比賽冠軍的餐廳，以標榜供應純正東海岸米飯和各種傳統西國菜肴著稱。除可嘗到瓦倫西亞式燉飯(P.228)，還有海鮮、綜合口味，與Arroz huertano(蔬菜類)、Arroz negro(該餐廳放有小烏賊)等口味。

貼心小提醒

其他餐廳、Tapas吧聚集熱點

除了以上店家，馬德里亦有多家超過百年的老字號餐廳(P.116)，另外在主廣場(P.124) 1樓迴廊與周邊的出口附近亦有些美食店家，而聖米蓋爾市場(Mercado de San Miguel)(P.127)、與聖米蓋爾市場旁的Cava de San Miguel街，也有一整排的餐廳與Tapas bar，此外位在馬德里Chueca區內的聖安東尼市場(Mercado de San Antón)(P.145)與近年被認為是馬德里新興美食天地的PLATEA (P.145)，都是覓食好去處。

主題小旅行

馬德里的藝術金三角

在孕育了許多聞名於世畫家的國度裡，若想一次看遍精緻且具代表性的藝術品，那絕對要在馬德里，其中以西文Prado草地為名的普拉多大道，是馬德里最具有人文氣息和洋溢濃郁悠閒氛圍的道路，因為一口氣就串起了普拉多、蘇菲亞王妃藝術中心，和提森‧博內米薩三大重量級博物館。

此外，城內還有許多以歷史宅邸改建，展示私人收藏和單一畫家的美術館，不但可以看收藏，還能欣賞建物和室內擺飾，所以說來到馬德里一定要做的事就是，好好選座美術館參觀，這樣才算不虛此行喔！

與羅浮宮、大英博物館並列為世界三大美術館

普拉多美術館 *Museo Nacional del Prado*

地址 Paseo del Prado, s/n

交通 搭乘地鐵1號線至Estación del Arte站，出站後沿著Paseo del Prado走約10分鐘即可到達。或搭乘2號線
至Banco de España站，出站後往Atocha車站方向，沿著Paseo del Prado走約15分鐘也可到達

門票 需門票，可網路訂票

網址 www.museodelprado.es ｜**地圖** P.99

與巴黎羅浮宮、倫敦大英博物館並列世界三大博物館的普拉多美術館，從高達8千件的繪畫館藏、展示作品超過3千件，就足以展示傲人的收藏實力。

原本18世紀卡洛斯三世下令由胡安・維安努耶瓦(Juan de Villanueva)建造這座新古典主義建築時，是要作為自然科學博物館，但在19世紀初卻因為拿破崙軍隊占領馬德里時，被用作騎兵營，到了1819年費南多七世時期，決定以「皇家繪畫雕刻美術館」的名義對外開放，而後在教會、修道院、畫家的收藏捐贈及不斷地擴建下，有了現今這般宏偉的規模。

目前館內所收藏的將近5千件西班牙繪畫中，有相當多西班牙12～18世紀知名畫家委拉斯蓋茲(Diego Velázquez)、哥雅的作品(Goya)，另外還包含了埃爾・葛雷柯(El Greco)、荷蘭15世紀伯斯(Hieronymus Bosch)、義大利15世紀拉斐爾(Raffaello Sanzio)、義大利文藝復興後期代表畫家提香(Titian)、德國15世紀杜勒(Alberto Durero)、比利時16世紀魯本斯(Peter Paul Rubens)等畫家的絕世名作，可說是藝術愛好者一定要朝聖的殿堂。

1 趕時間的旅人可以從售票口樓上進入，欣賞經典畫作 / 2 參觀前，不妨先到販賣處買本指南 / 3 逛累了，許多人會在美術館外的草地上休息 / 4 售票口對面的哥雅像

觀賞建議

- 因為館藏會不定期的更換，若僅想看經典作品的旅人，建議入館後先拿取樓層圖，並從樓層圖中所推薦的50個必看作品按圖索驥、逐一觀賞起。而紀念品部販售有中文版的館藏作品資訊小冊，因為價格不算太貴，如想對作品多些了解，不妨購買。

- 由於一次要看完普拉多美術館所展示的作品需要花上些許時間，時間有限的朋友，建議從售票處上方的哥雅門進入，可以先看到核心的收藏品。

- 在美術館的網站上，亦有標示出館內15件重點觀賞作品，大家可以事先參考 **WEB** www.museodelprado.es/en/the-collection，並能藉此連結查詢館內收藏。

重要館藏！

★ 委拉斯蓋茲《侍女》(Las Meninas)

★ 哥雅《薩度爾諾吞噬親子》(Saturno Devorando a un Hijo)、《裸體的瑪哈》(La Maja Desnuda)、《卡洛斯四世一家人》(La Familia de Carlos IV)、《馬德里1808年5月3日》(El 3 de Mayo de 1808 en Madrid)

★ 埃爾‧葛雷柯《三位一體》(La Trinidad)、《手置胸前的騎士肖像》(El Caballero de la Mano en El Pecho)

★ 范德爾《耶穌下十字架》(El Descendimiento de La Cruz)

★ 埃爾‧波斯可《樂園》(El Jardín de las Delicias)

★ 魯本斯《三美神》(Las Tres Gracias)

★ 杜勒《自畫像》(Autorretrato)、《亞當和夏娃》(Adán y Eva)

★ 提香《在穆爾柏格騎馬的卡洛斯五世》(El Emperador Carols V a Caballo, en Mühlberg)

★ 拉斐爾《紅衣主教》(El Cardenal)

*由於館藏甚多，故會不定期更換，若這次無緣見到上述所列作品，不妨抱持開放的心多欣賞館內其他傑作吧！

綜覽世界級藝術大師經典作品的重要宮邸

提森・博內米薩博物館
Museo Thyssen Bornemisza

地址 Paseo del Prado 8 ｜交通 搭乘2號線至Banco de España站，出站後往Atocha車站方向，沿著Paseo del Prado走約10分鐘即可到達｜門票 需門票，可網路訂票｜網址 www.museothyssen.org｜地圖 P.99

這座展示提森・博內米薩家族歷經兩代私人收藏的博物館，第二代女主人於1993年將這些作品以採賣、捐贈方式給西班牙政府，並將這棟18世紀新古典主義風格的維拉艾摩莎宮邸(Palacio de Villahermose)經過修繕，改名為提森・博內米薩博物館，因此得以公開在世人面前。

館內的千幅作品中，主要從中世紀的藝術大師到20世紀的現代藝術作品為主，雖然有的藝術家僅有一幅作品，但都是足以代表該藝術家的傑作，且能夠一次在一個博物館看到許多畫家的代表作，也是該博物館對於藝術愛好者的最大貢獻。

所有的展覽品皆是按照年代排列，宛如一部美術史，入場後可從2樓開始觀賞，從14～17世紀的文藝復興時期義大利繪畫開始，有提香、拉斐爾、埃爾・葛雷柯等代表藝術家，1樓則是17～20世紀的繪畫，包含了雷諾瓦(Pierre-Auguste Renoir)、艾德嘉・德家斯(Edgar Degas)、莫內(Claude Monet)、高更(Paul Gauguin)，以印象派、後印象派為主，地面層則是陳列20世紀立體主義、超現實主義、野獸派、普普藝術等現代藝術作品，從畢卡索、達利、米羅到李奇・登斯坦(Roy Lichtenstein)等，都能看見精湛的畫作。

西國文化發現

第二代女主人卡門·緹塔·賽維拉 (Carmen Tita Cervera)

　　曾為1961年的西班牙小姐，並在1965年和知名美國影星萊克斯·巴克(Lex Barker)結婚。與萊克斯·巴克離婚後，在1985年和提森·博內米薩家族第二代繼承人漢斯·海因里希·提森男爵(Baron Hans Heinrich Thyssen-Bernemisza)結婚成為男爵夫人，並學習到許多藝術品收藏知識，因此目前在博物館中，可見到許多她的收藏，包括了艾德嘉·德家斯(Edgar Degas)的《風景中的賽馬》(Caballos de Carreras en un Paisaje)，及高更、畢卡索等作品。

1 在1樓的紀念品販賣區，除了頗具風格的紀念品，還有許多值得選購的現代藝術書籍 / 2 館內作品橫跨多個年代，每幅都是經典，因此值得花上時間，細細觀賞 / 3 除了地面上的博物館，地下層同樣也有展覽間 / 4 博物館前的草地上，可見到該博物館內多項重要藝術品收藏者——漢斯 海因里希 提森男爵的雕像

20世紀藝術傑作的薈萃之地

蘇菲亞王妃藝術中心
Museo Nacional Centro de Arte Reina Sofia

地址 C/ Santa Isabel, 52 | **交通** 搭乘地鐵1號線至Estación del Arte站，出站後約3分鐘即可到達 | **門票** 需門票，可網路訂票 | **網址** www.museoreinasofia.es | **地圖** P.99

若說普拉多美術館是匯聚了西班牙20世紀前藝術精華作品的聖地，那蘇菲亞王妃藝術中心就是欣賞20世紀所有藝術傑作的寶庫。有一說是：隨著歲月的與日俱增，普拉多美術館容納不下所有的收藏，遂而有此劃分，在1992年將20世紀的作品都遷移至此。

這座由18世紀文化遺產聖卡洛醫院，在1980年代改建而來的建築，裡面展出跨足現代主義、超現代主義、立體派、寫實主義等作品，在萬件收藏中，以西班牙現代藝術三傑：畢卡索、達利和米羅的作品為主，還有西班牙其他重要畫家，如馬德里地區胡安·格里斯(Juan Gris)、巴斯克地區伊格納西奧·蘇洛阿加(Ignazio Zuloaga)、加泰隆尼亞地區安東尼·塔比埃斯(Antoni Tàpies)等畫家的作品，多半位於舊館中。而後在2005年請來簡·努維爾(Jean Nouvel)設計擴建新館，以提升現代藝術展示空間，展示了許多短期特展。

此外在館內圖書館裡還收藏了數萬冊的現代美術資料，並還有書店、咖啡館、餐廳等設施，在滋養你的藝術靈魂之際，同樣也讓身心有所調劑。

欣賞蘇菲亞王妃藝術中心從門口的作品開始

1 擁有8萬平方公尺面積的博物館，建築前顯著的透明電梯，從遠處就可以看見 / 2 接近蘇菲亞王妃藝術中心的牆面上，就可以看見清楚的指標和目前最主要的展覽

👍 重要館藏！

★ 畢卡索《藍衣女子》(Mujer en Azul)、《奎爾尼卡》(Guernica)

★ 達利《手淫成癖者》(Rostro del Gran Masturbador)

★ 米羅《抽著菸筒的男人》(Hombre con Pipa)、《蝸牛、女子、花、星星》(Caracol, mujer, flor, Estrella)

★ 胡安·格里斯《小提琴與吉他》(Violín y guitarra)

*由於館藏甚多，故會不定期更換，若這次無緣見到上述所列作品，不妨抱持開放的心多欣賞館內其他傑作吧！

🌿 其他美術館

蘇洛亞美術館 *Museo de Sorolla*

地址 C/ General Martínez Campos, 37 | 交通 搭乘7、10號線至Gregorio Marañón站，出站後沿著C/Miguel Ángel，步行到C/General Martínez Campos右轉走3分鐘即可到達 | 門票 需現場購票 | 網址 museosorolla.mcu.es | 地圖 P.99

　　進入在1863年誕生於瓦倫西亞、1912年定居馬德里的畫家哈金·蘇洛亞(Joaquín Sorolla)其住家兼畫室改建的博物館裡，首先可以看到他依據在安達魯西亞所見設計的綠意盎然花園，建築內則保留原貌，從暖色調的牆壁、地板，到曾使用的工作室，和家具的陳列，都彷彿可以感受到餘溫。此外，館內並以大量的作品裝飾，包含了蘇洛亞對於繪畫的收藏和畢生的作品等，來到這裡將能完整感受到該畫家生活的痕跡。

西國文化發現🔍

光之畫家──哈金·蘇洛亞

　　由於受到家鄉瓦倫西亞湛藍海洋、和煦陽光的影響，及對光線的敏銳觀察力，並崇尚寫實派畫風，所以繪畫中，常可見到以自然流暢筆觸、獨特柔和色調和善用光影變化的畫作，因而有「光之畫家」稱號。作品中多半以生動描繪地方人們生活為主，最有名的系列，就是關於海岸的風景和人物的創作，包括：《海邊散步》(Paseo por la Playa)、《戲水》(El Nadador)等。

拉查羅‧加迪亞諾美術館
Fundación Lázaro Galdiano

地址 C/Serrano, 122 ｜ **交通** 搭乘7、10號線至 Gregorio Marañón站，出站後，過了Pza. Dr. Marañón 廣場，沿著C/María de Molina步行10分鐘，彎入C/ Serrano，再步行4分鐘即可到達 ｜ **門票** 需現場購票 ｜ **網址** www.flg.es ｜ **地圖** P.99

建於20世紀初的宏偉建築

　　位於塞拉諾街盡頭，建於1903年左右的 4層豪宅，展示已故知名企業家兼作家主人 拉查羅的收藏，在12,500多件包含繪畫、 素描、版畫、雕塑、家具、武器和盔甲、 紡織品等收藏中，其中超過750件以15～19 世紀為主的繪畫裡，包括了委拉斯蓋茲、 哥雅、埃爾‧葛雷柯(El Greco)、到伯斯 (Hieronymus Bosch)等西班牙、荷蘭、英 國、德國畫家的作品。並還有橫跨7～19世 紀的珠寶，和值得一看的珍貴鐘錶收藏。

皇家聖費南多美術學院
Real Academia de Bellas Artes de San Fernando

地址 C/Alcalá, 13 ｜ **交通** 搭乘1、2、3號線至Sol站，出站後，沿 著C/Alcalá，走約5分鐘即可到達 ｜ **門票** 需現場購票 ｜ **網址** www. realacademiabellasartessanfernando.com/es ｜ **地圖** P.99

貼心小提醒

　　地鐵站的月台及出口都 會標示美術館指標，讓旅 人到了捷運站，就能知道 要從哪個出口出去，所以 不妨留意一下吧！

　　18世紀中期，為了培育藝術人才 和保護藝術所創立，知名學生包括 畢卡索和達利等，對西班牙的藝術 發展有良好的貢獻，現今館藏超過 1,400幅繪畫、600件雕塑作品和 地毯、銀器、陶瓷器等。繪畫部分 主要展示16～19世紀的繪畫，包 含埃爾‧葛雷柯、魯本斯、蘇巴蘭 (Francisco de Zurbarán)、胡安‧ 格里斯(Juan Gris)等，另因哥雅曾 經是院內董事，所以這裡也可以看 到許多他的作品。

易被忽略的「皇家聖費南多美術學院」，裡頭卻有無數藝術寶藏

115

百年老店
探訪之旅

嘗嘗歷經百年不衰的美味

來到西班牙首都馬德里,有許多嘗不盡的美味,而城內有多家充滿歷史感的餐廳,同樣很值得花點錢細細品味。目前只要是超過百年的餐廳,在其店門口都會看到一塊鑲嵌銅牌,上面刻印著由馬德里市政府頒發的字樣,也記載著餐廳的名稱和創始年限。在這些餐廳裡,除了吃得到經得起考驗的美味料理,更重要的是看得到歷史痕跡,所以如果有機會且預算許可,請大家一定要挑選一家試試看,將會豐富你的馬德里旅程。

全世界最老的餐廳

BOTÍN

SINCE 1725

地址 C/Cuchilleros, 17
網址 www.botin.es
地圖 P.98

這家除了是馬德里老牌餐廳的代表外,也被列入金氏世界紀錄——全世界最老的餐廳,知名座上客多到無法計數。店內最出名的菜色就是用才出生21天的豬仔做成的窯烤乳豬,滿溢的肉汁和酥脆的肉香,讓人讚不絕口,另外這裡的烤羊肉(Cordero Asado)和奶油蛋糕(Tarta de Crema Botín)也同樣被許多人推薦。

深受頂極美食評論家推崇

LHARDY

SINCE 1639

地址 C/ San Jerónimo, 8
網址 www.lhardy.com
地圖 P.99

　　這家深受頂級美食評論家推崇，且名流匯集的餐廳，最早從目前仍存在、緊鄰餐廳的麵包坊起家，而後開始供應膳食，也由於創始人為法國人Emilio Huguenin Lhardy，所以仍可看到一些法國菜的影子，知名菜色包括橙香鴨盤(Pato al Perfume de Naranja)、馬德里燴菜、甜點舒芙蕾(Soufflé Sorpresa)等，雖然一人吃下來約莫€50～70上下，但若有預算，不妨列入考慮。

炭火慢燉出馬德里燴菜精華

LA BOLA

SINCE 1870

地址 C/Bola, 5
網址 labola.es
地圖 P.98

　　以提供炭火燉煮4小時的馬德里燴菜出名，榜上有名的料理還有燉牛肚，也因為知名度響亮，加上有其獨特的烹調方式，現在除成為各地旅人會選擇造訪的餐廳，仍不乏許多老馬德里人在此用餐。此外，店內的甜點——蘋果炸油圈佐冰淇淋(Buñuelos de Manzana)也非常美味。

愛吃蝦的人絕不能錯過

LA CASA DEL ABUELO

SINCE 1906

地址 C/ Victoria, 12
網址 lacasadelabuelo.es
地圖 P.99

　　以提供蝦類Tapas出名的老店，無論是鐵板鮮蝦(Gambas a la Plancha)、蒜油煮蝦(Gambas al Ajillo)，還是裹上麵衣做成的炸蝦(Gambas a la Gabardina)等應有盡有，此外，店內還賣有獨特的甜葡萄酒，是愛蝦人不會錯過的店。因為很受歡迎，所以建議用餐時間早點來，避免人潮擁擠。

各式鱈魚料理令人回味無窮
CASA LABRA

地址 C/Tetuán, 12
網址 www.casalabra.es
地圖 P.98

這是位在太陽門廣場附近巷內，百年來持續獲得當地人好評的餐廳，一整年都有開門。由於擁有小酒館和餐廳兩部分，所以除了可以吃到有名的炸鱈魚塊和類似炸可樂餅的Croquetas下酒菜外，餐廳內提供的各式鱈魚料理，如番茄鱈魚(Bacalao con Tomate)、大蒜鱈魚(Bacalao al Pil Pil)都教人回味無窮。

與道地美味同樣精采的店內裝飾
TABERNA OLIVEROS

地址 C/San Millán,4
地圖 P.98

位在El Rastro跳蚤市場附近，由Oliveros家族經營自今，以提供道地的馬德里菜肴如燉牛肚、馬德里燴菜出名，另外還有鱈魚料理等，此外店內的手作甜點也很值得一試。除了品嘗料理，店內外以美麗花樣磁磚裝飾的牆面，和多樣老時光擺飾，也是不能錯過的欣賞重點。

海明威、達利都喜歡的文學咖啡室
Café Gijón

地址 Paseo de Recoletos, 21
網址 www.cafegijon.com
地圖 P.99

這間百年文學咖啡室，從成立以來招待過無數的文人雅士和影視明星，包括有海明威、達利、好萊塢女星艾娃‧嘉德娜(Ava Gardner)等，目前店內仍保留有當初的大理石桌和天鵝絨椅，除了可以透過一杯咖啡、一份點心感受百年風華，其所提供的美味餐點，同樣也很有特色。

提供道地的馬德里菜肴
CASA ALBERTO

地址 C/Huertas, 18
網址 www.casaalberto.es
地圖 P.99

標榜提供道地傳統馬德里菜肴的餐廳，從大家熟知的燉牛肚、馬德里燴菜到鱈魚料理、燉牛尾、燉牛肉丸、蝸牛料理，乃至自家製作的甜點，都是招牌，加上牆上的名人照片、牆外的多家旅遊指南推薦及用餐時現場滿滿的人潮，都是證明該餐廳得以從1827年來屹立不搖的原因，服務人員建議，如欲週末前來，最好提前訂位。

在設計老店看到馬德里人風采

買頂帽子扮成西班牙紳士
CASA YUSRAS

地址 Plaza Mayor, 30
網址 www.casayustas.com
地圖 P.98

位在主廣場的這家配件飾品老店，原本以販賣各式做工精緻、質感絕佳的紳士帽為主，並有許多美麗的配件和扇子、兵器、瓷器等西班牙藝品，而隨著時代的演進，種類和藝品上也越趨多元，所以若想購買西班牙知名品牌藝品，或買頂帽子展現西班牙男人風範，這裡會是不錯的選擇。

王室、畢卡索都愛用的毛織斗篷
SESEÑA

地址 C/Cruz, 23
網址 www.sesena.com
地圖 P.99

為西班牙第一家販賣傳統毛織斗篷(Capa)的專賣店，除了經典的外黑內紅、穿於慶祝儀式中的基本款，也因為質感優越、保暖效果好，加上目前也有許多時髦款式和顏色，雖然所費不貲，仍有許多人上門，包括早期的王室成員、畢卡索，到近期的希拉蕊、演員皮爾斯‧布洛斯南(Pierce Brosnan)等名人，都是愛用者。

設計人文漫步之旅

如何前往？

交通 搭乘地鐵2號線至Sevilla站，出站後沿著C/Sevilla通過大圓環，就可以到C/Cruz，從這一帶開始逛起；也可以搭乘地鐵1號線到Sol站，沿著C/San Jerónimo到圓環，看到C/Cruz，然後走到C/Huertas這一區。若欲達C/León，則可以搭乘地鐵1號線到Antón Martín站，出站即可到達

網址 www.barrioletras.com

來到馬德里，若你逛過了太陽門周邊的熱門景點、經典美術館，那麼還有一個區域，也很推薦給大家，那就是雷特拉斯區(El Barrio de las Letras)，藝術站(Estación del Arte)地鐵站連接卡諾瓦思‧卡提歐由廣場(Plaza Cánovas del Castillo)、太陽門廣場(Puerta del Sol)、哈辛多‧貝納維德廣場(Plaza Jacinto Benavente)這3個點，所劃分出的區域。

悠閒走在充滿文藝風的街區

在這個擁有百年歷史的區域裡，比觀光區少了些擁擠人潮，多了點藝術人文氛圍，有骨董商店、書店、個性服飾店、唱片行、食材行、藝廊、花店、舊家具店，也隱藏許多設計旅館，當然也有林立在街頭的新式、老式餐館和咖啡廳。你可以悠閒地徒步在綠蔭的巷內，或順著微風走段斜坡，看看鑲嵌在地面上的區域文字介紹，抑或隨便走進一家店，看看設計小物，乃至是站在路邊翻閱街頭畫家的藝術品，累了就坐在露天咖啡座，看看街頭藝人的表演，隨興盡享愜意時光吧！

此外這邊每個月的第一個週六，都舉辦有一個名為「青蛙市集」(El Mercado de Las Ranas)的活動，許多店家在這天都整天營業，散落在區域內各處的展覽、調酒、舞蹈、戲劇、音樂表演，都讓整個區域飄散著一種隨性藝文氣息，甚至還有許多的迷你手創市集穿插其中。

稀奇古怪的藝品都在這裡

在區域中，最推薦的是從Plaza Ángel開始到C/Huertas，再到C/León、C/Prado這一段的路程，可說是街頭藝術家和個性設計潮流店的大本營，從標榜馬德里或西班牙原汁原味設計的服飾，到特蒐稀奇古怪藝品，前衛時尚的店家，都可以在這裡找到。

其中C/León這一帶原本是屬於骯髒狹小的街容，也常出沒許多社會邊緣人，但因為整頓後房價便宜，反而吸引許多藝術工作者在此聚集創作且開店，當然這裡原本就有一些老店家，因此得以保留下來，而使這區更充滿獨特氣息。不過到了夜晚，因為店家都休息，加上人煙也較少，所以還是不要流連太久較好！

1-2 C/ León上有許多店面設計饒富特色的店家 / 3 從Plaza Ángel 開始到C/Huertas，週末聚集許多藝術家和手創人 / 4-5 在雷特拉斯區的步道上，不時可看到許多嵌印在地上的該地簡介，或是詩人詩句

1

La Integtal

地址 C/ León,25
網址 www.laintegral25.com
地圖 P.99、120

　　擺放多樣服飾、飾品、生活用品，到唱片、書籍、奇異小物的設計店，這裡許多意想不到的稀奇古怪亮眼設計，將會顛覆你的邏輯想像。

2

Acotté

地址 C/ León,4和6
網址 www.acottemadrid.com
地圖 P.99、120

　　共有兩家店，分別提供衣服包款和配件，若是想知道目前西班牙女孩最喜歡的潮流穿著和配件，就來這裡逛逛！

3

Adhoc

地址 C/ León,11
網址 www.adhoctienda.blogspot.com.es
地圖 P.99、120

　　融合二手和新品服飾的特色店家，許多飾品也都獨具一格，而以多樣花飾、植栽精心點綴成的購物空間，更使人逛起來愜意，且充滿甜美浪漫的想像。

4

Madrid al Cubo

地址 C/Cruz,35
網址 www.facebook.com/
　　　madridalcubo/
地圖 P.98、120

　　販賣許多馬德里手創人的設計物，也引進許多有趣好物，是頗受當地創意人喜歡的店家，也會見到許多人來此找尋特殊禮品。

5

Ojalá

地址 C/Huertas,5
網址 www.ojala.es
地圖 P.99、120

　　西班牙原創設計品牌，專攻女性服飾，以各式大方剪裁的洋裝、大衣，裝飾上迷人的縫繡花樣，營造出屬於西班牙女人的穿衣質感。

6

Platería LÓPEZ

地址 C/ Prado,3
網址 www.platerialopez.com
地圖 P.99、120

　　創立於1918年，專賣精美銀器、珠寶、骨董和藝術品。即使不買，也建議逛逛，週末時，店外還會擺放出清貨品，可以試著尋寶喔！

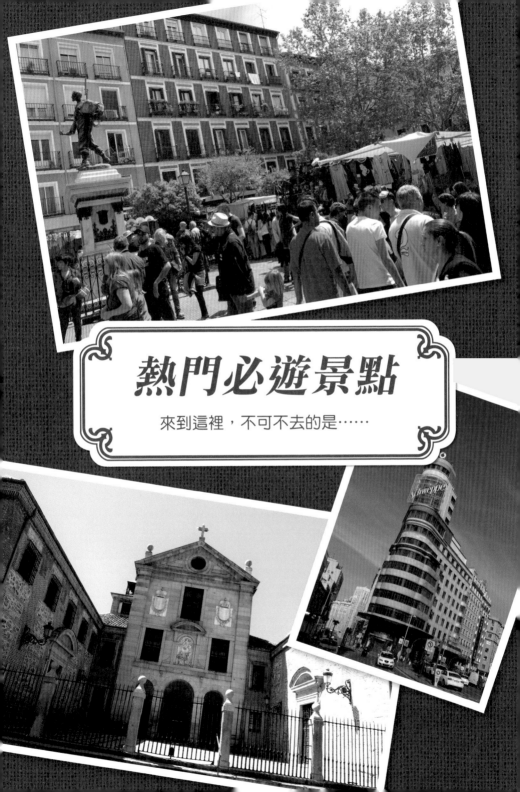

熱門必遊景點

來到這裡，不可不去的是……

看表演、逛市集，悠閒的好去處
主廣場 Plaza Mayor

地址 Plaza Mayor｜**交通** 搭乘地鐵1、2、3號線至Sol站，出站後沿著C/Mayor朝王宮方向步行7分鐘即可到達｜**地圖** P.98

來到馬德里，除了人聲鼎沸的太陽門廣場，主廣場也是絕對不能錯過，且更能貼近馬德里人生活的景點。

原本這座廣場最先是由1576年腓力二世計畫興建後作為公共接待處，但卻完成於1716年腓力三世任內，建築師胡安・戈門・莫拉(Juan Gómez de Mora)在1619年著手建造時，以一道道的拱門，撐起這四面長94公尺、寬129公尺，多達近240座陽台的3層樓建築。主要建築立面上有著充滿神話人物意象的壁畫，這原本是建於1590年的城市麵包坊(La Casa de la Panadería)，當時主要是確定麵包的價格好讓貧窮的人也能購買，而廣場中央則矗立有腓力三世騎馬的雕像。

在這個多次遭到祝融之災的廣場，曾作為國王宣誓儀式、舉辦婚禮的場所，也曾作為公開處決及裁判所之用，甚至還舉行過鬥牛和足球比賽。

但現在的1樓迴廊，則已成為酒吧、餐廳及商店，廣場旁則擺設了露天座位，得以欣賞街頭藝人表演及藝術家作畫，夏季還有露天音樂會和劇場演出。到了週日，四邊的迴廊走道則會有郵票、古錢市

1 主廣場有9座聯外拱門，從Cuchilleros門出去，可以到達餐館林立的C/Cuchilleros / 2 週日的郵票、古錢市集

集，可以尋找到各國年代久遠的郵票和古錢，以及老舊的徽章、銀行票券、瓶蓋、明信片等，除了吸引旅人、也聚集許多當地人，可說是喜歡尋寶的人一定要逛的市集，若不買，單純翻閱欣賞也別有一番趣味呢！

西班牙的中心起點

太陽門廣場
Puerta del Sol

地址 Puerta de Sol｜交通 搭乘地鐵1、2、3號
線至Sol站，出站即是｜地圖 P.98

雖然在這座名為太陽門的廣場上不見「門」的痕跡，不過在16世紀前，可是有城牆和城門的，一旦跨出了城牆，就表示出了市區，當時的城門因為面向東邊，且上面裝飾有初升的太陽，而有此名稱。經過數個世紀的擴張和整建，城門雖不復存在，但對於馬德里還是有難以言喻的重要性。

首先在有鐘台紅磚瓦建築的馬德里自治政府辦公室前的步道上，有一塊鑲嵌在地上標示著0公里的鐵牌，它不僅是西班牙6條國道起點，也是西班牙所有衡量距離的起始處。

若從歷史上來說，該廣場除了在1808年展開反抗蘭西占領運動、1931年在此宣布西班牙第二共和，甚至是2011年舉辦的民主示威活動也以此為聚點。這裡不僅是馬德里人最愛、且常使用的集會地點，也是西班牙最著名的廣場，其中最廣為人知的活動，莫過於是每年12月31日晚上的跨年，來自四面八方、成千上萬旅人，都會在此聚集，隨著鐘樓上倒數的12聲鐘響，依序吞下12顆白葡萄，一邊許願。

125

而廣場上則有卡洛斯三世騎馬、與馬德里市徽中「熊與楊梅樹」(El oso y el madroño)的雕像，還有噴泉，都是當地人相約集合的重要地標。而後沿著這半圓形的廣場，向外擴散，鐘樓的正對面就是知名的購物商圈，包含西班牙連鎖百貨El Corte Inglés、皇家馬德里足球俱樂部專賣店、Fnac及多家西班牙知名品牌等，巷弄間則林立許多酒吧和咖啡廳，若繼續走還可以抵達格蘭大道。

　　若背對著鐘樓，左手邊往C/Mayor走，可以到達主廣場，往右手邊的C/Alcalá走可以到皇家聖費南多美術學院，所以旅人以此作為旅遊馬德里的起點也是很方便的方式呢！

1 跨年倒數時的知名鐘樓 / 2 卡洛斯三世騎馬雕像 / 3 馬德里市民相約的熱門場所——「熊與楊梅樹」雕像 / 4 西班牙國道0km起點標示 / 5 廣場上隨處可見搞笑滑稽的街頭藝人表演

有別於傳統的新「食」尚市場

聖米蓋爾市場
Mercado de San Miguel

地址 Plaza de San Miguel, s/n │ **交通** 搭乘地鐵1、2、3號線至Sol站，出站後沿著C/Mayor朝王宮方向步行10分鐘即可到達 │ **網址** www.mercadodesanmiguel.es │ **地圖** P.98

1 用新鮮海鮮現做的料理，教人食指大動 / 2 在市場裡，隨處可見愜意用餐的人們

位在主廣場附近，雖然名為「市場」但卻不以賣生鮮食材為主，也非印象中的「菜市場」。

　　原本在中世紀，這裡是開放的市場，以出售手工藝品和雜貨為主，一直到1916年，才開始建造成鋼構的模樣，後因應時代的趨勢，在21世紀初又再度翻新，並在2009年5月開放後，成為現在提供馬德里和西班牙美食，以及集合各式Tapas攤位的美味去處。

　　在這個摩登整潔明亮的空間裡，你可以看到現點現做的海鮮攤位、販賣多樣從起司、橄欖、串烤，到西班牙燉飯、美味甜點的攤商，以及坐在開放木製座椅空間，喝著紅酒、優雅吃著一份份Tapas的人們。

　　當然還有三三兩兩的旅人，站在Bar邊，喝著啤酒、吃著生蠔；抑或是坐在落地窗的用餐區，享受著陽光灑落充滿愜意風情的下午茶；也有人穿梭其中，選購著乾貨食材、藝品或廚房器具，從早上到凌晨，總是充滿來來去去、一張張愉悅笑臉的人們。相信來到這裡將顛覆你對傳統市場的所有想像，所以請一定要來看看，體驗一下馬德里這與眾不同的「新食尚」市場。

見證馬德里的時代風華

格蘭大道
Gran Vía

地址 Gran Vía | 交通 搭乘地鐵3、5
號線至Callo站，出站即是 | 地圖 P.98

為馬德里最重要街道的格蘭大道，曾被譽為西班牙的百老匯，不僅聚集了多家劇院，加上林立許多購物商店、酒吧、餐廳和夜生活場所因而聞名，此外許多銀行、企業也都在此。

19世紀中期，這裡是個宛如迷宮般、且綠樹成蔭的區域，後來城市規畫者決定興建一條連接西班牙廣場到C/Alcalá的街道，經過數十年的分階段建設，一直到1929年，終於造就了現今我們看到的繁榮景象，而這條街道除了見證馬德里的時代風華，其實在內戰期間，也飽受戰火摧殘，成了榴彈砲大道。

無論如何，來到這裡，除了盡情享受馬德里的熱鬧現代生活之餘，也不妨看看街上足以代表這條大道發展的大樓，包括了靠近C/

Alcalá端，在1907到1911年興建的都市大樓(Edificio Metróplis)，以圓頂上有座勝利女神的雕像著名；而中段建於1926～1929年間的西班牙電信大樓(Edificio Telefónica)，是當時最高的大樓；在Callo捷運站出口，有著Schweppes廣告牌的大樓，則是許多明信片上格蘭大道的代表風景。因此若想了解這座城市的發展與人民的生活，不妨造訪此地吧！

1 格蘭大道的夜景 / **2** 知名劇院Teatro Coliseum / **3** 電影院Cines Callao和Schweppes廣告牌大樓

1 唐吉軻德和桑丘雕像，是這裡的重要地標 / 2 天氣好時，許多人都會在此做日光浴

親睹塞萬提司筆下的《唐吉軻德》

西班牙廣場
Plaza de España

地址 Plaza de España｜交通 搭乘地鐵3、10號線至Plaza de España站，出站後即是｜地圖 P.98

位於格蘭大道起點的長方形廣場，在18世紀曾作為軍營。現今許多旅人則是為了廣場中央所設的塞萬提司逝世300週年紀念雕像，和巨作《唐吉軻德》筆下人物的塑像而來。想親眼瞧瞧這表情栩栩如生，宛如從書中走出來，騎著瘦馬的唐吉軻德和在驢子背上的桑丘。

而在塞萬提司雕像其後聳立方尖碑後面，有棟紅、白相間、樓高25層、約117公尺的西班牙大廈(Edifigio España)，在1953年完成時，可是馬德里最高的建築物之一，並曾結合辦公、購物中心和飯店的使用，興建時亦考慮到整體景觀。

此外，西班牙廣場裡，也有綠意盎然的植栽和草地，更有源源不絕、噴出沁涼泉水的噴水池，只要天氣好時，常可見到當地居民，在此長椅上看報、聊天，或是躺在草地上曬太陽、看書、甚至野餐呢！

展現馬德里帝國時期風采

西貝萊斯廣場
Plaza de Cibeles

地址 Plaza de Cibeles │ **交通** 搭乘地鐵2號線至 Banco de España站，出站即可看到│**地圖** P.99

大地女神西貝萊斯大理石雕刻噴泉

地處阿卡拉街和普拉多大道的交會點，是最能夠展現馬德里帝國時期風采的廣場。

廣場中央就是著名的地標——駕馭雙獅的大地女神西貝萊斯大理石雕刻噴泉(Fuente la Cibeles)，由參與阿蘭惠斯王宮(Palacio Real de Aranjuez)興建的文圖拉·羅德里格斯(Ventura Rodríguez)於1780年建造，只要皇家馬德里足球隊贏得如西甲、歐洲冠軍聯賽及國王杯等重要比賽，就能在這裡看到歡樂的慶祝人潮。

而廣場一邊宛如宮殿般的壯麗建築，是1907年始建，到1919年開始使用的通訊總局(Palacio de Comunicaciones)，建築師安東尼歐·帕拉希歐斯(Antonio Palacios)以融合19世紀末、20世紀初的文藝復興時期、哥德式風格打造，目前這裡頭除有郵政總局，也有市議會。

而廣場的西南邊則是落成於1891年，效法義大利和法國宮殿所建的新古典主義建築——西班牙銀行(Banco de España)，後來更經過了3次擴建，而有了現今這般宏偉的規模。

此外，廣場周邊還有許多特色建物，包括西北邊被綠意庭院圍繞，由阿爾公爵夫人設計，建於1777年，現為西班牙陸軍司令部的普耶納·維斯塔宮(Palacio de Buenavista)，在西班牙銀行對面，建於1873年，目前裡面為藝術文化中心的利納雷斯宮(Palacio de Linares)等等，各種美不勝收的建築，將會帶給你另外一種馬德里不思議的視覺饗宴。

難得一見的氣派通訊總局

西班牙銀行

奢華璀璨的西班牙王室居所

王宮 Palacio Real

地址 Calle Bailén｜**交通** 搭乘地鐵2、5號線至Ópera站，出站沿著C/Vergara步行12分鐘即可到達｜**門票** 需門票，可網路訂票｜**網址** www.patrimonionacional.es｜**地圖** P.98

通往王宮的路上有許多逗趣的街頭藝人，吸引旅人目光

1734年聖誕節前夕，當時的皇家城堡(Real Alcázar)被一場連續燒了4天的大火無情燒毀，歷代國王的收藏因此付諸一炬後，國王腓力五世便決心要在原址建造一座更偉大磅礴的宮殿，於是找來義大利的設計師尤瓦拉(Filippo Juvara)，依循法、義樣式，以白色花崗石為主要素材，採巴洛克風格建造。而當尤瓦拉去世後，則由弟子沙迦提(Juan Bautista Sachetti)與薩巴提尼(Francesco Sabatini)接手，但因為工程過長，直到1764年才陸續完成。腓力五世來不及看到完成的模樣便去世，因此宮內的裝飾，大多是依循後續的卡洛斯三世和四世指示，並請來當時著名的西班牙和義大利藝術家協助，而有了現在的規模。

以古典主義巴洛克風格建造的王宮，細部也有可看之處

一直到1931年阿豐索十三世流亡前，所有皇室成員都是居住在這裡。目前國王璜‧卡洛斯一世(Juan Carlos I)為了與民眾共享，所以對外開放。因此王室一族便遷移到郊外的薩爾蘇埃拉宮(Palacio de la Zarzuela)，但仍在重大的外交場合或舉辦國事活動時使用這座美麗的宮殿。

現在宮內2千多間房間內，每間依照用途而有個別裝飾，但僅有數十間開放可供參觀，包括牆壁上掛著法蘭德斯壁毯，昔日是王室宴會廳的柱廊廳(Sala de las Columnas)，及用紅色絲絨、水晶吊燈等布置得金碧輝煌的寶座廳(Salón de Trono)，或繁複萬分、令人捨不得眨眼的加斯帕里尼廳(Salón de Gasparini)、牆上裝飾著精緻陶器的陶瓷廳(Salón de Porcelana)等。當然也別忘在導覽時欣賞，王室代代相傳的陶瓷器、金工或海內外知名畫家的繪作收藏品。

周圍景點 Nearby Attractions

薩巴提尼花園
王宮
東方廣場
摩爾原野
軍械廣場
阿爾穆德納聖母主教座堂

王宮周圍景點圖

周圍景點 ❶ 軍械廣場

除了主殿之外，還有可以將宏偉宮殿外觀，盡收眼底的軍械廣場(Plaza de Armas)，窺看仍標示著各種配方的18世紀皇家藥房(Farmacia Real)，或到皇家兵器房(Armería Real)看看從15世紀至今所珍藏，發亮的武器、成套的盔甲，其中最有名的是畫家提香所繪製的卡洛斯五世騎馬肖像中，所身著的盔甲，讓人更感受到西班牙國王的氣派。

軍械廣場上的美麗燈柱

周圍景點 ❷
摩爾原野、薩巴提尼花園

　　也因為王宮在規畫時，周邊被劃分為貴族居所及王室用地，所以也有許多可看的景點，包括位於王宮西側和曼薩納雷斯河(Manzanares)間的摩爾原野(Campo del Moro)，這片原為皇宮花園的綠地，設置有雕像、噴泉、林地，因為12世紀摩爾人攻打阿卡乍(Alcázar)城堡時曾在此紮營，

以法式設計概念，建造的薩巴提尼花園

而有了這個名稱，到了19世紀成為皇室成員的休憩地，現代則多了咖啡廳和戶外劇場，成為當地人散步的好地方，有時也被用來舉行王室的宴會。北側則同樣有一個花園，名為薩巴提尼花園(Jardines de Sabatini)，為20世紀初採法式花園的設計概念而建。

東方廣場上的腓力四世騎馬奔馳雕像

周圍景點 ❸ 東方廣場

　　位於王宮東側的半圓形東方廣場(Plaza de Oriente)，中間聳立的是腓力四世騎馬奔馳的雕像，四周則有古代君王和貴族的雕塑，由於整個空間開闊，並有7個花壇，且環繞著咖啡館、公寓建築，其中還有一棟新古典主義風格外觀的皇家劇院(Teatro Real)，所以常可見到人們在此享受閒散的時光。

周圍景點 ❹ 阿爾穆德納聖母主教座堂

　　最後就是和王宮隔著軍械廣場(Plaza de Armas)相望的阿爾穆德納聖母主教座堂(Catedral de Nuestra Señora de la Almudena)，有一說是當時馬德里被摩爾人占領時，將聖母像藏入城牆，經過370年於1085年收復發現後，才在這個位置興建。另外一種說法是當馬德里在16世紀成為首都後，國王卡洛斯一世即提出要建立一座大教堂，但等到1879年才付諸實

歷經波折建造的充滿聖母像傳奇的教堂

行，中間又遇到經費和內戰問題，所以直到1993年才完成。

　　這座年輕的主教座堂，外觀為巴洛克風格，裡面卻採新哥德式，值得一看有主祭壇上的壁畫、聖母祭壇的繪畫和聖母像，而聖母的木雕則被供奉在地下室中，此外，這座教堂也是眺望到整座王宮的好地方。

看聖人凝血瓶液化的傳説是否成真

王室化身女子修道院
Real Monasterio de la Encarnación

地址 Plaza de la Encarnación ,1 | **交通** 搭乘地鐵2、5號
線至Ópera站，出站沿著C/Arrieta步行8分鐘即可到達 |
門票 需現場購票 | **地圖** P.98

由腓力三世的皇后，來自奧地利的瑪格麗特
(Margarita de Austria)於1611年下令建造，
並在1767年重建的巴洛克式風格建築。這棟外觀
看似樸實，擁有修剪整齊草地的修道院，因為當
初主要是出身名門的女性，以修女身分在此生活的
處所，所以這些獨身的女子，帶來許多珍貴的藝術
品，因此可見到17、18世紀的雕刻和繪畫，及以
金銀材質做成的聖物盒，還有波旁王朝王室們的肖
像、濕壁畫與聖器等讓人大開眼界的收藏。

其中最珍貴的就是聖人聖帕它雷昂(San
Pantaleón)的迷你凝血瓶，傳説在每年的7月27日
凝血瓶內乾涸的血液都會化成血滴，如果在祭日這
天沒有液化，將會是不好的兆頭。

另外這裡還有裝飾繁複的內裝、美麗的壁畫，展
現優雅、明亮氛圍的教堂，及華麗的祭壇和拱頂，

廣場上矗立著西班牙知名文學詩人洛沛·維加
(Lope de Vega)的雕像

由於必須跟隨導覽才能參觀，加上
還有警衛隨行在後，雖然感覺有點
拘束，但仍值得入內參觀。

歐洲最大的露天市集

埃爾拉斯特洛跳蚤市場
El Rastro

地址 Plaza de Cascorro至Calle de la Ribera de Curtidos｜交通 乘地鐵5號線至La Latina站，出站沿著人群走，看到攤位擺放位置即是｜地圖 P.98

從El Rastro字義上來説，有屠宰場之意，據説原來山上也真的有一座屠宰場，因而得名。後來則逐漸成為一個露天的交易市場，經過500年的演變，現在已被譽為是歐洲最大的跳蚤市場，每週日早上10點到下午3點，只要從地鐵La Latina站出來，走到Plaza de Cascorro，就可看到繁榮的景象。

在綠蔭下沿著道路所擺設綿延數公里的攤商，賣著西班牙的特產，從扇子、佛朗明哥衣服，到手工藝品、當季的衣服、鞋子、飾品等應有盡有。此外，這裡也參雜著大量的二手商品攤，無論是成堆的廉價衣物、電器用品、唱片音樂用品、古老的家具、配件、擺飾、老照片、書籍等等，你想得到的，或你從沒想過的，都會在這裡出現，加上拉琴的藝人、賣著涼水的小販，所見所到之處都是鬧哄哄。

貼心小提醒

來這挖寶，有三件事必須謹記：二手商品買前一定要詳細檢查、一定要殺價，最後，不要攜帶貴重的物品，小心扒手！只要謹記以上原則，在這裡你一定會滿載而歸！

1 在樹蔭下逛市集，別具悠閒 / 2 來這裡一定要體驗在二手攤尋寶的樂趣 / 3 這裡有當地人設計的藝品和家飾品 / 4 許多旅人都會在此購買西班牙的紀念品

隨興漫遊景點

除了那些不可不去，也很精采的……

西班牙的第一座鐵路設施

阿托查火車站
Estación de Atocha

地址 Plaza del Emperador Carlos V ｜ **交通** 乘地鐵1號線至Atocha Renfe站，出站即是 ｜ **地圖** P.99

是西班牙知名、馬德里最大的火車站，也是西班牙第一座鐵路設施，正式啟用於1851年，後來經歷了火災，在1892年整建期間，因應時代需要建造了現代化的功能，而在這座鋼構和玻璃結合的空間裡，除了分為掌管通往近郊和西班牙各大城的兩大鐵路運輸區域，還在1992年建造占地4千平方公尺的熱帶花園，花園內不僅栽種500種熱帶植物，更有造型水池飼養烏龜，園間除了設計讓旅人能休憩的座位，也常舉辦有各式的市集和活動，而花園前還有舒適的咖啡座，讓人可以在啜飲時，一邊享受頂篷上落下的和煦陽光。

此外，這裡還有許多雕塑作品，營造出不一樣的藝文火車站氛圍。而在這碩大空間的一角，則有一個充滿悲傷回憶的紀念館11-M，主要是紀念2004年3月11日火車

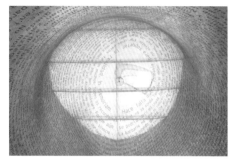

如同玻璃溫室般的阿托查火車站

紀念2004年火車站遭受恐怖攻擊罹難者的11-M紀念館

站遭受恐怖分子攻擊時的受難者，當時共有191個人死亡，1,800人受傷，在這個深藍的空間中央有一個看似透明的塔，當日光透進來灑落空間內，站在塔下可清晰見到這些刻滿來自世界各地、數以千計的慰問文字。

許多人站在11-M紀念館內的透明塔下，仰望這些文字時，都頗有感觸

三大歷史建物組成的廣場

市政廳廣場
Plaza de la Villa

地址 Plaza de la Villa｜交通 搭乘地鐵1、2、3號線至Sol站，出站後沿著C/Mayor朝王宮方向步行10分鐘即可到達｜地圖 P.98

阿爾瓦羅・巴贊
雕像

雖然馬德里擁有許多廣場，但這座廣場卻是被認為保存最好的其中之一，整體來說是運用大量的磚頭、石塊和鐵等素材混合建造。

這座廣場主要是由三大歷史建物組成，位於中央的是16世紀西班牙海上無敵艦隊將軍阿爾瓦羅・巴贊(Álvaro de Bazán)的雕像。

廣場的西邊是在1693～2007年曾為馬德里市政廳的建築，略帶藍灰色的尖頂，和哈布斯堡王朝(Habsburg)的巴洛克風格樣式是鮮明的標記，而立面上的陽台，是為了當時欲觀賞祭典的貴族所興建，現在還掛著旗幟呢！

而其對面為魯哈涅斯之家(Casa de los Lujanes)，是在15世紀建造、融合基督徒和摩爾人設計風格的建築，據說曾關過在1525年帕維亞戰役(Batalla de Pavía)中落敗的法國國王法蘭西斯一世(Francisco I)。

至於雕像背後，是建於1537年西班牙紅衣主教西斯奈羅斯的家(Casa de Cisneros)，建築採早期文藝復興時期的風格建造，有著16世紀大量採用繁複華麗風格裝飾的痕跡。

如果想了解更多，在每週一的下午5點，在此都會有免費的西文導覽，不妨多加利用！

曾經為王室的夏日離宮

雷提諾公園
Parque del Retiro

地址 Parque del Retiro ｜ **交通** 乘地鐵2號線至 Ratiro站，出站後過馬路即是 ｜ **地圖** P.99

在Ratiro捷運站站台上就有生動描繪雷提諾公園內，人們玩樂休閒景象的壁畫

馬德里最知名且最大的公園之一，占地有百餘頃，位在普拉多美術館東側，在16世紀時原是王室的夏日離宮，曾有一說是，當時在腓力三世和四世時，因為在此過度沉溺於玩樂，而讓西班牙帝國面臨衰敗的危機。

後來這座離宮在拿破崙戰爭時遭到破壞，當時殘存的建築，便作為普拉多美術館的別館及軍事博物館使用。之後在伊莉莎白二世女王下令整頓後，種植大量的林木，並於19世紀後半開放給民眾，而成了馬德里人忙裡偷閒的後花園。

現在走在公園裡，除了可見優雅的噴泉和漂亮的草坪、人工湖，還有幾座美麗建物，包含了在人工湖最南側，每年夏天總

公園裡也常舉辦有各式書展

139

會百花齊放的玫瑰園(LA Rosaleda)、於1883年建造的委拉斯蓋茲宮(Palacio de Velázquez)，還有1887年為了萬國博覽會，運用鋼鐵金屬和玻璃蓋成的水晶宮(Palacio de Cristal)等等。此外更有紀念2004年阿托查火車站爆炸案191位罹難者的死難者森林(Bosque de los Ausentes)，森林內以每顆樹代表一位受難者的方式來弔念。

　而興建於人工湖旁的半圓形廊柱前，則聳立著在1992年落成的阿方索十二世雕像及石獅雕刻。

　雖然平時到訪於此會感覺到分外寂靜，但若是在假日前來，則會看到許多帶著一家大小的馬德里人，有的坐在樹蔭下看著報紙，有的在露天咖啡座喝著冷飲或咖啡，或在湖裡悠閒地划船；有的則是步行到水晶宮或委拉斯蓋茲宮觀看展覽、甚至在水池邊跳舞，而園內的道路上，也聚集了練舞、練曲的年輕人，當然也少不了街頭藝人、小販，到了夏天，甚至還會舉辦露天音樂會或是木偶劇團表演，整個園區就這樣熱鬧不已，洋溢著屬於馬德里人的週末假日活力。

1 園內到處可見流著沁涼泉水的美麗造型噴泉 / 2-3 一年四季都有美麗風景的雷提諾公園

舊時迎接西班牙國王的大門

阿卡拉門
Puerta de Alcalá

地址 Plaza de la Independencia｜交通 搭乘地
鐵2號線至Banco de España站，過了西貝萊斯廣
場，再往前走7分鐘即可到達。也可以坐地鐵2號
線至Ratiro站，步行5分鐘即可到達｜地圖 P.99

阿卡拉門上的雕刻，都代表不同涵義

這是由卡洛斯三世在1769年委託法
蘭西斯柯‧薩巴提尼(Francisco
Sabatini)，以效法義大利巴洛克樣式建
造，當時主要的用途有迎接卡洛斯三世
進入馬德里，且作為當時進入舊市區的
大門，所以最先這座拱門是矗立在馬德
里的最東邊，後來又被移到西貝萊斯廣
場，到了19世紀才確立了現在於獨立廣
場的位置，而這座獨立廣場則是為了慶
祝西班牙獨立戰爭勝利(1808～1814)而
來的。

這座和王宮一樣採用白色花崗石建造
的宏偉大門，兩面的裝飾並不相同，共
有3個拱門和2座方門，仔細觀察，可以
看到上頭裝飾有石獅頭像，頂部則有手

持各種不同代表物，如矛和盾、鏡子等的孩
童，另外還有戴著頭盔的戰士、盾牌徽章等
等，象徵謹慎、節制、正義、實力的美德。

現在這座城門因為馬德里的歷史和城市景觀
所帶來的指標性意義，除了每季會為前面的
花壇鋪種上燦爛美豔的花朵之外，更因為在
1986年馬德里歌手安娜‧貝蓮(Ana Belen)和
其詞曲家先生維特‧馬努耶(Victor Manuel)，
演唱同名的《La Puerta de Alcalá》流行歌
曲，而更深植人心。

傳說中的幽靈車站
查貝里車站博物館
Museo Estación de Chamberí

地址 Plaza Chamberí, s/n｜**交通** 搭乘地鐵1號線到Iglesia站，沿著Calle Eloy Gonzalo往東走到路口，再沿著Calle de Sta Engracia向南走約350公尺就可以到達Plaza Chamberí｜**網址** www.metromadrid.es/es/viaja_en_metro/anden_0｜**地圖** P.99

搭乘馬德里地鐵1號時，當列車從Iglesia站行駛到Bilbao站的途中時，眼尖的人隱約會發現經過一個昏暗但不停靠的站台，那是什麼？

這個目前沒有再被使用的車站，其實是馬德里當初建造1號地鐵時8座車站中的一站，由建築師安東尼歐·帕拉西歐斯(Antonio Palacios)，以巴黎的車站為構想所建造，在1919年10月開始使用，並也作為空襲避難所之用。

到了60年代，為了因應馬德里城市發展所應運而生的人潮，需進行車站擴建工程與延長列車的長度以增加載客量，但礙於該站位於轉彎處的地形之故，無法配合施工，遂在1966年5月關閉。因為年久失修，燈光設備老舊，所以當疾駛的列車而過，總讓人在瞬眼間，對於老舊、昏暗的車站多了些想像，也逐漸有靈異的故事傳出，賦予鬼魅車站等傳奇色彩。

經歷了40多年歲月後，在民眾的請願下，終於在2006年進行「零號站台」(ANDÉN 0)整頓工程，將之轉型為一個免費參觀的博物館，後於2008年開放參觀。

現在來到這，你可以透過免費的導覽，在昏暗的燈光下看到保存完整，以當時巴黎地鐵風格設計的空間、售票亭、貼有當時車站購票相關資訊的看板、候車月台的磁磚拼貼海報畫等，還可以透過影片的播送了解這個車站的歷史。

在Plaza Chamberí廣場可見到達地下Museo Estacion de Chamberí的入口

保存得宜的鐵製收票亭和售票亭

在月台上，可見當時留下來的磁磚拼貼海報畫

Chamberí候車台

欣賞西班牙的道地鬥牛文化

維塔斯鬥牛場
Plaza de Toros de Las Ventas

地址 C/Alcalá, 237 │ 交通 搭乘地鐵 2、5號線至Ventas站下車，出站即可到達 │ 門票 如欲參觀需現場購票 │ 網址 www.las-ventas.com │ 地圖 P.99

1 宏偉壯觀的大門，很值得佇足觀賞 / 2 周邊牆上的牛隻裝飾，和鬥牛場相呼應

落成於1929年，在1931年開幕，採新穆德哈爾式風格 (Neo-Mudéjar)建成，以馬蹄形拱門和抽象、色彩繽紛的磁磚外牆為主要特色。

而這座直徑長65公尺，可以容納約2萬5千名觀眾的場地，因被譽為世界最大且水準最高的鬥牛場地，所以全世界的鬥牛士都以能在此表演為最高榮譽。據說若在這個鬥牛場得以揚名，就能被載入鬥牛史冊中。

除了精湛的外觀，在場外還矗立著西班牙著名鬥牛士安東尼歐・貝門尼達(Antonio Bienvenida)和荷西・古貝羅(José Cubero)的雕像，以持拿鬥牛披風或舉帽致意

的絕妙英姿，歡迎來自各地欣賞鬥牛的民眾。

若在非鬥牛季前來，或是想了解更多關於鬥牛的文化，那麼建議看看一旁附設的博物館，將可藉由鬥牛士的服裝(其中還有知名女鬥牛士Cruz服裝)、披風、長矛、短扎槍等鬥牛士裝備，及多幅名鬥牛士畫像和雕刻，甚至是場上犧牲的牛頭，使人充分感受到西班牙鬥牛文化的精髓。

另外這座鬥牛場，有時也會作為演唱會地點，更曾舉辦過網球比賽，讓人見識到鬥牛場的不同用途。

西班牙現存的埃及特色建築

帶波神殿
Templo de Debod

地址 C/ Ferraz, 1｜交通 搭乘地鐵3、10號線至Plaza de España站，出站後從西班牙廣場的對角線穿過後即可到達C/ Ferraz，而後沿著C/ Ferraz的廣大綠地前進，約走7分鐘即可到達｜門票 無需門票｜網址 www.munimadrid.es/templodebod｜地圖 P.98

坐落在廣大綠地中的帶波神殿，是目前在西班牙現存的埃及特色建築。建於公元前4世紀初期的埃及尼羅河附近，主要是為了供奉艾希斯女神(La Diosa Isis)，但在1960年，因為興建亞斯文水壩(La Gran Presa de Asuán)，使得沿岸有許多遺跡都可能因此被洪水淹沒，所以聯合國教科文組織便發出保護瀕危文物的救助，後來神廟被拆除移到埃列方迪娜島(Elefantina)，到了1968年，埃及政府決定將神殿贈送給西班牙，以表達西班牙政府對於興建水壩和搶救神殿時的協助。

後來神殿被一塊塊運送到西班牙，並展開了重建工程，除了將神殿以保持原來在埃及的坐東向西方位修復，還在神廟的入口3座大門，修建了一個淺水池，以紀念神殿原本附近的河流。

在1972年落成開幕後，除能在神殿裡，看到原本供奉祭祀眾神的場景，和聲光輔助的講解，有時也會看到扮成埃及人或考古學家的解説員。再者，因為神殿就位在王宮北方的小山丘上，所以從這裡也可以看到王宮周遭的優美景致，到了假日許多人也會在此曬太陽和遛狗散步，享受悠閒氛圍。

楚埃卡區的新地標

聖安東尼市場
Mercado de San Antón

地址 C/ Augusto Figueroa, 24 | **交通** 可以搭乘地鐵5號線到Chueca站，出來後從Plaza de Chueca向南走到Calle de Augusto Figueroa，左轉並沿著該街走20公尺左右可到 | **網址** www.mercadosananton.com | **地圖** P.99

聖安東尼市場(Mercado de San Antón)

這個位在馬德里知名酒吧美食與同志區——楚埃卡(El barrio de Chueca)區內的聖安東尼市場，歷史可以追溯到1945年，之後經過數次的整建，在2011年以現在的面貌呈現在大家面前。

在這個有著明亮光線的3層樓市場、共7,500平方公尺的現代化空間裡，地面層可以看見販賣如火腿肉腸、鮮肉、海鮮、蔬果，或是麵包、香料、橄欖油、葡萄酒等約20多個攤位，其乾淨整齊的陳設，與舒適寬敞的空間，讓人可以愜意隨興地採買。

第二層則有多個販賣西班牙與異國風味的熟食攤位，還有一個結合藝文展覽空間的咖啡廳，而第三層則有一個結合酒吧、露台的「聖安東尼廚房」(La Cocina de San Antón)餐廳，在此可以欣賞楚埃卡區的街景，更能隨興在座椅上曬太陽、喝酒聊天，此外這裡還提供有「選購市場內魚肉、新鮮食材後的代為烹調服務」。如果來到楚埃卡區時，想要採買或品嘗美食不妨來看看。

1 地面層可以看到西班牙許多高品質的特產與盛產的蔬果 / 2 第二層提供有多樣熟食攤，選購後可以在座位區輕鬆小食

👍 美食區焦點順遊

城內新興美食天地——PLATEA

地址 C/ Goya, 5-7 | **交通** 搭乘地鐵4號線至Serrano站，出站後向西沿著C/ Goya，跨過 Calle de Serrano 步行約3分鐘即可 | **網址** plateamadrid.com | **地圖** P.99

由劇院改建而來，在這占地約6,000平方公尺、可容納上千人的5層空間裡，集合有10多家

Michelin、Repsol美食指南推薦的餐廳，涵蓋有西班牙、異國餐飲和甜點，並有雞尾酒吧、私人俱樂部，且在舞台區不時有精采的表演，豐富用餐時的感官享受，是目前馬德里品嘗美食的新興聚集地。

名牌精品聚集地，宛如曼哈頓第五大道

塞拉諾街
Calle de Serrano

交通 乘地鐵4號線，至Serrano
站，出站後即是 | **地圖** P.99

El Jardin de Serrano
地址 C/Goya 6-8
網址 www.jardindeserrano.es
Centro Comercial ABC Serrano
地址 C/ Serrano, 61
網址 www.abcserrano.com

ABC塞拉諾商業購物中心深受不少當地
人喜愛

如果想在馬德里一次買到來自世界各地的名牌，那請來塞拉諾街！這條橫跨10多個街區的道路，宛如美國紐約曼哈頓的第五大道，有ARMANI、BVLGARI、Cartier、GUCCI、PRADA、LOUIS VUITTON等許多國際一流精品的分店，當然也有西班牙的LOEWE、CAMPER、ZARA、Lladró、TOUS等耳熟能詳的品牌，及許多充滿獨特品味的風格店家，由於街道寬敞、綠蔭搖曳，加上店面各個打造的有其品牌風格，因此逛起來格外舒適。

此外這裡還有兩處知名購物中心，如塞拉諾花園購物中心(El Jardín de Serrano)，一次集結了20多個品牌如LOTTUSSE、BECARA等；而建造於19世紀的ABC塞拉諾商業購物中心(Centro Comercial ABC Serrano)則是馬德里最大的購物商場之一，裡頭有著圓形的購物空間，共有30多家店家，包含西班牙知名品牌bimba & lola、MANGO、dayaday等等，中庭還有咖啡廳和蛋糕區，讓逛累的血拼族可以在此悠閒小歇。

當然在塞拉諾街也少不了西班牙知名連鎖百貨El Corte Inglés，分別坐落在C/Serrano，與C/Ayala及C/José Ortega y Gasset這兩條街的交叉處，兩家各有特色。而塞拉諾街沿路上也有許多的美味咖啡廳和餐廳，所以來這不妨安排半天時間，走走逛逛、吃吃喝喝，或看看路上的俊男美女，享受一下馬德里人的購物品味和穿衣哲學吧！

馬 德里近年為積極地推動購物觀光，為華人設計了涵蓋購物、退稅、美食、旅遊資訊的中文購物指南網站和應用APP，內容含括在馬德里應了解的購物、退稅、美食、旅遊資訊，以方便旅人可以在馬德里自在行旅。

而目前當地政府主推的購物區，除了位在薩拉曼卡區的塞拉諾街(P.146)、卡門區(Preciado el Carmen)的太陽門廣場(P.125)周邊所延伸到北邊的格蘭大道(P.128)、南邊到地鐵1號線Tirso de Molina站整區外，還有3個地方。

歐洲最大百貨商場
El Corte Inglés 旗艦店

地址 C/Raimundo Fernández de Villaverde ,79／Paseo de la Castellana,85｜**交通** 可搭乘地鐵10號線至Nuevos Ministerios站｜**網址** www.elcorteingles.es/centroscomerciales/es/eci/centros/centro-comercial-castellana｜**地圖** P.99

占地10萬坪、涵蓋8,000個國內外品牌，號稱是全歐洲最大的百貨商場，購物前可至服務檯憑護照領取10%折扣優惠卡。

El Corte Inglés百貨公司在馬德里市約莫有10間分店，於知名太陽門廣場購物商圈也可看到

購物娛樂一網打盡
Plaza Norte 2 購物中心

地址 Plaza del Comercio 11-12｜**交通** 可從Plaza de Castilla搭乘171、156公車，或地鐵10號線至Reyes Católicos站，再轉計程車｜**網址** www.plazanorte2.com｜**地圖** P.99

有超過200家的商店，可以滿足多樣購物需求，並還集美食區、影城於一身。

格蘭大道附近所延伸的徒步區或Calle de Fuencarral巷內也有許多的購物店家和設計店家

品牌豐富的知名Outlet
Las Rozas Village

地址 C/ Juan Ramón Jiménez, 3 Las Rozas｜**交通** 在地鐵3或6號的Moncloa站，搭乘625、628、629號公車，每20分鐘一班，約40分鐘抵達｜**網址** www.lasrozasvillage.com｜**地圖** P.98

城外近郊知名的Outlet，聚集國際與西班牙服飾精品，並包含廚具、家飾用品等超過100個品牌，能滿足多樣購物需求。

Las Rozas Village內可看到眾多西班牙精品品牌，所以吸引許多人前往

其他購物指南網站、手機應用APP可參考：

WEB www.madrid-gouwu.cn **APP** Madrid Shopping Experience

周邊城市散步

如果還有多餘時間，也可順道安排的……

Salamanca

Madrid

薩拉曼卡
Salamanca

交通 ① 搭乘地鐵1或10號線，到
Chamartín站的查馬丁火車站，搭
乘火車約2.5小時即可到達
交通 ② 乘地鐵6號線到Méndez
Álvaro站，沿著指標到南方公車
站(Estacion Sur de Autobuses)，
搭乘巴士約3小時即可到達
網址 www.salamanca.es
地圖 P.311

在羅馬帝國時期就因為成為銀之路(Ruta de la Plata)兼具礦業運輸、商業發展中繼站，而聲名大噪的薩拉曼卡，長久以來就是一個受到矚目的城市，雖然在摩爾人入侵後，因為戰爭銳減了些許風華，但在1218年薩拉曼卡大學成立後，卻成了該城市發展的轉捩點，並在16世紀發展到鼎盛。

興建於16世紀有著文藝復興風格的賽琳娜宮殿(Palacio de la Salina)，迷人的庭院裝飾讓人佇足

不過之後又面臨1812年與拿破崙軍隊交戰的薩拉曼卡之役和1936年西班牙內戰，所幸現在已經逐漸恢復光采，但也因為這些歷史所遺留下來的建物，得以在1988年讓舊城區被聯合國教科文組織列為世界遺產，更也成為2016年歐洲文化之都的候選名單之城，現在，就讓我們一起來看看城內美麗的風景吧！

主廣場

　　進到舊城區，最先看到的就是被公認為西班牙最美廣場的主廣場(Plaza Mayor)，於18世紀時由阿爾貝托‧丘利格拉(Alberto Churriguera)建造。以3座鐘塔構成的富麗堂皇巴洛克式市政廳，無論白天或夜晚皆散發著不同的迷人風情，雖然19世紀這裡還是著名的鬥牛場，但現在迴廊裡則已擠滿了咖啡館和商店，中間空地還不時舉辦活動，相當熱鬧。

白天到訪主廣場，能看到四周拱廊上裝飾著西班牙王室和重要人士的半身雕像，而到了夜晚，則是華麗萬分的景象

貝之家

　　若朝著Rúa Mayor街道往南走，你一定會看到一棟石牆上裝飾著400個貝殼圖案的建築──貝之家(Casa de las Conchas)，她是興建於15世紀的哥德式建築，是由一位保護朝聖者──聖地牙哥的騎士團成員羅德里哥‧馬達那多‧塔那維拉(Dr. Rodrigo Maldonado de Talavera)所興建，故以象徵騎士團的貝殼為裝飾。如今雖然經過歲月的輪轉成了國立圖書館和旅遊中心，但裡頭保持良好的建築，仍能讓我們看到當年的樣貌。

貝之家除了外觀的貝殼浮雕值得一看，裡頭中庭還保留昔日古井，2樓還不定時有展覽，即使在夜晚到訪也有不同的觀賞氛圍

150

薩拉曼卡大學

接下來再繼續向前走，就會看到薩拉曼卡大學(Universidad de Salamanca)，而對面就是新舊大教堂(Catedral Vieja y Catedral Nueva)。其中薩拉曼卡大學是西班牙最古老的大學，和義大利的波隆納大學(Università di Bologna)、英國牛津大學(University of Oxford)齊名，出自這個學校的名人，包括了《唐吉軻德》作者塞萬提斯、發現大陸的哥倫布等等。

雖然舊校舍已經不再作為教室使用，但卻開放購票參觀。進門前，請先看看學校立面的銀匠式雕刻，這是以三層的方式，展現了天主教雙王伊拉貝拉和費南多、教宗、西班牙國王、薩拉曼卡市市徽等樣式，當然最有名的就是第二層雕刻在門柱上，趴在骷髏頭上的小青蛙，據說只要在沒人幫助的情況下找到青蛙，就可以讓考試過關呢！

走入校內，藉由巡遊迴廊上許多以知名教授為名的小型講廳，可以看到各種不同的教室擺設。其中有一間名為弗萊伊・路易斯・萊昂的教室(Aula Fray Luis de León)，就是為了紀念16世紀的神學家兼作家弗萊伊・路易斯・萊昂(Fray Luis de León)，該教授在當時因為翻譯了一本希伯來文《聖經》，而被判刑坐牢數年，出獄後回到課堂授課、面對滿心期待的學生時，只見教授道出：我們昨天說了……。

穿過薩拉曼卡大學位於Patio de las Escuelas的迴廊，可抵達該校博物館，裡頭有一幅黃道十二宮的壁畫

西國文化發現

何謂銀匠式雕刻（Plateresco）？

銀匠式雕刻出現在15世紀，是結合帶有阿拉伯、天主教建築風格的穆哈爾德式，和尖拱壁哥德式的建築風格，並將石面以宛如銀器般、細密雕刻的方式雕出如王冠、盾牌等式樣。

或許對這位教授而言，流逝的時光所帶走的每件事，只是生命中的過程罷了吧！現在這間教室裡，除了還保持原貌，更投射了他講課的身影，想要感受這位教授的風範，請記得一定要來看看。

另外在2樓，擁有晚期哥德式風格，且擁有數萬冊手抄本藏書的圖書館，可以透過玻璃門看到雕飾精美的空間，同樣使人驚豔不已。

薩拉曼卡大學圖書館

西國文化發現

何謂丘利格拉風格建築（Churrigueresco）？

這是利用各種材質組合成豪華裝飾的一種代表西班牙巴洛克末期風格藝術，其中以17世紀的建築師兼雕塑家荷西·貝尼多·丘利格拉(José Benito de Churriguera)和阿爾貝多·丘利格拉(Alberto de Churriguera)兩位最有名，重要作品包含了薩拉曼卡的主廣場、新大教堂，及聖埃斯特班修道院等。

新舊大教堂

至於新舊大教堂，其實是舊大教堂接連新大教堂的建築，舊教堂於12世紀採用羅馬式建築興建，外觀頂部的雄雞塔(Torre del Gallo)和具有協調美的尖塔，及裡頭中央祭壇的53幅基督和聖母生平畫，與上方《最後的審判》的濕壁畫，都是觀賞的重點。至於新大教堂則興建於16世紀，耗費200年建成，混合了哥德、銀匠等建築風格，裡頭從美麗的拱頂，到繁複雕飾的細節裝飾，都讓人捨不得眨眼，而入口正門邊飾中，有著近期整修時，工匠所放上的吃冰淇淋怪獸和太空人裝飾雕刻，也讓人在參觀時多了點樂趣。

舊教堂中央祭壇的53幅基督和聖母生平畫，與上方的《最後的審判》濕壁畫

新舊大教堂外觀

1 拉斯‧杜耶納斯修道院，以美麗的迴廊著稱 / 2 聖埃斯特班修道院有著宏偉壯觀的銀匠式立面，裡面的哥德和文藝復興式風格迴廊也很值得一看

除了以上這些重要的必訪景點，漫遊於城內還能不經意看到多樣美麗的建築呢！如賽琳娜宮殿、拉斯‧杜耶納斯修道院、聖埃斯特班修道等等。另外也因這裡的肉類為料理很有名，所以到這也別忘記品嘗，如烤羊腿和知名火腿盤等美味喔！

3 來這裡別忘了嘗嘗用當地盛產火腿做的各式美味 / 4 因為薩拉曼卡大學門上骷髏頭所趴的青蛙，所以這裡能看到各式各樣的青蛙造型紀念品

來薩拉曼卡 必體驗 的事

- ☑ 找尋薩拉曼卡大學立面上的青蛙
- ☑ 看夜間的主廣場
- ☑ 進入新舊大教堂好好參觀
- ☑ 看看貝之家牆上的裝飾
- ☑ 吃份薩拉曼卡產的西班牙火腿
- ☑ 買個可愛的青蛙裝飾或銀器藝品作為紀念品

薩拉曼卡大學
Universidad de Salamanca
✉ C/ Compañía, 5
$ 需門票　WEB www.usal.es

主廣場
Plaza Mayor
✉ Plaza Mayor
$ 無需門票

拉斯‧杜耶納斯修道院
Convento de Las Dueñas
✉ Gran Vía街底
$ 需門票

賽琳娜宮殿
Palacio de la Salina
✉ C/San Pablo, 24
$ 無需門票

新舊大教堂
Catedral Vieja y Catedral Nueva
✉ C/ Cardenal Pla和Deniel s/n
$ 需門票
WEB www.catedralsalamanca.org

貝之家
Casa de las Conchas
✉ C/Compañía, 2
$ 無需門票
WEB www.jcyl.es/bibliotecas

聖埃斯特班修道院
Convento de San Estban
✉ Plaza del Concilio de Trento s/n
$ 需門票

information

Avila
Madrid

阿維拉
Avila

交通 從馬德里的阿托查或查馬丁(Chamartin)火車站搭乘火車,或搭乘地鐵6號線到Méndez Álvaro站,沿著指標到Estacion Sur de Autobuses搭乘巴士,皆約80分鐘即可到達|**網址** www.avilaturismo.com/en|**地圖** P.311

阿維拉是全西班牙地勢最高的省會城市,海拔超過1,100公尺,傳說是希臘神話中大力士海克力斯(Hercules)的兒子艾爾西德羅(Alcidero)在征服半島後,以母親之名為這座城命名而來。然而在這座冬季氣候嚴峻的城市裡,卻也因為有著許多中世紀遺留下來的歷史建築,而有了「石頭城」及「聖徒城」的稱號。

從不同的角度看城牆都有不同的美感

城牆

　　所謂的「石頭城」,除了從步行於街道上的多樣石階和石板路面就可以理解,但最令人震撼的還是環繞舊城區、全長2.5公里、平均高約12公尺、寬3公尺的城牆(Las Murallas)。該城牆是11世紀時,為了防衛回教徒入侵所興建,現在來到這裡,仍可看到88座高塔和9扇城門,也因是中世紀歐洲城牆中少數得以保存完善者,所以在1985年被列為世界遺產,其中以阿卡乍門(Puerta de Alcázar)和聖文森門(Puerta de San Vicente)最具代表性,只要在卡尼塞里亞斯門(Puerta de Carnicerías)內的旅遊中心買票,就可以走在城牆上,眺望牆內的教堂、修道院和城內景致。

聖約瑟修道院、化身修道院、聖胡安‧包蒂斯塔教堂

　　至於被喚為「聖徒城」，則是和1515年誕生於此的聖女大德蘭(Santa Teresa de Ávila/ santa Teresa de Jesús)(亦被稱為阿維拉的德蘭、耶穌的聖德蘭)有關，出身於貴族家庭的她，從小就愛聽聖人的事蹟故事，在19歲進入化身修道院後，開始進行一連串的修道院及宗教腐敗文化改革，後來更創設了提倡清貧簡約理念的「赤足加爾默羅會」，即是走在寒冷的冬天也僅穿麻編涼鞋，以表達改革的決心，因為功績卓越，而在1622年被稱為聖女。也因此，現在城內處處可見相關遺跡，從城牆旁面對大德蘭廣場的白色石雕，1562年她所親自參與建造的第一座女修道院——聖約瑟修道院(Convento de San José)，到陳列她接受洗禮時聖器的聖胡安‧包蒂斯塔教堂(Iglesia de San Juan Bautista)。還有城牆北側的化身修道院(Monasterio de la Encarnación)，這是她度過近30年歲月的地方，而院內並珍藏許多相關的遺物，及一間仿造生前居住擺設所打造的房間。

在大德蘭廣場對街的大德蘭白色雕像，每到紀念活動都會裝飾上花卉

大德蘭修道院

　　此外，最值得參觀就是在1636年建於她出身地的大德蘭修道院(Convento de Santa Teresa)，裡頭有為她建造的巴洛克式雕像和祭壇壁畫，一旁還有紀念品販賣和展示遺物的陳列室，其中最特別的，就是配戴有指環的右手無名指和衣服、配件等遺物。參觀完後，若沿著Calle Aizpuru就能到達大德蘭博物館(Museo de Santa Teresa)，更有關於她一生的詳細敘述，包含聖器、文件等等。

1-2 大德蘭修道院是當地重要精神信仰中心，每天都有旅人前來造訪修道院，並了解她對阿維拉的貢獻 / 3 大德蘭修道院內的大德蘭修女聖像

大教堂

除了以上，還有兩處知名景點，首先是建造於12世紀初的大教堂(Catedral)。設計時是將一部分作為城牆，採花崗岩建造，類似堡壘的作用，外觀則以哥德式混合羅馬式為主，走入裡頭則可以發現唱詩班後的銀匠式雕刻，和祭壇附近以紅斑紋石柱打造的華麗空間，及西班牙15世紀知名畫家佩德羅・貝魯格德(Pedro de Berruguete)用24個畫面呈現耶穌基督生平的祭壇畫。博物館內，更有葛雷柯(El Greco)的壁畫和多樣華麗聖器等，讓人看得目不暇給。

描述耶穌基督生平的24幅祭壇畫

用紅斑紋石柱和精湛雕刻構成的空間

聖文森教堂

至於建於12世紀的聖文森教堂(Basílica de San Vicente)，是混合哥德和羅馬風格，以花崗岩和砂岩所打造，裡面放置的是4世紀羅馬時代，遭迫害殉道的基督徒聖文森及兩位妹妹的石墓，上頭還刻有在城牆下被捕後，被拷問的情景和當時生活景象的浮雕，另外也有16世紀的聖母像。

而來到阿維拉，除了看建築、賞美景，另外也別忘記嚐嚐如燉白豆湯(Judías del Barco)、大牛排(Chuletón de Ávila)和大德蘭蛋黃甜點(Yema de Santa Teresa)等美食，將會讓你的古城旅程更顯樂趣喔！

外觀值得一看的美麗柱廊，及入口處刻有美麗雕花、十二使徒的拱門

1 聖女大德蘭蛋黃甜點(Yema de Santa Teresa)是以蛋黃和砂糖為主要材料做成的甜點 / 2 奇哥市場廣場(Plaze Mercado Chico)，廣場周邊有許多的酒吧、餐廳及知名糕餅店，週五還有日用品及食材市集 / 3 距離城內1.5公里的四柱台(Los Cuatro Postes)，據說是大德蘭幼時逃家，被叔叔尋獲的地方，現在則成為觀賞城牆全景的好去處 / 4 當地居民的主要活動中心——大德蘭廣場(Plaza Santa Teresa)，在這裡也有數家賣大德蘭蛋黃甜點的店家

來阿維拉　必體驗的事

☑ 看看白天壯麗的城牆
☑ 在夜晚從四柱台看城牆
☑ 進入大教堂好好參觀
☑ 逛逛維多利亞和大德蘭廣場，體驗一下當地人生活
☑ 漫遊在城內感受一下古城氛圍
☑ 了解一下大德蘭修女
☑ 買份大德蘭蛋黃甜點(Yema de Santa Teresa)當作伴手禮
☑ 吃一次大牛排

城牆 Las Murallas
✉ Pta. Alcázar, Carnicerías y Puente Adaja
$ 需門票
WEB muralladeavila.com/en/

聖胡安‧包蒂斯塔教堂
Iglesia de San Juan Bautista
✉ C/Blasco Jimeno, 8
$ 無需門票

大德蘭修道院
Convento de Santa Teresa
✉ Plaza de la Santa, 2
$ 需門票
WEB www.teresadejesus.com

大教堂 Catedral
✉ Plaza de La Catedral, s/n
$ 需門票

聖約瑟修道院
Convento de San José
✉ C/ Madres 4　$ 需門票

化身修道院
Monasterio de la Encarnación
✉ Paseo de la Encarnación s/n
$ 需門票

大德蘭博物館
Museo de Santa Teresa
✉ C/Aizpuru　$ 需門票
WEB www.museosantateresa.com

聖文森教堂 Basílica de San Vicente
✉ C/ San Vicente, 4　$ 需門票

巴塞隆納
Barcelona

進入高第的建築世界，
創造一趟屬於你的知性之旅吧！

城市巡禮

地中海上的
熱情藝術之城

來到西班牙永遠不能錯過的城市——巴塞隆納，曾聽人說她的名字，是結合了當地特色酒吧(Bar)、天空(Cielo-Cel)及波浪(Onda-Ona)而成，但對Kate而言卻並不僅有如此而已。

除了上天賜予的優異地中海環境，為這個海港城塑造成充滿魅力的度假勝地，也因為從西元前230年迦太基(Carthaginians)時代就創建至今的源遠城市歷史，與每個時期出色的藝術人才，更為她留下諸多見證每段精采歷史的痕跡。

或許就是因為太過於豐富，使人無法一次看盡，所以不妨就讓我們從最經典和最有趣的玩法開始吧！

整座城就是一個建築展覽館

在這座流動著濃郁藝術氣息的度假城市裡，請不要吝嗇地用雙腳實地感受，因為整座城就像是一個大型建築展覽館，除了能遇見12～16世紀如大教堂、海上聖母瑪麗亞教堂等哥德式建築，還能欣賞到19世紀安東尼‧高第(Antoni Gaudi)、多梅內切(Lluís Domènech i Montaner)及普易居(Josep Puig Í Cadafalch)等多位精湛建築師，所串起的加泰隆尼亞現代主義(Modernismo Catalán)建築藝術長廊。

此外亦不能錯過20世紀的現代建築群，除了因應奧運、萬國博覽會在西南端蒙特惠克山丘興建的一系列建設，更有21世紀的阿格巴塔(Torre Agbar)、世界論壇大樓(Edifici Fòrum)，西班牙電信公司Telefonica興建的Torre Diagonal Zero Zero塔等壯觀建築，等著你蒞臨。

1 完成於2004年的世界論壇大樓(Edifici Fòrum) / 2 完成於2011年的Telefonica總部Torre Diagonal Zero Zero(Pl.Llevant,s/n) / 3 位在C/Casp,48的卡維特之家(Casa Calvet)，曾於在1900年獲得最佳巴塞隆納建築獎 / 4 由高第設計、造型特殊的米拉雷斯宅邸之門(Puerta de a Finca Miralles)，有招牌立體十字架，並可看到高第的雕像和簽名 / 5 新廣場(Plaça Nova)的建築師公會建築立面上，有藝術家按照畢卡索在1950年代設計的童趣圖案，而1樓則是旅遊中心，並附設紀念品店 / 6 完成於2005年的聖塔卡德琳娜市場(Mercat Santa Caterina)(Avinguda de Francesc Cambó, 16)

博物館、特色小店林立

　　不僅是建築，這裡還有許多收藏大師級作品的博物館，讓旅人得以和畢卡索、米羅、達利更加靠近，當然還有林立在大街小巷內的特色設計店，及廣場上的二手或設計市集，更別說是城市一年到頭舉辦的音樂藝文饗宴或節慶活動了！所以到訪於此，永遠不會知道下一個轉角會遇到什麼樣的驚喜，因此來到這，請記得帶顆隨意開放的心！

學習融入當地生活

　　來到巴塞隆納，除了徹底當一名觀光客，或許也應該撥個時段，試著當個在地人，早上悠閒地到老店喝杯咖啡配可頌、或流連在聖約瑟市場的開放吧檯裡吃份Tapas，下午逛逛食材行，天氣好時不妨恣意坐在海上蘭布拉橋上曬個太陽，或到遠離市區的奧林匹克港吃份海鮮，若還有雅興，就登上高處的景點，將這座城市盡收眼底。如果是球迷，就安排自己看一場球賽吧！在這裡，相信每個人都可以找到屬於自己的玩法，因為……這裡是巴塞隆納！

7 週末走在城裡，常會不經意碰見特色市集，如大教堂前 / 8 皇家廣場(Plaza Reial)裡林立許多餐廳，也常舉辦藝文活動，最出名的是中央所矗立、當時巴塞隆納市政府委託高第設計的兩盞街燈，這是他第一件設計的公共藝術品 / 9 喜歡足球的朋友，千萬不要忘記造訪當地知名的諾坎普球場 (Estadio Campo Nou)

怎麼前往巴塞隆納？

▼ 搭飛機到埃爾・普拉特機場
（Aeropuerto de Barcelona-El Prat）
WEB www.aena.es

▼ 搭火車到聖哲火車站（Estación de Barcelona Sants）
從馬德里的Atocha車站出發，約需2.5小時
從瓦倫西亞的Nord或Joaquin Sorolla車站出發約需3小時
從塞維亞的Santa Justa車站出發，約需6小時
WEB www.renfe.com/viajeros/index.html

▼ 搭巴士到巴塞隆納北巴士站
（Estación de Autobuses Barcelona Nord）
請查詢相關前往巴士 WEB www.barcelonanord.cat/es/inicio

▼ 當地交通
地鐵（Metro）、公車（Autobús）WEB www.tmb.cat | 巴塞隆納旅遊局 WEB www.barcelonaturisme.com

奎爾別墅Pavellons de la Finca Güell

米拉雷斯宅邸之門Porta Finca Miralles

佩德拉貝斯宮邸
Palau Reial de Pedralbes

PALAU REIAL

Pl. Prat de la Riba

Ronda General Mitr

Via Augusta

Oriol Balaguer

Av. Sarrià

MARIA CRISTINA

Av. Diagonal

坎普諾球場
Camp Nou

Gran Via de Carles III

LES CORTS

Trav. de Gràcia

Av. Josep Tarradellas

Comte d' Urgell

Sants

PL. DEL CENTRE

PL. DE SANTS

聖哲車站
Estacio de Barcelona-Sants

SANTS-ESTACIÓ

ENTENÇA

Av. de Roma

HOSPITAL CLINIC

Muntaner

Matto

HOSTAFRANCS

前封裡

TARRAGONA

米羅公園Parc Joan Miró

Entença

URGELL

UNIVERSIT

Gran Via Corts Catalanes

Plaça Espanya

ESPANYA

ROCAFORT

P1º

往移民者奎爾教堂
Església de la Colónia Güell

Av. Mistral

巴塞隆納現代文化中心
Centre de Cultura Contemporánia de Barcelona(CCCB)

西班牙村Poble Espanyol de Barcelona

巴塞隆納現代美術館Museu d'Art Contemporani de Barcelona(MACBA)

魔力噴泉
Font Mágica de Montjuïc

Av. Reina Maria Cristina

POBLE SEC

ST. ANTONI

C/Carme

蒙特惠克山區

卡拉特拉瓦通訊塔
Torre de Calatrava

聖喬治體育館
Palau Sant Jordi

奧林匹克博物館
Museu Olímpic i de l'esport

Av. de l'Estadi

國立加泰隆尼亞美術館
Museu Nacional d'Art de Catalunya

加泰隆尼亞考古博物館
Museu d' Arqueologia de Catalunya

人類學博物館
Museu Etnológic

瑪·米羅基金會展覽館
Fundació Joan Miró

Mambo Tango

Av. Paral·lel

紐約藝市
Marcat de Sant Josep / La Boque

情色博物館Museu de L'Erótic

利休劇院
Gran Teatre del Liceu

電纜車

PARAL-LEL

奎爾
Palau Gi

Parc de Montjuïc

Av. Miramar

聖莫尼卡藝術中心Centre d'Art Santa Mónica

DRASSAN

奧林匹克運動場
Estadi Olímpic Lluís Companys

巴塞隆納植物園
Jardí Botánic de Barcelona

蒙特惠克山丘Jardins Joan Brossa

外的瞭望台Mirador de l'alcalde

蒙特惠克城堡
Castell de Montjuïc

航海博物館
哥倫布塔
跨海纜車Mirador de Colón

馬雷瑪格努購物中心Maremagnum

VALLCARCA

奎爾公園Parc Güell

奎爾公園的十字架山坡 El Calvario

巴塞隆納全區圖

Ronda General Mitre

Calle de Larrard

Trav. de Dalt

LESSEPS

Balmes

文森之家
Casa Vicens

FONTANA

Ronda del Guinardó

ALFONS X

聖十字及聖保羅醫院
Hospital de la Santa
Creu i Santa Pau

Gran de Gràcia

JOANIC

Pg. Sant Jone

Av. De Gaudí

DIAGONAL

erveceria
atalana

米拉之家
Casa Milà

VERDAGUER

聖家堂之塔樓
Basílica de la
Sagrada Família

聖家堂
Basílica de la
Sagrada Família

SANT PAU /
DOS DE MAIG

Rbla. Catalunya

Balmes

巴特婁之家Casa Batlló

Av. Diagonal

SAGRDA
FAMILLA

ENOANTS

PG. DE
GRÀCIA

阿馬特耶之家Casa Amatller

GLRONA

Pl Tetuán

MONUMENTAL

Pl. Glòries
Catalanes

Pg. de Gràcia

Gran Via Corts Catalanes

TETUAN

GLÒRIES

阿格巴塔
Torre
Agbar

Plaza de
Catalunya

CATA-
LUNYA

URQUINAONA

Ronda de Sant Pere

ARC DE
TRIOMF

Av. Meridiana

na

Granja M. Viader

taferrissa

Plaza Cucurulla

Via Laietana

加泰隆尼亞音樂廳
Palau de la Música Catalana

大教堂Catedral de Barcelona
Av. Francesc Cambó

巴塞隆納諾德公車站
Estació d´Autobus
Barcelona Nord

MARINA

Pere IV

LICEU

Calle de Comtes

Calle de Comel

巧克力博物館
Museu de la Xocolata

Marina

Calle de Ferran Calle de I

Calle de la Princesa

畢卡索博物館
Museu Picasso

BOGATELL

家廣場Pl.Reial

JAUME I

Pl St.Jeume

Pla de Palau

Calle de l'Argentera Av. Marqués de l'Argentera

城堡公園瀑布

自然科學博物館
Museu de Ciéncies Naturals

蠟像館
Museu de Cera

asseig de
olom

加泰隆尼亞
歷史博物館

Pg. d'Isabel II

海上聖母堂
Basílica de Santa
Maria del Mar

CIUTADELLA
VILA OLÍMPICA

BARCELONETA

海上蘭布拉橋和貝爾港
mbla de Mar & Port Vell

小巴塞隆納碼頭La Barceloneta

貝爾立體電影院
IMAX Port Vell

水族館L'Aquàrium Barcelona

Passeig de Joan de

Bosch

Pg. Marítim

加拿大知名建築師Frank Gehry設計的魚雕塑Fish

奧林匹克港 Port Olímpic de Barcelona
La Fonda Del Port Olímpic

飲食文化

千變萬化的飲食風貌
挑逗你的味蕾

在這優美山海景致交織出的城市裡，長年來因為受到法國和地中海沿岸地區的影響，加上山珍海味物產豐富，且注重美食料理的發展和善用嶄新的料理觀念及技巧，因而激迸出許多燦爛的火花，使得當地的美食在西班牙一直獨領風騷，所以來到這個餐飲發展成熟且進入百家爭鳴時代的城市，即使是擁有挑剔味蕾的人，鐵定也絕不會寂寞。

畫得用心的美味Tapas菜單，教人看得食指大動

傳統又創新的餐飲之都

你可以在這裡品嘗到如加泰隆尼亞番茄麵包(Pan con Tomate)、燉海鮮總匯(Zarzuela)、加泰隆尼亞奶酪(Crema Catalana)、或加入豬肉腸(Botifarra)做成的傳統風味在地料理，亦可看到提供精美海味的海鮮餐廳，若是醉心於多樣季節性料理者，請一定要試試2、3月的烤大蔥(Calçots)、4月的蝸牛料理，或8月沙丁魚料理。

也能品嘗到結合濃郁在地風情和前衛烹調概念所烹調出的菜色，如遠近馳名的分子料理(Gastronomía Molecular)，或是融合法式的新穎美味，當然也因為屬於國際化的都市，除了有頗具水準的法國、泰國、日本、中東料理等餐廳，也有新型態的餐廳經營，如Ice Bar等，滿足饕客不同的用餐想像。

城內有許多別具特色的餐廳，讓人充滿驚喜

不能錯過的Tapas酒館文化

　　另外來到巴塞隆納，千萬不能錯過的，就是馳名海外的Tapas酒館文化，所謂的Tapas，簡言之就是在餐前配著酒的各式輕食小菜，如醃漬的橄欖、火腿肉腸、炸海鮮，或是用牙籤將食材固定於切片法國麵包上的Pinchos，因為Tapas店家都相當集中，所以人們多半都會隨意的四處更換地點暢飲聚會，每家各點幾盤或幾串，盡情地徜徉在酒酣耳熱、美食無盡的夜晚中。

　　至於美酒，除了加泰隆尼亞自治區因為氣候適合葡萄生長，而有許多釀製紅白酒出名的酒莊外，在自治區內佩尼德斯(Penedés)所產的Cava氣泡酒，也顯名於世，所以來到巴塞隆納若不品酌幾杯，實在太對不起自己。

在夜晚到當地的Tapas吧走一遭，就能體會當地人的生活風情

甜點控的天堂

　　除了美食、好酒，對於嗜好甜點的人，來到巴塞隆納，就像是來到了天堂，其中最著名的就是巧克力。

　　由於西班牙原本就是飲用巧克力最早的國家，加上巴塞隆納是西班牙最先專門製造巧克力磚的地方，且目前在西國出名的巧克力大師多半匯集於此，因此來到這個西班牙巧克力磚發源地，更不能錯過領會巧克力所帶來驚人魔力的機會喔！

精采多樣、口味豐富的甜點，你想吃哪一種

1 西班牙式伴酒小點 和 串插麵包塔
Tapas y Pinchos

因為地理環境與集各地之所長的廚藝，讓巴塞隆納的Tapas和Pinchos吧，成為西班牙數一數二知名之地，除了多款經典的Tapas (P.12)，各家還有許多專屬的招牌菜，另外如Pinchos (P.165)，或是將食材放於切片法國麵包上(不用牙籤串住)的Montaditos更是不容錯過。

2 番茄麵包
Pan con Tomate

這道源於加泰隆尼亞的番茄麵包，是在切片的長棍麵包上，塗上大蒜，並抹上新鮮番茄泥，淋上橄欖油和灑上鹽而成。舒爽的橄欖番茄香氣讓人愛不釋口，若想豪華點，可再鋪上西班牙火腿。

3 烤蔬菜盤
Escalivada

這是以茄子、紅椒、洋蔥、番茄等蔬菜為主，經烤去皮程序後，切成長條狀，拌上橄欖油、鹽、大蒜、葡萄酒醋等做成的涼菜，雖然看似平凡，卻能嘗到蔬菜的鮮甜和橄欖油香味，很適合在炎熱的夏天作為前菜品嘗。

4 海鮮料理 *Mariscos*

由於海產豐富，當地其實擁有許多知名的海鮮料理，包括了燉海鮮總匯(Zarzuela de Mariscos)、西班牙海鮮燉麵(Fideuá)等等，其中最出名的應該算是各式鱈魚料理，無論是採新鮮或鹽醃鱈魚做成的料理，都有著精湛的料理呈現方式。

5 烤大蔥 *Calçots*

盛產於加泰隆尼亞地區2、3月的大蔥(Calçot)，當地人習以用炭火烤過後，去除焦黑外皮，沾上以番茄、榛果、杏仁、大蒜、橄欖油等調製的Romesco沾醬，享受其鮮香軟甜滋味，品嘗時有時會搭配肉腸、烤肉，及番茄麵包作為整份套餐。

6 西班牙氣泡酒 *Cava*

Cava是為了與法國香檳區出產的香檳區別,而有的專屬於西班牙高級氣泡酒稱呼。而在西班牙的Cava產區中,尤以加泰隆尼亞自治區內的佩尼德斯(Penedés)所出產者最為有名,所以來到自治區的首府巴塞隆納,怎麼能不喝一杯?

7 大蒜醬 *Allioli*

這款以大蒜、蛋黃、橄欖油拌打成的乳狀醬料,雖和法國蛋黃醬相似,但在傳入加泰隆尼亞後,卻有了西國人的滋味,若搭配海鮮燉麵、飯或海鮮、油炸等料理,將可凸顯海鮮鮮味且能略為解膩,因此如有點相關料理,不妨請服務人員送上。

8 加泰隆尼亞烤布丁
Crema Catalana

這道加泰隆尼亞地區傳統甜點,是以雞蛋和牛奶為主,加上其他材料做成,盛盤時並會用噴槍將糖噴烤出一層薄脆焦糖。由於品嘗時綿密香甜,搭配甜脆焦糖,能在口中交融出美味口感,故也成了許多旅人來到巴塞隆納時必吃的甜點。

9 巧克力 *Chocolate*

因為巴塞隆納源遠流長的製巧克力磚文化,所以城裡有許多百年甜點店,甚至是專賣店。並有許多巧克力大師(如P.168)成立專賣店並推出專屬品牌,除能看到許多意想不到的巧克力口味,甚至可見到甜點套餐,有機會不妨品嘗看看!

10 松子杏仁糖霜球
Panellets

這款在當地為迎接諸聖節(P.76)而有的應景點心,是將杏仁泥和糖做成杏仁糖霜後,捏製成球狀,外層裹上松子烤製,其濃郁甜膩的滋味,很適合搭配Moscatel甜葡萄酒。由於有時這款甜點也能在糕餅、甜點店看到,因採秤重販賣,建議購買時應以「顆」為單位。

經典美味 **哪裡尋?**

Cerveceria Catalana

✉ C/Mallorca, 236
🗺 MAP P.163

店內以提供Tapas和
Montaditos出名，由於
款式多，服務親切，每
到用餐時刻都是大排長
龍，所以建議早點來。

Les Quinz Nits

✉ Placa Reial, 6
🌐 www.grupandilana.com/es/restaurantes/
　 les-quinze-nits-restaurant
🗺 前封裡

除了提供部分的加
泰隆尼亞料理，也有地
中海美味，因為餐點好
吃、價格合理，很受到
旅人的歡迎。

Viena

✉ La Rambla, 115
🌐 www.viena.cat
🗺 前封裡

從第一家店於1969年
創立至今，在加泰隆尼
亞地區已經有近40家分店，主要是賣潛艇堡和
三明治為主，最特別的是各種口味的小可頌麵
包。常常有人來這點杯咖啡，享受著附贈的小
可頌麵包。

La Fonda Del Port Olimpic

✉ Moll de Gregal, 7-10
🌐 www.lafondadelport.com
🗺 MAP P.163

供應各式海鮮料理，亦可
看著鮮貨現點，其中以炭烤
海鮮和海鮮燉麵最受歡迎。
在週末常可見到高朋滿座的
景象，是奧林匹克港(P.214)
最受歡迎的海鮮餐廳之一。

Melic Del Gotic

✉ C/Montsió, 7
🌐 melicdelgotic.com
🗺 前封裡

是在烤大蔥季節，於
城內提供烤大蔥餐廳中
頗負盛名者，平常則提
供有多樣炭烤料理，同
樣深得人心。

Oriol Balaguer

✉ Pl.Sant Gregori
　 Taumaturg,2
🌐 www.oriolbalaguer.
　 com
🗺 MAP P.162

榮獲多樣國際大獎的西班牙巧克力大師Oriol
Balaguer所創的同名店，店內招牌是以可可豆
形狀包覆12種內餡的巧克力，包含有番紅花、
瓦倫西亞Mascletá、橄欖油、烤玉米、柚子等獨
特口味。

貼心小提醒

熱門話題店家

　　近年來在城內多家熱門餐廳中，最能掀起話題者，莫過於是以傳奇姿態停業的鬥牛犬餐廳(el
Bulli)的名廚費朗·亞德里亞(Ferran Adria)，和胞弟亞伯特(Albert)合作，在數年內接連開了如：提
供時髦創新Tapas的「Tickets」、融合祕魯和日本料理的「Pakta」、苦艾酒吧「Bodega 1900」、有
墨西哥風情的「Niño Viejo」與「Hoja Santa」，和以Tasting Menu為主的「Enigma」。由於其中不乏
榮獲米其林星級者，如欲前往，宜先到該網站www.elbarri.com/ca/，了解訂位規定。

主題小旅行

19世紀後半期的藝術潮流

所謂的「加泰隆尼亞現代主義」,是盛行於加泰隆尼亞地區19世紀中～20世紀初的藝術潮流,主要是因二次工業革命後,該地發展紡織工業,使之一躍為全西國最富裕的城市,而這些致富的資產階級,開始資助藝術發展,以巴塞隆納為集中地。在這股潮流下,藝術家們因地緣之便吸收法國和歐洲其他各國的創新藝術,並積極革新,且強調個人風格的獨特性,輔以融入加泰隆尼亞民族主義思維,以有別於西班牙其他地區,而有了此一風潮。

這種現代主義藝術,涵蓋了建築、繪畫、文學、音樂等範疇,而這些藝術人才就常聚集在四隻貓(4 Gats)酒館相互激盪出新的思維。

其中以建築藝術的表現最為突出,目前在城內就有高達116棟包含音樂廳、教堂、醫院、私人住宅等極具代表加泰隆尼亞現代主義的建築,且當地政府也已規畫出參觀路線圖,名為「加泰隆尼亞現代主義之路」(La Ruta del Modernisme)。

聖家堂

文森之家

奎爾宮

米拉之家

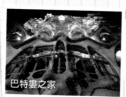

巴特婁之家

奎爾公園

聖十字及聖保羅醫院

加泰隆尼亞音樂廳

先從了解8棟世界遺產開始

這些建築主要的特色就是交融新舊時代素材，以師法自然為概念，除了使用傳統的紅磚、彩色玻璃、馬賽克，也運用鑄鐵和陶器，並在建築立面設計了花草鳥蝶、動植物等裝飾元素。

建築師中最受矚目的就是安東尼‧高第、多梅內切及普意居的建築作品，除能看到嶄新奔放的創意，更可以在作品中感受到融入加泰隆尼亞旗色調和守護神聖喬治意象的民族色彩。

而在這座充滿現代主義建築的城市裡，要逛完所有的特色建築確實得花上一段時間，所以不妨就從被聯合國教科文組織，列為世界文化遺產的8棟加泰隆尼亞現代主義建築開始吧！建築中共包括了6棟高第建築，分別是聖家堂、文森之家、奎爾宮、巴特婁之家、米拉之家、奎爾公園，和2棟多梅內切建築，加泰隆尼亞音樂廳和聖十字及聖保羅醫院。

現在，你準備好了嗎？讓我們一同來了解這些美麗的建築吧！
「加泰隆尼亞現代主義之路」 WEB www.rutadelmodernisme.com

✦ **Key Person ❶** 一雙巧手打造巴塞隆納的特有風格設計

安東尼‧高第 *Antoni Gaudi*

於1852年出生於加泰隆尼亞南部雷烏斯(Reus)鍋爐銅匠家中，由於家境貧困，又體弱多病，所以在沒法和小朋友玩耍的情況下，他藉由觀察大自然來得到樂趣，也讓他了解到自然界中並無純粹的直線，使他在一生的設計中都師法自然。

從念巴塞隆納建築科系時，為了賺取生活費在工地打工，到畢業後設計了幾個建案，最後終於遇到了伯樂——紡織家奎爾，於是誕生了一系列奎爾建築，之後便接下了聖家堂第二任建築師的工作，直到1926年6月7日離開聖家堂建築工地後，因被電車撞倒，而於3天後辭世，葬於聖家堂的地下室。一生獨身的他，終其一生都奉獻給這份他最愛的工作。

高第畢生的代表作、巴塞隆納的象徵

聖家堂

1984 年登錄為世界遺產

Basílica de la Sagrada Família

建造起始 *1882* 年~至今

地址 C/Mallorca,401｜**交通** 搭乘地鐵2或5號線至 Sagrada Família站，徒步1分鐘即可到達｜**門票** 需門票，可網路訂票｜**網址** www.sagradafamilia. cat｜**地圖** P.163

全名為「神聖家族宗座聖殿」，是自1882年動工至今，尚未完成就被列為世界遺產的建築，也是高第的遺作。

原本是經濟拮据的聖約瑟虔敬宗教團體(Asociación Espiritual de Devotos de San José)，請自薦的免費建築師Frances de Paula de Villar設計成一座哥德式教堂，後因為雙方理念不合，教團在1883年委由當時31歲小有名氣的虔誠教徒高第接手。除了將已經在建造中的聖壇地下室稍加修改，僅以大自然的花草裝飾柱頭，並將整座教堂重新設計，融入自身對宗教和大自然的認知，建造成一座充滿現代主義風格的建物。

教堂平面採拉丁十字形樣式，東、西、南面分別有以聖經經文及聖經故事場景為主題所雕刻的「誕生之門」、「受難之門」及「榮耀之門」3個立面，每個立面並由4座高塔構成，共12座，代表十二使徒，中間並有6座高塔，除代表馬太、馬

1 聖家堂是來巴塞隆納一定要看的高第代表建築 / 2 傳遞出耶穌最後晚餐、被釘上十字架、到升天等受難過程的「受難之門」/ 3 以樹枝狀柱子，撐起拱肋的製作形式，不同於傳統哥德式教堂的飛簷側壁設計

可、路加、約翰福音作者的4座高塔之外，另有一座代表聖母瑪麗亞，而最高的則是達170公尺象徵耶穌基督的高塔。

高第在建造這座教堂上，奉獻了43年的歲月，晚年並搬到教堂工地裡，以便全心工作，但直到他1926年車禍死亡為止，只完成了地下室和近幾乎完成的「誕生立面」。

在該立面完成後，接踵而來的西班牙動盪局勢和1936年內戰爆發，毀壞了聖家堂內高第工作室的寶貴資料、聖壇地下室及學校，讓工程一度停擺，直到1952年才重新動工，並在1977年完成「受難之門」，該門造型上以耶穌死亡為主題，高第設計以瘦骨如柴、充滿沉重悲苦感的現代雕刻，由雕刻家Josep María Subirachs按照留下的圖稿製作。

除了精湛的外觀，教堂主殿內的結構上運用了特殊的挑高拱型設計和樹枝狀結構柱支撐頂篷，且師法自然界的動植物作為造型裝飾靈感來源。走進這座宛如聖經被刻在石造建物的空間裡，相信將會打破你對原有教堂設計的思維，頻頻發出讚歎，捨不得眨眼。

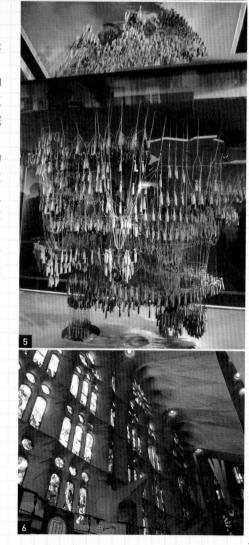

4 描述耶穌從出生、長大成人到逃亡埃及過程的「誕生之門」/ 5 聖家堂地下室的博物館，展示有許多舊照片和高第做的模型，最值得欣賞就是解釋該教堂的力學結構模型 / 6 藉由彩繪玻璃照進室內的光影，為聖家堂帶來了不同的觀賞風景

大量使用鮮豔磁磚的奔放風格

文森之家
Casa Vicens

建造起始 *1883年~1888年*

*1984*年登錄為世界遺產

地址 C/ Carolines, 20-26 | **交通** 搭乘地鐵3號線至Fontana站,出口後右轉,向前走到C/Corolines後左轉即可到達 | **門票** 需門票,可網路購票 | **網址** www.casavicens.org | **地圖** P.163

這是高第從學校畢業後,所進行的第一個住宅設計,主要採用穆德哈爾式的設計樣式,在這個時期的作品,是以直線為主。

也因為屋主文森(Mañuel Vicens i Montaner)為一陶瓷商人,希望自己的房子能運用磁磚作為設計的一部分,使其成為活招牌,所以高第便大量運用了綠、白和黃花綠葉磁磚,搭配本身的紅磚建築,雖然極具搶眼效果,但卻也因為節節高升的建築費用,讓文森差點面臨破產危機。

除了建築體本身,高第也運用巧思以棕櫚葉造型的大門和庭院內種植的棕櫚樹相呼應,而這樣「豐富亮眼」的設計,在完成後的確受到極大的迴響,也幫助了文森在事業營收上的收益。

過去這棟建築屬於私人所有,但在2014年為安道爾MoraBanc銀行所有,並在經過整修後,已於2017年11月16日正式對外開放。若行旅於此,旅人不妨可先從外觀,強烈感受年輕時的高第,其大膽奔放,令人望塵莫及的創意。

1 外觀四方形,並在轉角處建造了數座細長尖塔的文森之家 / **2-3** 除了運用大量磁磚,高第更在窗戶和陽台採用了造型鍛鐵欄杆設計 / **4** 做工特殊的棕櫚葉造型大門

融合哥德、回教、穆德哈爾式的奢華建築

奎爾宮
Palau Güell

建造起始 *1886年~1890年*

1984年登錄為世界遺產

地址 Carrer Nou de la Rambla,3-5｜**交通** 乘地鐵3號線至Liceu站，向前走經過Carrer Ferran，再步行2分鐘到Carrer Nou de la Rambla右轉即可到達｜**門票** 需門票，可網路訂票｜**網址** palauguell.cat｜**地圖** 前封裡

　這棟位在熱鬧的蘭布拉大道巷內，宏偉豪華如同「宮殿」般的建築，同樣屬於高第早期的作品。當時擁有數間紡織廠的富豪奎爾伯爵(Eusebi Güell)，為了就近照顧住在蘭布拉大道附近的父親，而請高第在這裡蓋了一棟豪宅作為別館，但後來因為奎爾太滿意，而作為本館住宅。

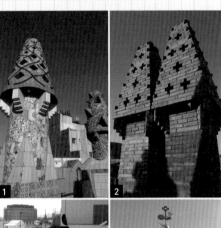

1-4 造型迥異的各式煙囪，在1樓的紀念品店也有該造型的商品

該宅邸在1945年歸巴塞隆納省議會擁有，並在1984年被列為世界文化遺產，之後進行了7年的整修工程，一直到2011年才開始對外開放。

在這棟地下1層，地上4層的建築裡，設有馬房、馬車車庫、書房、寢室、傭人房、廚房、會客廳等，整棟樓以大理石、鍍金鍛鐵、拼花地板為素材，混合了哥德式、回教和穆德哈爾樣式，極具奢華。

其中奎爾宮門口可供馬車通行的大門，因為以大量的鍛鐵製作前衛裝飾，在當時曾經引起不小的評論，加上宅內挑高150公尺的中央大廳、有如繁星綴空的天花板頂篷，據説當時時常舉辦宴會、音樂會，就是為了炫耀他得以擁有這般美麗的建築。

不僅如此，更可看到一般宅邸中難得見到的管風琴，當時還有專屬的管風琴家演奏，且得以請神父到家裡舉行彌撒。走上屋頂，更有利用馬賽克磁磚、石頭做成的煙囪裝飾，而這也成了高第日後運用於其他建物時的個人設計特色。

貼心小提醒

參觀奎爾宮請留意

整體來説該建築的可看性很強，雖説門票並不便宜，但每個樓層都可以欣賞，所以很具觀賞價值。不過，館方為了保護這棟歷史建物，所以同一時段的進入人數有限制，因此購票後，可以看一下票上的入場時間，而後排隊入場，另外值得注意的是，因巷道不寬，人潮眾多時，要特別注意安全。

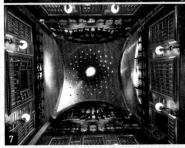

5 宅內許多地方都能看見高第的設計巧思和屋主的傲人財力 / 6宅內可見奢華逼人的天花板設計 / 7 頂篷上的孔洞不但有著良好採光作用，更會有繁星點點的視覺效果 / 8 在當時頗受爭議的拱門設計中，融入了壯觀的家徽裝飾 / 9 雖然是地下層的馬房，但高第在設計上也不馬虎

高第設計的私人住宅封筆之作

米拉之家
Casa Milà

建造起始 *1906年~1912年*

1984 年登錄為世界遺產

地址 Carrer de Provença, 261-265 ｜ **交通** 搭乘地鐵3或5號線至Diagonal站，出來走到Carrer de Provença，過馬路即可到達 ｜ **門票** 需門票，可網路訂票 ｜ **網址** www.lapedrera.com/es/home ｜ **地圖** P.163

貌似海草造型的鍛鐵陽台

　　相較於充滿浪漫奇幻色彩的巴特婁之家，這座又名為採石場(La Pedrera)的巨大建築群，高第又賦予了它另外一種風格。

　　這座高第最後一個設計的私人住宅，出資者是和巴特婁、奎爾同樣為20世紀初知名紡織商的米拉。

　　這座以實用為主的建築，雖然感覺樸素，但高第同樣採用沒有直角的弧形空間設計，將這8棟建築群，透過波浪狀的造型圍繞兩座中庭，並採用大量的窗戶和小窗於整座建物和屋頂上，使室內的採光更加良好。

　　由於在1909年時，巴塞隆納發生了許多的暴動，使得不少教堂都遭受到破壞，因此原本高第想用來裝飾立面的裝飾品，如高達5公尺的聖母宗教雕像，都未受到米拉的採用，以避免自己的家看起來像教堂而遭池魚之殃，也因此失去意願的高第，便退出該工作，將對宗教的虔誠，奉獻給聖家堂。隨後的工作則交由約瑟夫‧

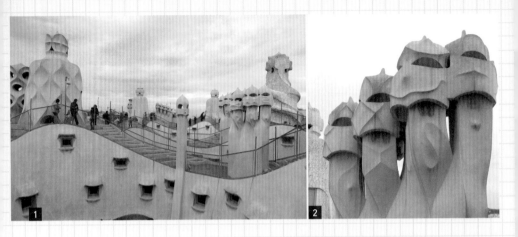

馬力亞・胡侯(Josep Maria Jujol)完成，他便為這座原本毫無裝飾的「巨石」，增添上貌似海草造型的鍛鐵陽台，讓整棟建築看起來像在波浪中的石頭般生動。

現在巡遊在這棟建築裡，除了能觀賞到獨特的弧形空間，更可以看到客廳、飯廳、廚房、餐廳等20世紀中產階級生活樣貌的陳設。頂樓還有一個名為高第空間(Espai Guadi)的展覽室，讓旅人可以透過多樣的建築設計圖、模型，或影片、圖片，看到高第的設計風采。

最後還有一個觀賞重點，就是在頂樓，你會發現煙囪和通風口，都藏匿在宛如騎兵雕刻群的頭盔下，透過上上下下起伏的樓梯，你將能有另外一種拍照取景的角度、或從中庭俯瞰米拉之家，與眺望城市美景的樂趣。

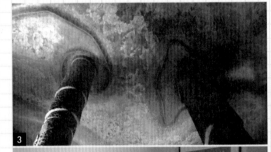

1 高低起伏的樓梯設計，為漫遊屋頂時，增添許多樂趣 / 2 運用造型奇異的中世紀騎士雕塑做成的煙囪或通風口 / 3 中庭的樓梯牆面和天花板有著以植物花卉為主的壁畫 / 4-6 別致的陳設，讓旅人得以想像那個時代的生活情景

運用多樣特色建材營造出童話風格

奎爾公園
Parc Güell

建造起始 *1900年~1914年*

1984年登錄為世界遺產

地址 C/ Olot,1-13｜**交通** 搭乘地鐵3號線至Lesseps，沿著上坡走20分鐘；或到加泰羅尼亞廣場(Plaça de Catalunya)搭乘24號公車到奎爾公園側門下車｜**門票** 園內部分區域和高第故居博物館需收費，宜先網路預約和訂票｜**網址** www.parkguell.cat｜**地圖** P.163

　　這座位於巴塞隆納北邊郊區Pelada小山丘上、現被稱為「公園」的15公頃建築群，原是奎爾委託高第建造一處可以遠離城市喧囂，類似「英國花園城市」的住宅區，並希望建造完成後，可以出售給資產階級，高第遂以法國尼姆小鎮(Nimes)的噴泉公園(Jardín de la Fontaine)、法國、西班牙、地中海地區等地或傳統建築形式為靈感，並融入對大自然的觀察，而有了此一設計藍圖。

　　因為利用離群索居的優勢，所以整個區域的計畫，以自給自足為概念，並興建除了住宅區外如學校、市場等公共設施。但因為地點過於偏僻遙遠，所以乏人問津，除奎爾自己一戶外，僅賣出兩戶，其中還包含高第，且還是樣品屋，後來也成了高第故居博物館(Casa-Museu Gaudi)。

　　當時因為資金欠缺拖累了該建設計畫，更因為第一次世界大戰爆發，加上奎爾於1918年去世，所以整個開發案嘎然止息，此時已經完成了如市場、廣場、門房等公共建設，及60座欲籌建房屋中的2棟，後來到了1922年，奎爾的後代將整個社區賣給巴塞隆納市政府，並將之改為公眾開放的公園，隨後在1987~1994進行大規模的整修後重新開放。

　　整個公園高第用2公尺高的圍牆圍起，以杜絕外頭的喧囂，並以馬賽克磁磚拼貼，從公園正門的門房(La Casa del Guarda)和社區管理辦公室(Pabellon Administrativo)的2棟充滿童話風格的小屋進入公園後，可見到4階段石階所連接，採用86根希臘神殿陶立克風格立柱撐起的市場。

　　而市場的上方就是擺上波浪形長椅著名

1 門口的兩棟小屋，有紅色蘑菇裝飾的是門房，採十字架尖塔的是管理處，是高第以《韓賽爾與葛莉特》(Hansel y Gretel) 童話故事中的糖果屋為靈感所設計 / **2** 市場的設計除了壯觀的立柱，還有頂篷用馬賽克磁磚，拼出的月亮、太陽裝飾，很值得花時間欣賞

3

的大廣場，除了這幾個景點，在整個園區中都可以看到高第和他的夥伴約瑟夫‧馬力亞‧胡侯運用碎瓷片、鋪地細磚、瓶子、盤子等素材設計的拼貼圖案，另外還有高第為崎嶇不平的地勢，運用岩洞、迴廊、旱橋等加泰隆尼亞特有元素做成的道路。由於該地離城有段距離、加上需爬坡、且園區廣大，可看之處甚多，最好能規畫半天以上的時間，才能慢慢悠閒地享受這設計奇才高第所設計的獨樹一格建築。

3 原本設計用來作為舉行宗教活動和戲劇演出的大廣場 / 4 位在入口台階第二處平台上的彩陶蜥蜴雕塑噴泉，是公園內最重要的地標 / 5 當年被稱為粉紅塔樓(Torre Rosa)的高第故居博物館，外牆裝飾許多帶有現代主義風格的花紋裝飾 / 6 園內以石塊做成的各式長廊，同樣也看得到融入自然做成的設計

4

5

6

白天閃耀繽紛、夜晚熠熠生輝

巴特婁之家
Casa Batlló

1984年登錄為世界遺產

建造起始 1904年~1906年

地址 Passeig de Gràcia, 43｜**交通** 搭乘地鐵2或4號線至Passeig de Grácia站，向前走經過Carrer del Consell de Cent，再向前步行約2分鐘即可到達｜**門票** 需門票，可網路訂票｜**網址** www.casabatllo.es/ca｜**地圖** 前封裡

　　由於在當時，富人間彼此玩著豪宅相互較勁的角力戰，因此和奎爾一樣擁有紡織工廠的約瑟夫・巴特婁(Josep Batlló)，為了贏過鄰居的阿馬耶之家(Casa Amatller)，且同樣想要擁有一棟美麗的建築，遂請來高第為其住家重新打造。

　　但高第在看過後覺得沒有拆除的必要，便將之改建，並追加一個樓層，以高出隔壁建物。在這座屬於高第成熟期的代表建築中，內部採沒有直線的設計方式，如波浪狀的門、香菇造型的壁爐等，讓人覺得置身其中，有著奇異的空間感。走上頂樓，會發現高第以抽象的方式呈現聖喬治屠龍的故事，設計了曲線隆起且裝飾上彩色的瓦片，以表示是閃爍著麟光的惡龍背脊，並在一旁矗立了高第味十足的十字架，象徵是一把利劍，插入背脊中。

　　立面則鑲嵌上了綠、藍等色彩繽紛的馬賽克磁磚，彩色玻璃及宛如假面狀般的陽台，如果目不轉睛地盯著它，會感覺這棟建築彷彿是活的，所以無論是白天或夜晚到訪，相信都將會帶給人截然不同的感受。

1 象徵聖喬治屠龍故事的惡龍背脊和十字架屋頂 / 2 屋頂上如同龍爪般伸向天空的造型煙囪和通風口 / 3 以深淺不同的藍色瓷磚加上浪紋玻璃隔門，做成的天井牆面

移民者奎爾教堂
Església de la Colónia Güell

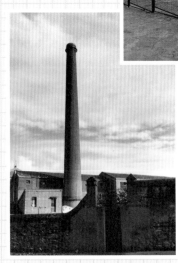
近郊
Suburban travel
小旅行

地址 Reixac,s/n,Santa Coloma de Cervelló｜**交通** 搭乘地鐵1、3號線至 Plaça Catalunya站，乘坐火車(FGC)S4、S8、S33線抵達 Colònia Güell站，出站後沿著地上的藍色腳印和指示牌步行進入奎爾紡織村內的旅遊資訊中心(Información)買票後，再往後方斜坡步行5分鐘即可到達｜**門票** 需門票，可網路訂票｜**網站** www.gaudicoloniaguell.org｜**地圖** P.162

奎爾為了將紡織工廠移到郊外，計畫興建一個田園工業都市，在這設計中，包含紡織工廠群、住宅區、教堂等設施，並在1898年委託高第設計教堂，其他部分則由高第的門徒完成。

▲ 教堂外的高第風格十字架

Must Do 來這裡必做的事

☑ 好好欣賞移民者奎爾教堂

☑ 逛逛旅遊資訊中心內的博物館，了解當地歷史

◀ 目前已經停擺的紡織工廠

▲ 在通往教堂右側階梯前，不妨從不同的角度欣賞造型玻璃窗

教堂門口上的馬賽克▶磁磚拼貼很有可看性

▲ 鎮內興建於1894年的私人民宅——Ca L'Ordal

▲ 旅遊資訊中心內設有這個鎮的歷史介紹和高第的設計，很值得一看

▲ 漫遊在鎮裡，樸質美麗的風景，都讓人忍不住按下快門

高第經典再一章

在高第設計的教堂中，他花了10年的時間進行倒掛構造實驗，並從1908年動工，但到1914年，僅完成地下室的部分，而後高第將心力及相關技術轉至聖家堂，不過這個未完成的建築，卻也被認為是高第最具代表性的作品之一。

在這地下的空間裡，可以看到圓弧的拱頂，被傾斜的4根支柱所支撐，仰頭看中間的鑲磚拱頂，就像是向四方伸展的樹枝，而以鑄鐵和木頭做成的波浪形長椅，及運用彩色玻璃窗做成的透光設計，到入口處的馬賽克磁磚拼貼天花板，都看得到高第的巧思。

教堂外則有一小迴廊，同樣能看到仿樹狀石柱，支撐整個架構。在外觀，造型窗戶上的馬賽克磁磚拼貼和星形鐵網，都讓人留下深刻的印象，而沿著右側的樓梯往上到達屋頂，仍可看到後續的建築師接手完成至僅可使用的痕跡，雖說如此，但教堂整體散發出的原生自然風格，讓人覺得它置處在林木之中，毫無突兀之感。目前這個教堂，仍被作為舉辦彌撒和婚禮之用。

除了奎爾教堂，鎮內都能看到以紅磚、石頭為素材，運用高超的排列和堆砌技術所興建成的建築，也讓人對相關建築師感到欽佩，雖然整個鎮看似寂靜，但在大自然的林木草地、清新微風陪伴下，進行按圖索驥的特色建築徒步之旅，卻足以讓人完全忘了時間的流逝。非常推薦給愛好高第建築的朋友，相信在這裡會度過很棒的半日遊時光。

與高第同為現代主義建築三傑之一

多梅內切 *Lluís Domènech i Montaner*

與高第置身於同一時期的建築師——多梅內切(Lluís Domènech i Montaner)，其高度的設計才華，被譽為是高第的強勁對手。

他出身在優渥的印刷業家庭中，曾在馬德里建築學校學習，不到30歲就在建築學校當教授，後來更成為校長和國會議員，在當時的現代主義藝術風潮下，所設計的眾多作品裡，最著名的建築就是以下介紹的兩座。

數十座結構優美建築的結合　建造起始 *1902年~1930年*

聖十字及聖保羅醫院
Hospital de la Santa Creu i Santa Pau

1997年登錄為世界遺產

地址 Sant Antoni Maria Claret, 167 │ **交通** 搭乘地鐵5號線至Sant Pau Dos de Maig站出來後右轉，走到Carrer de Cartagena右轉直走，過了Carrer de Sant Antoni Maria Claret即可到達 │ **門票** 需門票，可網路訂票 │ **網址** www.santpaubarcelona.org │ **地圖** P.163

位在聖家堂附近的這座壯麗建築，雖然目前的建築是興建於20世紀，不過舊建築卻是創建於1401年。而這棟多梅內切遵照銀行家保羅‧吉爾(Pau Gil)遺願，運用其遺產建造的醫院，整個建築群總面積高達14萬5千平方公尺，規模達數十幾座建築，期間曾因資金不足和聖十字(Santa Creu)醫院合併。

建築共分兩個階段，第一階段為1902～1913年由多梅內切興建，第二階段則在多梅內切去世後，由兒子完成。主要混合了哥德式、穆德哈爾式、融入現代主義的自然風格建築形式。

除了高聳典雅的建築體本身，隨處可見的彩色磁磚，還有當時許多頗負盛名的藝術家所貢獻出的雕刻、瓷器等藝術創作，都為這棟建築，增添了觀賞價值。

而裡頭除了病房，相互建築間還有種滿橘子樹與藥用植物的花園、庭院、教堂、圖書館等等，為病人營造出舒適的療養空間。所以在當時啟用後，就一直是這個城市最重要的醫院之一。

但到了2009年6月，醫院內的設備，已逐漸轉移到旁邊的新建築裡，現在這裡已經改為博物館和文化中心。旅人們可以選擇買票進來逛逛，或參加導覽行程深入了解。

1 呈現壯闊典雅氛圍的外觀 / 2-3 漫步在腹地廣大的園區內，隨時都能看到結構優美的建築，教人驚喜 / 4 建物牆上常可見到以十字為主的雕刻 / 5 立面的諸多細節，令人激賞

運用自然光線、馬賽克磁磚、彩繪玻璃所構成

加泰隆尼亞音樂廳
Palau de la Música Catalana

建造起始 *1905年~1908年* | *1997年登錄為世界遺產*

地址 C/ Palau de la Música,4-6 | **交通** 搭乘地鐵4號線至Urquinaona站的Jonqueres出口，出來後沿著Vía Laietana到Carrer Sant Pere Més Alt後進入，步行約2分鐘即可到達 | **門票** 需門票，可網路訂票 | **網址** www.palaumusica.org | **地圖** 前封裡

　　這座原本要為加泰隆尼亞合唱團(Orfeó Català)練團興建的建築，因為充滿了濃郁的當地民族色彩，而開始作為公眾音樂廳使用，也因為它是歐洲中少數運用繁複採光計算，以鐵架支撐彩色玻璃，大量引入自然光線的音樂廳，因此格外受到注目。

　　從立面外觀來看，由紅磚打造的建築體，可欣賞到飾以精湛彩色鑲嵌圖案的廊柱和拱頂，與一尊尊著名音樂人士半身雕像裝飾的柱頭，就連原有的售票處也以精美的磁磚拼貼而成。

　　內部則有五顏六色馬賽克磁磚和彩繪玻璃所構成的迷人空間，最令人讚歎的莫過於有著富麗典雅色彩的演奏廳，其內圍繞著美麗花卉和人像雕刻的巨大彩色玻璃頂篷，是這裡最大特色。目前入內參觀，僅能採參加導覽或購票進入聆聽演奏會的方式，若時間不允許，不妨逛逛精美的咖啡館或附屬商店，將會再次引起你到此參觀的欲望。

1 值得一看的演奏廳 / 2 立面轉角處，還可以看到華美的加泰隆尼亞地區守護神——聖喬治像(Sant Jordi)雕刻

眺望城市美景之旅

Nice
View

想從不同的角度看巴塞隆納？除了在米拉之家、奎爾宮、巴特婁之家、大教堂等知名建築的頂樓可以略為滿足外，如果想更升級「登高望遠」，俯瞰城內美景的樂趣，就不能錯過以下這些地方囉！

海上蘭布拉和貝爾港、地中海美景

哥倫布塔
Monumento a Colón 或 Mirador de Colón

地址 Place del Portal de la Pau,s/n｜**交通** 搭乘地鐵3號線至Drassanes站，往港邊方向，徒步5分鐘即可到達｜**門票** 需門票，可網路訂票｜**地圖** 前封裡

　　位在蘭布拉大道末端，是在1881年為了紀念加泰隆尼亞和美洲間的往來貿易，且緬懷哥倫布發現美洲新大陸，搭萬國博覽會順勢之便而興建的紀念塔，經過7年的興建後，於1888年完成。

　　在塔高60公尺的頂端，聳立著右手指向海上遠方新大陸，高7公尺的哥倫布雕像，而塔本身除了受到旅人喜歡的石獅，並有4座勝利女神的青銅雕刻，和許多與哥倫布有關的人物雕刻，包括了當初資助哥倫布出海的西班牙阿拉貢國王費南多二世(Fernando II el Católico)、卡司提亞──萊昂女王伊莎貝拉一世(Isabel I la Católica)等等。

指向遠方新大陸的哥倫布雕像

蘭布拉大道和周邊景色

　　瞭望臺就位在高塔上，從塔底靠近海港處的獅子雕像入口買票，搭乘電梯後就會直達瞭望臺，雖然空間狹小，但可以360度巡塔一圈，除了能俯瞰到整個海上蘭布拉和貝爾港、地中海美景外，還有蒙特惠克山區、完整的蘭布拉大道和市區美景，這也是比其他3個瞭望點更具優勢的地方。

奎爾公園的
十字架山坡 El Calvario

地址 C/Olot,1-13 | **交通** 搭乘地鐵3號線至Lesseps站，沿著上坡走20分鐘；或搭乘地鐵4號線至Vallcarca站，看到高聳大樓後向前走至手扶梯，搭乘向上後，再步行斜坡上山至手扶梯處向上後，再走一小段樓梯，並步行一小段即可到達後門口，從車站到此處，約需15分鐘 | **門票** 無需門票 | **網址** www.casamuseugaudi.org | **地圖** P.163

造型各有特色的三座十字架

在高第設計的奎爾公園(P.179)裡，他運用了起伏地勢所設計的園區道路，其實帶有讓精神昇華洗滌的意味，這可以從地勢最低處是公園正門，最高點為位在公園西邊Menas山山上的祭壇看出端倪，加上得花費些許時間，經過層層石階和微陡山坡的考驗才能爬上山頂，所以也不免讓人有宛如辛苦邁向朝聖之路的聯想。

不過原本預計興建的祭壇，後因經費關係，在未能完成的情況下，便在原地建了矗立3座十字架的巨石碑。或許相較於下頭精采絕倫的高第設計，這裡略顯樸素，加上耗費體力，造成許多人忽略不看的原因吧！

但卻也因為這裡頗具高度，所以也成為俯瞰巴塞隆納城的好地方。站在巨石碑上，從左方開始的子彈型的阿格巴塔(Torre Agbar)、聖家堂、奧林匹克港的雙塔建築、蘭布拉大道到帆船狀的巴塞隆納W Hotels，甚至是遠方的地中海都能毫無障礙地盡收眼底，並在盡享無邊無際美景的同時，也感受到寧靜山林氣息營造出的舒適氛圍，頓時間，攀爬疲累之感，也將會消失得無影無蹤。所以強烈建議來到奎爾公園的朋友，不妨留些時間，攀爬至此，會更覺得值回票價。

清晰可見的聖家堂和一望無際的城內美景

聖家堂之 塔樓
Basilica de la Sagrada Familia

地址 C/Mallorca,401｜**交通** 搭乘地鐵2或5號線至 Sagrada Familia站，徒步1分鐘即可到達｜**門票** 需門票，可網路訂票｜**網址** www.sagradafamilia. org｜**地圖** P.163

　　來到聖家堂(P.172)，除了可以在地面觀賞高第的畢生心血，也可以買票，按照上面所註明的時間，搭乘電梯直達112公尺到誕生之門的高塔上，就近欣賞高聳的高塔們和塔上的裝飾，包括了白鴿、十字架、貝殼等取法自然的設計元素，與各式繽紛馬賽克磁磚拼貼設計。

　　此外電梯雖非是上升到塔頂，但仍然可以在一定的高度，從建築縫隙中欣賞阿格巴塔(Torre Agbar)和各式屋舍等城市景觀及地中海景，並看到聖家堂被太陽所映照於地面的壯闊影像。觀賞盡興了之後，則可慢慢沿著塔內的螺旋梯步行到達地面，下樓時並別忘記抬頭看看塔內由多層光線透入的空間。

由於電梯並非到達最高層，所以在觀景處抬頭可看到更高聳的塔樓

　　要注意的是，因為上塔參觀的人潮眾多，所以建議提早買票，另外有時會因為天候或舉行活動而關閉，都需注意標示。而步行下塔時，因為空間狹小，要注意安全喔！

從塔上可觀賞聖家堂的倒影和開闊的阿格巴塔

走下塔樓旋轉梯時，仰望塔頂，也有不同風景

可近距離觀賞塔樓上的設計細節

遠眺輪廓完整的聖家堂

從國立加泰隆尼亞美術館門口所看到的景致

國立加泰隆尼亞美術館中有許多珍藏，且建築物本身也有可欣賞之處

📷 國立加泰隆尼亞美術館
Muesu Nacional d'Art de Catalunya (MNAC)

地址 Palau Nacional │ **交通** 搭乘地鐵1或3號線至Espanya站，順著Reina Maria Cristina大道，徒步10分鐘即可到達(路程中亦有電梯) │ **門票** 需現場購票 │ **網址** www.mnac.cat │ **地圖** P.162

　　站在美術館門外階梯上，由近到遠可以看到魔力噴泉、西班牙廣場、鬥牛場和城市的美景和山景，若背對國立加泰隆尼亞美術館，朝其最右手邊的電梯處走去，在瞭望需現場購票上，則可以看到聖家堂和阿格巴塔。

　　這座1929年因萬國博覽會而改裝、在1934年成為城內藝術典藏極重要的美術館，主要收藏多樣11～13世紀壁畫、木雕等羅馬文物，這些都是從庇里牛斯山周邊的教堂、修道院內直接運至此，其中包含珍貴的《全能的基督》(Christ in Majesty)壁畫，另外還有諸多哥德式的祭壇畫，以及文藝復興、巴洛克時期藝術珍品，當然也可以看到加泰隆尼亞地區現代的創作和攝影作品。

　　也因為館藏豐富，加上有許多重量級藝術家如委拉斯蓋茲的傑作。不僅畢卡索對此處的收藏讚譽有加，連在世界美術

館的行列中也享有名氣。

　　另外，在爬上國立加泰隆尼亞美術館時，所經過的魔力噴泉(La Font Màgica)，依照時節會有不同時段的水舞表演，有興趣的朋友不妨按照時間表觀賞。

貼心小提醒

蒙特惠克山丘上也可觀景

　　同樣位在蒙特惠克山丘的璜·米羅基金會展覽館(P.210)，也可以看到巴塞隆納的市區美景，而蒙特惠克城堡(P.212)的堡壘或是瞭望台，亦能欣賞到巴塞隆納港的美景。

　　但Kate最推薦的是位在蒙特惠克山丘Jardins Joan Brossa花園外的Mirador de L'alcalde瞭望台(P.162)的整片美景，可以搭乘纜車前往蒙特惠克城堡的纜車，在中途站Mirador下車，步行5分鐘前往，若有機會，也請好好欣賞吧！而這三者都需花些交通時間，但只有璜·米羅基金會展覽館需要買票入內，其餘免費。

百年老店探訪之旅

在巴塞隆納有許多至今仍然深受當地人歡迎、超過百年歷史的老店，而這也成了旅人們體驗當地人們生活、見證當時文化的一種旅遊方式。在這些老店的門口，都會看到一塊鑲嵌在地上的方形鐵牌，中間註記有店名、開店年分、並被數十個同業工會的標誌所環繞，包含有漁業、裁縫業、餐飲業、藥師、鎖匠工會等等。由於城內的老店不勝枚舉，Kate僅列舉數個知名老店，建議大家當行旅經過「感覺」有散發「歲月痕跡」的店家時，不妨找找店門口是否有這塊鐵牌，看看這家店到底多老，且有機會進去看看，讓旅程充滿更多驚喜。接下來就讓我們一起看看，這些不受歲月磨損光輝的老店吧！

寫上開店年分的鐵牌

慢坐品嘗老餐廳

畢卡索在此舉辦第一次個人展

4 Gats

SINCE 1897

地址 Carrer de Montsió, 3 Bis
網址 4gats.com
地圖 前封裡

　　以19世紀末巴黎藝文人士聚會地黑貓酒店(Le Chat Noir)為靈感所開設的店，後來因畢卡索於17歲在此舉辦第一次個人展而聲名大噪，目前除了提供頗具水準的餐飲，也不時上演藝文活動。來這裡可以用一頓午餐或一杯咖啡體驗百年藝術氛圍。

1 畢卡索為該餐廳設計的菜單 / 2 店內有許多畫作和名人照片可供欣賞 / 3 這裡除了咖啡廳，還有餐廳可以享受道地餐點

191

傳統法製成的牛奶甜點
Granja M. Viader

SINCE 1670

地址 C/Xuclá, 4-6
網址 www.granjaviader.cat
地圖 前封裡

　　從販賣牛奶起家的這家老店,到後來甚至還銷售眾多乳製品。據說目前西班牙最受歡迎的巧克力牛奶品牌Cacaolat就是發源於此,目前在這裡還是可以吃得到用傳統方式做成的起司、布丁,最受歡迎的是奶酪(Cuajada)、Flan de Mató起司布丁和起司蛋糕(Pastel de Queso),因為人潮眾多,建議早點來。

來一份招牌美味蝸牛
Los Caracoles

SINCE 1835

地址 C/ Escudellers, 14
網址 www.loscaracoles.es
地圖 前封裡

　　因「蝸牛」之意的店名,使得店內可見到多樣的蝸牛擺飾,加上繁複磁磚裝點的空間,讓店內非常有可看性。店內除有招牌美味蝸牛,也有西班牙燉飯和多樣當地菜,從店內貼滿了來自世界各地的名人簽名和照片,就知道有一定的受歡迎程度。

燉飯料理很出名
7 Portes

SINCE 1636

地址 Pg. Isabel II, 14
網址 www.7portes.com
地圖 前封裡

　　店名符「七道門」之實,坐落在歷史建物上的這家餐廳,以提供各類燉飯料理出名,並還有多樣的加泰隆尼亞當地菜,如海鮮雜燴(Zarzuela)等,加上供應特約酒窖的美酒,難怪畢卡索、達利都曾是座上客。

美味伴手禮老店

知名松露巧克力老店

Fargas

SINCE 1827

地址 Plaça Cucurulla 2
地圖 前封裡

　　因為使用超過70%以上的高品質可可粉製作，而成為本地屹立不搖的巧克力老店。除了知名的松露巧克力，亦有一些讓人眼睛一亮的特殊口味，也因為採用秤重計價，所以可以選擇數顆購買，或裝入造型別緻的禮盒，作為伴手禮。

別錯過聖誕節專屬點心杏仁糖

Planelles Donat

SINCE 1850

地址 C/ Cucurulla, 9/Av. Portal de l'Àngel, 7 和25-27
網址 www.planellesdonat.com
地圖 前封裡

　　最先是從位在皇家廣場上的聖誕市集攤位開始，而後變成了現在3家店的規模，主要提供採傳統手法製作的聖誕節專屬點心——杏仁糖(Turrón)，但現在已經可以整年購買，並分為以產地希荷那鎮(Jijona)命名的軟式如杏仁泥糖般，和阿利坎特城(Alicante)為名的硬式如同牛軋糖口感，另外店裡還有多樣傳統甜食和手工冰淇淋。

多樣造型巧克力可供選擇

Escribá

SINCE 1902

地址 C/Rambla de les flors, 83；C/ Gran Via de les Corts Catalanes, 546
網址 www.escriba.es　地圖 前封裡

　　位在蘭布拉大道上的現代主義風格外觀甜點店，目前是由知名巧克力大師克里斯提安・艾斯克里巴(Christian Escribà)掌控店內所有產品，經常性地提供多樣造型巧克力、糖果及季節性水果蛋糕，並有室內和露天咖啡座可以馬上享用。

歐洲最好的食材行之一
Casa Gispert

地址 C/ Sombrerers, 23
網址 www.casagispert.com
地圖 前封裡

曾在1999年，榮獲法國巴黎「美食家協會」(Les Gourmands Associés)的「金公雞獎」(Coq d´Or)，被公認是歐洲最好的食材行之一。最早是從批發茶、咖啡、香料開始，並也使用柴爐來烘烤咖啡豆和各式堅果，來到這裡，除了可以買到琳瑯滿目的高品質食材，更可以看到充滿歲月感的家具以及烘烤咖啡豆的器具。

貼心小提醒

參加專屬行程，享受更多美味

在旅遊局推出的Wolking Tours中，有一個名為「美食之路(Gourmet)」的徒步行程，除了介紹本章中的Casa Gispert、Escribá等等外，導覽人員還會帶你巡遊舊城區中許多特色店家，其中不乏百年老店和當地人常去的知名店鋪，如肉舖、巧克力店、甜點店、奶製品店、甚至是市場等等，你能藉此了解到巴塞隆納的特色美食與常用食材。

另外在加泰隆尼亞巴士之旅(Catalunya Bus Turístic)中，還有葡萄酒和氣泡酒(Wine &Cava)的行程，採巴士旅行方式，造訪位在佩你德斯(Penedès)產區中，簡‧雷昂(Jean Leon)、多利士(Bodegas Torres)和菲斯奈特(Freixenet)3個酒莊(有中文導覽)，在這趟旅程中，可以了解到這些酒莊所生產的葡萄酒和Cava氣泡酒的產區風土、葡萄品種與釀製過程，並有機會參觀酒窖，還可以品嘗到多款佳釀與小點。

如果你想要發掘更多的當地美味，可以到旅遊局詢問且報名。

菲斯奈特酒莊

Torres酒莊

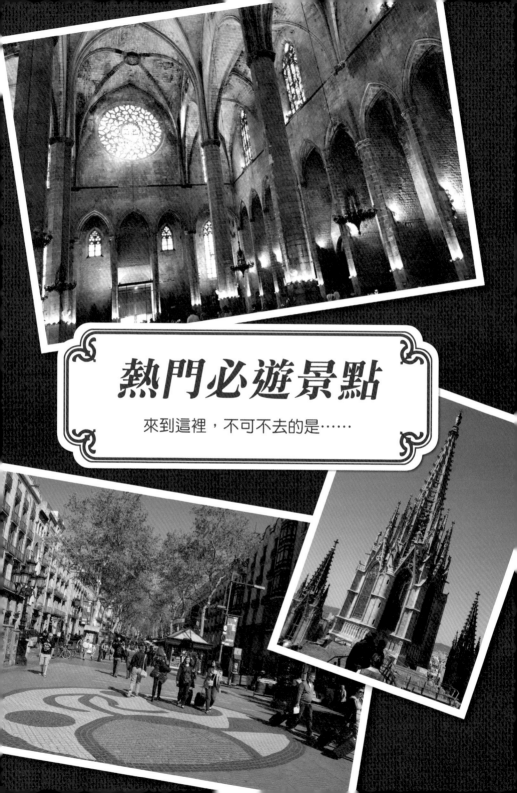

熱門必遊景點

來到這裡，不可不去的是……

聚集熱鬧市集與散步區的綠蔭大道
蘭布拉大道 La Rambla

交通 搭乘地鐵3號線至Catalunya、Liceu或Drassanes站，出站即是｜**地圖** P.163、P.196

這條綠蔭扶疏，人潮永不間斷、長約1公里的西班牙知名步道，是來到巴塞隆納必定不會錯過的景點。在14世紀前它僅是一條游離於城外流入地中海的季節性河流，後來經過填拓工程而有了陸地，並在18世紀種植樹木，陸續興建兩旁建築，而開始有了蘭布拉大道的稱呼。雖然旅人總不忘來此朝聖，但卻常常跟著人群匆匆而過，其實這裡兩旁還有許多美麗的建築風景，值得細細漫遊，現在就跟著Kate一起逛逛吧！

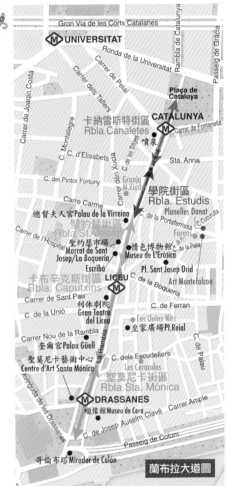

蘭布拉大道圖

大道上設有旅遊資訊站，讓旅人方便詢問當地旅遊資訊

知名市場、美麗花店齊聚的熱鬧精華地段

這條大道其實共分5段，從加泰隆尼亞廣場(Pl. Catalunya)出發的**卡納雷斯特街區**(Rbla.Canaletes)被賦予特殊傳說的噴泉開始，經過聚集鳥市的**學院街區**(Rbla. Estudis)後，就進入了最繁華熱鬧的**聖約瑟街區**(Rbla.St. Josep)，也因為這裡聚集了許多的花店，所以也被稱為是花街，而兩旁知名建築非聖約瑟市場和總督夫人宮(Palau de la Virreina)莫屬，在其對面還有收藏許多印度愛經和情色影像的情色博物館(Museu de l'Erótica)。接著向前步行就會到達河渠口廣場(Plaza de la Boqueria)，請看看地面上色彩繽紛的大型米羅鑲嵌圖案，可是蘭布拉大道上的知名地標呢！

哥倫布塔旁的廣場每到假日都有二手市集

貼心小提醒

奎爾宮就在蘭布拉大道的巷內，漫遊蘭布拉時順道去看看吧！(參見P.175)

1 到了卡布辛克斯街區可陸續見到街頭藝術家 / 2 在蘭布拉大道常可看到精心打扮的街頭藝人 / 3 因聚集許多花攤，而有「花街」別名的聖約瑟街區

劇院、街頭藝術家營造出藝文氣息

繼續向前走，經過Liceu地鐵站，會看到被譽為歐洲最美劇院之一的利休劇院(Gran Teatre del Liceu)，同時也到達**卡布辛克斯街區**(Rbla. Caputxins)，從這裡開始會陸續出現街頭藝術家、和兩旁餐廳所擺放的桌椅，你可在這裡歇息欣賞。湊巧的是知名景點都位在巷內，往Carrer Nou de la Rambla走去，就會抵達桂爾宮，若是朝對街的街道走進去，就能看到餐廳林立兼具表演場地的皇家廣場(Pl. Reial)。

若是繼續再往蘭布拉大道的最後一個**聖塔莫尼卡街區**(Rbla.Sta. Mónica)前進，沿途有一整排的市集，兩邊的景點有結合畫廊和文化中心的聖塔莫尼卡藝術中心(Centre d'Art Santa Mónica)，對街巷內則隱藏有蠟像館(Museu de Cera)、設計店和酒吧，是許多當地設計人會流連的地方，而整條蘭布拉大道就以哥倫布塔為終點，但其實這這海港風情尚未結束，僅能算是前往海上蘭布拉的中繼站而已！

全加泰隆尼亞區
食材最齊全之處

聖約瑟市場
Marcat de Sant Josep / La Boqueria

地址 La Rambla, 91 │ **交通** 搭乘地鐵3號線至Liceu站後，走過地上的米羅畫像，過了Carrer de L´Hospital步行約3分鐘即可到達 │ **網址** www.boqueria.info │ **地圖** 前封裡

　　如果你喜歡逛市場，也愛好吃美味，或想捕捉當地人的生活縮影，請別錯過這個在西班牙，甚至是全歐洲數一數二有名的市場，而這裡也被號稱為是全加泰隆尼亞地區食材最齊全的地方，當地人就曾自豪說，這裡買不到的東西，在別的地方也不會有，可見食材的豐富度。雖然這裡早已被觀光旅人所占據，但仍是當地人、甚至是廚師採買食材的重要地點。

1 排列陣仗驚人的果汁和水果切盤是該市場的一大特色 / 2 種類繁多、注重陳列的熟食攤，總吸引許多人上門 / 3 豐富多彩的零食甜點，讓人忍不住想購買 / 4 市場內也有陳列各式廚房用品的攤位

原本這個地方在11世紀，僅是集結幾戶賣肉的地方，後來變成肉販集散地，一直到蘭布拉大道成形後，在1836年時建造了這個市場。現在這裡除了肉品，更有海鮮、鮮蔬水果，乃至是乾貨、香料、甜食等等，除了室內，更有露天販售區，周邊還有許多乾貨食材行。

然而，這還不是最精采的，重點是這裡還有許多家不分國籍的熟食攤和Tapas吧，逛累了不妨坐下來，隨意點些小點，在人聲鼎沸的市場氛圍中，體驗道地的美味，說不定你的鄰座就是當地知名大廚喔！

市場的Tapas吧中以位於入口處，許多大廚常會蒞臨的Pinotxo Bar最出名

必訪精華景點2

曾是西班牙名流的聚集之地
利休劇院
Gran Teatre del Liceu

地址 La Rambla, 51-59 │ **交通** 搭乘地鐵3號線至Liceu站出來後，往港邊方向步行3分鐘即可到達 │ **門票** 需現場預約購票 │ **網址** www.liceubarcelona.cat │ **地圖** 前封裡

　　這座在1847年落成的豪華歌劇院，是造就許多加泰隆尼亞明星的重要舞台，也是各界名流的社交地，在這裡有著舉足輕重的歷史和藝術地位，但其命運卻相當多舛，除了經歷1861年大火、1893年炸彈攻擊，更在1994年再次遭受祝融肆虐，之後利用災後殘留的外觀費時5年歲月整建後，終於在1999年重新開幕，以嶄新的面貌呈現在大家眼前。

　　除了典雅的立面，裡面不僅重現了災前的內裝，並融入了新巴洛克建築風格，洋溢金碧輝煌的氣息，且加入了新穎的設計，使之成為歐洲劇院中設備最先進的劇院之一。在節目的編排上，除了原本就有的歌劇，並還有音樂、舞蹈表演節目。目前參觀，採用自行參觀和專人導覽方式，兩者的差別在於價格和欣賞時間的長短，且專人導覽可看到內部結構和後台設施，對想要多了解利休劇院的人來說，相信會大開眼界喔！

這裡還有……

聖莫尼卡藝術中心 Centre d' Art Santa Mónica

地址 La Rambla, 7｜門票 無需門票｜網址 www.artssantamonica.cat/default.aspx｜地圖 前封裡

據說是從聖莫尼卡修道院改建而來，目前是重要的當代藝術資料中心、並結合畫廊，展出各式當代藝術作品。

皇家廣場 Plaça Reial

地址 Plaça Reial｜地圖 前封裡

這座興建於19世紀中期的方形廣場，周邊的拱廊有許多美味的餐廳及歷史悠久的店家，廣場裡矗立著高第年輕時設計的街燈。而這裡每到假日會有郵票和錢幣市集，及藝文活動或街頭表演。

情色博物館 Museu de L'Eròtica

地址 La Rambla,96 bis｜門票 需門票，可網路訂票｜網址 www.erotica-museum.com｜地圖 前封裡

容易忽略的外觀，但裡面卻別有洞天，想了解更多情色文化的朋友，可以花點時間好好觀賞。

蠟像館 Museu de Cera

地址 Passatge de la Banca, 7｜門票 需門票，可網路訂票｜網址 www.museocerabcn.com｜地圖 前封裡

除了展示許多世界名人的蠟像，更可以看到西班牙代表人物，包括達利、佛朗哥將軍、唐吉軻德等，生動的表情，讓人覺得饒富趣味。

總督夫人宮
Palau de la Virreina

地址 La Rambla, 99｜門票 無需門票｜網址 lavirreina.bcn.cat｜地圖 前封裡

屬於18世紀洛可可風格建築的總督夫人宮，現為展覽館，1樓是城市藝術、娛樂資訊處和票務辦事中心，內部建築也有可看性。

教堂內的對稱結構，造就宏偉空間

加泰隆尼亞哥德式建築的經典代表
海上聖母堂
Basílica de Santa María del Mar

地址 Plaça de Santa Maria, 1 | 交通 搭乘地鐵4號線至Jaume I站後，沿著C/l´Argenteria步行，走到底即可到達 | 門票 無需門票 | 網址 www.santamariadelmarbarcelona.org | 地圖 前封裡

據說這是在海上貿易興盛時代，當地船夫為了祈求航海安全，而出資興建的教堂，雖說耗費的工時僅從1329～1383年，和當時的教堂建設相比甚短，但卻有許多觀賞重點。

在這座加泰隆尼亞哥德式的樸素宏偉建築外觀上，以八角形的鐘樓、入口上方裝飾著15～17世紀彩繪玻璃的圓形玫瑰窗為特色。走進教堂內，雖然沒有多餘裝飾，但可見到如主殿和側廊，採2：1的寬度比例所興建的對稱精密結構，也因為這些細節所營造出的純淨空間感，讓這座教堂被譽為加泰隆尼亞哥德式建築的經典代表。

而在主祭壇可以看到聖母瑪麗亞雕像前，擺放著一艘風帆，以呼應該教堂所興建的意義，除了宗教和歷史上意義，更不少人是為了一探暢銷小說《海上教堂》(La Catedral del Mar)書中的場景而來。

西國文化發現

暢銷小說《海上教堂》

這是巴塞隆納作家伊德豐索(Ildefonso Falcones)於2006年出版的小說，主要以14世紀巴塞隆納為場景，融合了友情、愛情、追尋信仰、面對階級不平等奮發向上的故事。在書中失去母親的主角，隨著父親來到巴塞隆納，將聖母作為自己的母親傾吐心事，而後更參與這座教堂的修建，以表達對其虔誠。該書不僅被翻譯成十多國語言，也榮獲許多文學獎項。

過橋後來趟購物娛樂的行程

海上蘭布拉橋和貝爾港
Rambla de Mar & Port Vell

交通 搭乘地鐵3號線至Drassanes站後，出站往港邊方向，經過哥倫布塔，即可到達｜**地圖** 前封裡

水族館（L'Aquàrium Barcelona）
網址 www.aquariumbcn.com
貝爾港立體電影院（IMAX Port Vell）
網址 www.imaxportvell.com
馬雷瑪格努購物中心（Maremagnum）
網址 www.maremagnum.es

當走過多彩多姿的蘭布拉大道，抵達哥倫布塔後，象徵的並不是終點，而是另一個延燒熱鬧歡愉氛圍的起點，只要步行在海上蘭布拉橋，迎著海風，到達貝爾港，就可以看到另一個充滿現代娛樂意象的世界。

這座採波浪造型建造的橋梁，最特別之處在於當船隻經過時，就會收起橋梁讓出海道，讓船通行，步行於此，可以學學當地人恣意地坐在靠海的橋面或座位上欣賞港邊停泊的船隻，或是海上的雕塑及造型飯店，順便曬曬太陽、看著海鷗飛翔。

而原本是老舊碼頭的貝爾港，在1980年經過一系列整頓後，已經有了嶄新的氣象，包括了馬雷瑪格努購物中心，裡頭容納了西班牙許多知名品牌如Stradivarius、Desigual、MANGO、BERSHKA等，和國際品牌如H&M、havaianas、LACOSTE等，共50家血拼店，另外也有各式的咖啡店和酒吧等著你蒞臨。

而一旁則是擁有600平方公尺高螢幕，且可以觀賞IMAX 3D影像的貝爾港立體電影院，還有水族館，透過80公尺的鯊魚海底隧道和450種上萬隻的海底生物，你將看到截然不同的海底景觀，驚歎海底世界的奧妙。

1 海上蘭布拉橋的一邊是船隻停泊的港景，一邊則是海景，許多人都依照喜好恣意坐在橋上欣賞風光、曬曬太陽／2 馬雷瑪格努購物中心

看浮雕、展覽，再順道買個巧克力

阿馬特耶之家 Casa Amatller

地址 Passeig de Gràcia, 41｜交通 搭乘地鐵2、3、4號線至 Passeig de Gràcia站後，出站步行1分鐘即可到達｜門票 需門票，可網路訂票｜網址 www.amatller.org｜地圖 前封裡

由和高第、多梅內切並稱「加泰隆尼亞現代主義建築三傑」的普易居(Josep Puig i Cadafalch)代表作品，你可以透過這棟緊鄰巴特婁之家的建築，看看兩人設計風格大相逕庭，但卻同樣精采萬分的創作，也將能理解為何當初巴特婁之家的主人因為看了阿馬特耶之家後，也想要擁有一棟美麗建築的決心。

這棟1875年至今的建築，當初是由擁有巧克力工廠的安東尼·阿馬特耶(Antoni Amatller i Costa)委託建造，近代在經過「保留當時的建造細節原則」整修後曾於2010年對外開放。後再經修繕，目前已經對外開放參觀。

由於普易居深受中世紀羅馬藝術的影響，因此在這棟建築的立面，裝飾了許多相關元素，並以多樣淺細的浮雕，展現精湛的工藝，屋頂上的階梯造型裝飾，被認為是仿效荷蘭建築的樣式，而在門口拱門上則有聖喬治屠龍的生動雕飾。

經過美麗的大門進到屋內，從龍形燈、旋轉柱裝飾，和運用彩色玻璃素材所營造的空間及中庭上方的彩色花窗玻璃，都留給人深刻的印象。

而拾階而上到第二層則可以看到空間中，以漂亮的彩色玻璃，裝飾的頂篷、窗戶，精湛的壁飾浮雕，和典雅的起居、臥房、餐廳等。逛完可以到地面層的Faborit咖啡和巧克力店，喝個咖啡、吃點三明治等輕食，買個巧克力再走喔！

貼心小提醒

巴特婁之家就在阿馬特耶之家旁，一起看看吧！(參見P.181)

1 許多奇異的裝飾，將屋內變得更有特色 / 2 門口拱門上的聖喬治屠龍生動雕飾 / 3 地面層的彩色玻璃門、燈飾和石雕也有可看之處 / 4 眾多巧克力中，以阿馬特耶先生請捷克畫家慕夏(Alfons Maria Mucha)為其生產巧克力所設計的包裝系列最有名

来感受20世紀藝術巨匠的薰陶

畢卡索博物館
Museu Picasso

地址 C/Montcada, 15-23 | 交通 搭乘地鐵4號線至Jaume I站後，沿著C/Princesa，看到C/Montcada右轉，步行約3分鐘即可到達 | 門票 需門票，可網路訂票 | 網址 www.museupicasso.bcn.cat | 地圖 前封裡

在這棟聯合數間14～18世紀貴族寓所，經歷數次擴建，融合了古典和現代風格的建築裡，主要展示的是20世紀西班牙藝術巨匠畢卡索早期的作品。

在展出的數千件，包括塗鴉、素描、油彩、版畫、陶器等作品中，有1890年代畢卡索證明自己的早熟才能，流露傳統現實主義畫風的創作，讓人看到他令人驚歎的創造力和設計感。

當然也有之後藍色、粉紅、立體派、晚期藝術品，其中不可錯過的藝術品，包括了以16世紀西班牙繪畫巨匠委拉斯蓋茲(Diego Velázquez)的畫作為主題，所畫出的《仕女》(Las Meninas)、《鴿子》(Pigeon)，以15歲妹妹為模特兒所繪的《初領聖餐》(La Primera Comunión)、榮獲多項獎項的《科學與仁慈》(Ciencia y Caridad)及住在巴塞隆納時所畫的《小丑》(Arlequin)等等，建議喜歡藝術的朋友，參觀前多了解一下繪畫的年代，就可以比較各個時期作品的畫風差異，欣賞起來也會更有意思。

西國文化發現

天才畫家畢卡索

1881年出身在西班牙南部馬拉加港口的畢卡索，由於父親是畫家，所以繪畫啟蒙極早，也因為在多愁善感的青年時期住過巴塞隆納，或許也能解釋該博物館為何展示的作品中，有極大部分是幼年時期居住在馬拉加或北部拉 科魯納(La Coruña)，到10多歲居住在巴塞隆納時所完成的作品吧！而他也是在世界知名畫家中，少數成名甚早，且在有生之年就享受到名利雙收、優渥生活的藝術家之一。

畢卡索許多知名的作品，在這裡都可以看到轉變為各種形式的商品

欣賞精細陳設，了解當地守護神

大教堂
Catedral de Barcelona

地址 Plaça de la Seu, 3 | 交通 搭乘地鐵3號線至 Liceu站，出站後可沿著蘭布拉大道直走到Pla de la Boqueria右轉到C/Boqueria，接著走到Pl.St.Jaume 後，再沿著C/Bisbe走到底；或地鐵站出來後，沿 著蘭布拉大道直走到遇到C/Portaferrissa後右轉，走到底也可 | 門票 部分區域無需門票 | 網址 www. catedralbcn.org | 地圖 前封裡

1 大教堂內部 / 2 主祭壇上的耶穌基督聖像 / 3 巴塞隆納守護神聖塔歐拉利亞雪花石棺

這座在西班牙相當有名，融合了加泰隆尼亞風格的哥德式教堂，興建於1298年，大約完成於1450年，立面則於19世紀完工，其高聳精細外觀，常使經過的人忍不住駐足欣賞。

除了內部數十間做工精緻的禮拜堂，還有幾個必看的重點，分別是位於中央、以木雕於14世紀末建造的華麗唱詩班，和主祭壇下方地下室所擺放慘遭羅馬異教徒殺害、巴塞隆納守護神聖塔歐拉利亞(Santa Eulália)的雪花石棺，墓上還刻畫了這位聖女的事蹟。

接著可搭乘電梯直達屋頂，看看美麗的屋頂和塔樓，並順道欣賞巴塞隆納城的景致，最後走到主殿連接的迴廊，這裡有裝飾聖喬治雕像的噴泉，和在茂盛樹木陪伴下，悠游於池中、繁衍數個世紀的鵝群，更有一個小巧、但擺放了數個讓人驚豔聖器的博物館。

若有時間，不妨在教堂裡稍坐半晌，感受這高挑拱頂、優雅纖細廊柱架構出的寧靜莊嚴空間，感受一下這數百年建築所傳遞出的宗教虔誠吧！將會更值回票價。

貼心小提醒

週末大教堂外，除了聚集跳蚤市集、街頭藝人，有時還會有加泰隆尼亞傳統群舞——薩達納(Sardana)表演。

Outlet
血拼
哪裡去

以村為概念的Outlet
集結超過百家的名牌過季店
羅卡村La Roca Village

地址 La Roca Village 08430 Santa Agnès de Malanyanes (La Roca del Vallès) Barcelona ｜ **交通** 搭乘地鐵1、3號線至 Plaça Catalunya站，出站後走到Pg. Grácia 8號前的公車專用道上有專屬站牌，可搭乘La Roca Village Shopping Express專車，約50分鐘即可到達 ｜ **網址** www.larocavillage.com

位在連接法國和西班牙AP7(A7)國道旁，距離巴塞隆納不到1小時就可以到達的Outlet購物村，是個極為便利、且受到許多愛好者推崇的血拼地。

在這個以村為概念的Outlet裡，步道的兩側，集結了超過百家的名牌過季店，除了國際大牌BUBERRY、VERSACE、RALPH LAUREN、GUESS等外，還有西班牙本地知名品牌包括TOUS、CAMPER、LOEWE等。

由於都是以商品的3～7折出售，加上常有新的折扣品，且在西班牙1月和7月大特價期間，也會同步再進行一些折扣，所以吸引許多人來此尋寶。

也因為這裡同樣設置有兒童遊樂場、咖啡廳，乃至完善的無障礙便利設施，即使待上一天都不覺得累。建議安排半天來逛逛，享受一下採購的快感吧！

1 每天都有從巴塞隆納出發的直達專車——La Roca Village Shopping Express / 2 巴塞隆納足球隊迷不能錯過的專屬商店 / 3 村內多樣的馬賽克拼貼藝術，塑造悠閒氛圍

貼心小提醒

1. 出發前建議先查詢官網，除可得知不時推出的優惠訊息和活動，以安排行程。加上有中文介面，更能方便得到服務與交通訊息。
2. 腹地廣大、人潮眾多，建議先從最主要下手的品牌開始逛。

Must Do 來這裡必做的事

Kate介紹的西班牙經典品牌如LOEWE、TOUS、LUPO、bimba&lola、ADOLFO DOMINGUEZ、Desigual、Pretty Ballerinas、LOTTUSSE這裡都看得到，建議一次逛個夠。

隨興漫遊景點

除了那些不可不去,也很精采的……

山丘上處處勝景，建議規畫一日探訪

蒙特惠克山丘
Montanya Montjuïc

交通 ❶ 搭乘地鐵1或3號線至Espanya站，順著Reina Maria Cristina大道，利用電梯及走路到達國立加泰隆尼亞美術館後，再繼續向上走約10分鐘，就會到達奧林匹克運動場和卡拉特拉瓦通訊塔(Torre de Calatrava)

❷ 搭乘地鐵1或3號線至Espanya站，出站即有站牌，搭乘13或50號公車，5分鐘後即可到達西班牙村

❸ 50號公車則同樣可以到達蒙特惠克城堡及軍事博物館，也可以搭乘地鐵2或3號線至Paral-lel，再換搭電纜車(Funicular)上山，到達Av. Miramar站，在此改乘蒙特惠克纜車，或在此步行5分鐘，到達米羅美術館

地圖 P.162

蒙特惠克纜車

曾為猶太人聚居地或公墓，而有「猶太丘」之意的蒙特惠克山丘，在1929年與1992年因分別成為世界博覽會和世界奧林匹克運動會的舉辦地，為蓬勃發展興建了一系列建築。會後不少建築被改裝成博物館，加上這裡特殊的歷史背景所遺留下的城堡，因此吸引許多人到訪。由於地廣景點分散，所以建議選擇有興趣的景點或規畫一日遊探訪喔！

雖然蒙特惠克山丘腹地廣大，但在重要景點都有詢問處，指引景點和交通搭乘資訊

一次看遍西國經典建築
西班牙村 Poble Espanyol

地址 Avda. Francesc Ferrer i Guardia, 13 | **門票** 需門票，可網路訂票 | **網址** www.poble-espanyol. com | **地圖** P.162

為1929年世界博覽會所建造，以展示西班牙工藝的場所，後來在1992年巴塞隆納奧運原本欲改建蒙特惠克山丘的過程中，因當地的居民大力奔走而保留下來。

在這座占地近5萬平方公尺的村子裡，興建約莫117座建築，是當初建築師拜訪了境內千座的大城小鎮而設計建造。

在穿過阿維拉(Avila)城門的入口後，可看到坐落著阿拉貢(Aragón)、卡斯堤亞——萊昂(Castilla y León)等自治區建築意象的主廣場。而後漫遊於村內，無論是南部安達盧西亞(Andalucía)，或靠地中海的加泰隆尼亞(Catalunya)、瓦倫西亞(Valencia)等自治區的代表性建築，都能看出特色。

另外這裡還有如弗蘭‧多雷爾基金會(Fundació Fran Daurel)畫廊等展覽當代藝術的空間，數十家代表西班牙各地手工藝，如扇子、皮件、陶器、銀飾等藝品店，並包含有餐廳、咖啡廳，甚是佛朗明哥舞酒吧等，若是慢慢閒逛，可在此消磨半天時光。

代表南部地區的白色建築群

在特色建築裡有許多藝品店，可發現許多好貨

西國文化發現

何謂穆德哈爾式建築？

是13～14世紀時，基督徒從穆斯林手中奪回阿拉貢自治區後，在建蓋教堂時，融入了漂亮的穆德哈爾裝飾塔，塔面裝飾上以綠、白色陶瓷，所排列的如八角星狀、盤狀、柱狀等各式圖案，並搭配上紅磚，使之透過光影折射產生奇特美感的建築形式，目前以特魯埃爾(Teruel)城最具代表性。

林立諸多仿效西班牙各地知名建築而成的主廣場(Plaza Mayor)

館藏1萬4千件米羅的作品

璜‧米羅基金會展覽館
Fundació Joan Miró

地址 Parc de Montjuïc, s/n | **門票** 需門票，可網路訂票 |
網址 www.fmirobcn.org | **地圖** P.162

在這座由約瑟夫‧路易斯‧塞特(Josep Lluís Sert)設計，外觀彷彿積木堆疊的採光絕佳白色建築裡，館藏了超過1萬4千件加泰隆尼亞代表藝術家米羅的作品，於1893年出生於巴塞隆納郊區的他，曾進入美術學校研習，且於巴黎接觸野獸派、立體派畫風後，以一系列的家鄉田園風光創作，和所開創出的風格鮮明、兼具感性特質的超現實主義作品，受到人們的喜愛。

在這裡主要以米羅晚期20年自創獨特風格的作品為主，涵蓋了紡織品、雕塑、陶瓷、素描、版畫、繪畫等範圍，並也有一些年輕時的創作和1930～1940年代過渡的作品及草圖，除此之外，還能看到許多現代藝術家為了向米羅致敬所捐獻的作品，和一些其他藝術家的臨時展，由於作品繁多，如能運用語音導覽，會更有收穫，逛完後不妨到裝飾有米羅畫作、頗具水準的咖啡館小歇用餐，將能為這趟藝術旅程，畫下圓滿的句點。

貼心小提醒

在2樓的戶外展示空間，可看到巴塞隆納的市區美景。

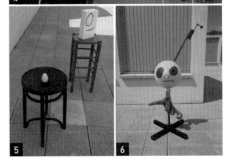

1 這裡是喜歡米羅的人會造訪的地方 / 2 門口就能看到米羅的作品 / 3 建物本身就是個藝術品 / 4 在地面樓的咖啡廳也能看到米羅的創作 / 5-6 1樓戶外的展示空間，作品也饒富趣味

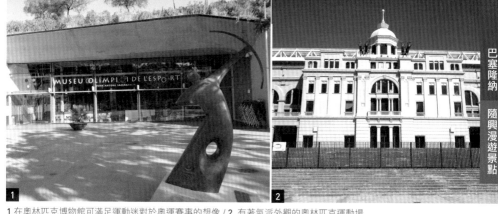

1 在奧林匹克博物館可滿足運動迷對於奧運賽事的想像 / 2 有著氣派外觀的奧林匹克運動場

必訪精華景點 3

舉辦運動賽事，了解當時奧運會歷史

奧林匹克運動場 & 博物館
Estadi Olímpic Lluís Companys y Museu Olímpic i de l'Esport

地址 **奧林匹克運動場** Avinguda de l'Estadi, s/n、**博物館**Avinguda l'Estadi, 60 | **門票** 需現場購票 | **網址 奧林匹克運動場** www.estadiolimpic.cat/es、**博物館** www.museuolimpicbcn.cat | **地圖** P.162

西國文化發現

何謂「人民運動會」?

　　當時在柏林舉辦的夏季奧運會，因為有過於濃厚的納粹政治色彩，使得參與的選手們有所顧忌，而後這些選手集結所舉辦的非公認奧運，則稱為「人民運動會」。

　　這座原為世界博覽會興建的會場，在1936年成為「欲」舉辦「人民運動會」的場所，但因西班牙內戰爆發而取消。後於1992年改建為可容納5萬5千多人的巴塞隆納奧運主會場，目前仍作為舉辦田徑賽事、運動會的場地。

　　而一旁在1993年為了紀念奧運所建造的博物館，可看到包括當時開閉幕、比賽的照片及相關資料，也有賽事中所使用的體育用品，還能觀賞當時舉辦各項活動的精采影片。

貼心小提醒

卡拉特拉瓦通訊塔（Torre Calatrava）、聖喬治體育館（Palau Sant Jordi）就在旁邊，順便去看看吧！

　　卡拉特拉瓦通訊塔是由西班牙知名建築師卡拉特拉瓦(Santiago Calatrava)設計，於1992年落成，造型相當特殊，許多人都會特地到訪。

　　聖喬治體育館位在奧林匹克運動場前方，是由日本建築師磯崎新(Arata Isozaki)設計，於1990年完成，最初是奧運多功能場館用來舉辦體操、排球比賽，目前作為室內體育場使用，也常舉辦音樂會與文化活動。

登上瞭望臺欣賞巴塞隆納港的美景
蒙特惠克城堡
Castell de Montjuïc

地址 Carretera de Montjuïc, 66 | 門票 需門票，可網路
訂票 | 網址 www.castillomontjuic.com | 地圖 P.162

　　從1640年存在至今的這座城堡，最初是
為了反抗腓力四世而建的軍事要塞，而後在
1808年，受到了法國拿破崙軍隊的摧殘，並
在1940年，槍決加泰隆尼亞共和黨左派領導
人Lluís Companys，在這漫長的歲月裡，這
個地方經歷數次的毀損和整建，並一度成為
刑場和監獄，處決政治異己，直到1960年，
成為軍事博物館。

　　翻新後，於1963年由佛朗哥將軍(Francisco
Franco)舉行落成典禮，目前在這裡，可以了
解到加泰隆尼亞軍隊的歷史，並看到各式關於
民權自由運動的展覽。而在這裡爬上堡壘或是
瞭望臺，可欣賞到巴塞隆納港的壯麗美景。

1 城堡外觀 / 2 城堡外也有許多雕像和大砲的展示

這裡還有……

人類學博物館 Museu Etnológic

地址 Passeig de Santa Madrona, 16-22 | 門票 需現場購票 | 網址 www.museuetnologic.bcn.es | 地圖 P.162
　　展示從西班牙、世界各地收藏而來的珍貴有趣物品，由於物件頗多，加上橫跨多個
年代，仔細觀賞可消磨半天。

加泰隆尼亞考古博物館 Museu d´Arqueologia de Catalunya

地址 Passeig de Santa Madrona, 39-41 | 門票 需現場購票 | 網址 www.mac.cat | 地圖 P.162
　　以1929年萬國博覽會相關建築改建而來，收藏有加泰隆尼亞和鄰近西班牙地區從舊
石器時代開始到中世紀的出土文物。

巴塞隆納植物園 Jardí Botànic de Barcelona

地址 Carrer del Doctor Font i Quer, 2 | 門票 需現場購票 | 網址 www.jardibotanic.bcn.es | 地圖 P.162
　　占地10多公頃，主要集合了世界各地的植物，亦有許多17～19世紀的珍貴收藏，是
當地最重要的植物園和植物研究、保存中心。

1

2

看巧克力發揮出來的精湛創意
巧克力博物館
Museu de la Xocolata

地址 C/Comerç, 36｜**交通** 搭乘地鐵4號線至Jaume I站後，沿著C/Princesa，走到C/Comerç左轉，再走10分鐘即可到達｜**門票** 需門票，可網路訂票｜**網址** www.museuxocolata.cat｜**地圖** 前封裡

如果你喜歡巧克力，就千萬別錯過這個可以看、可以吃的私人博物館，也因為巴塞隆納是西班牙巧克力磚的發源地，所以到此參觀更別具意義。館內能運用多媒體和各樣解說圖示，追溯可可豆的起源，並有許多的巧克力製作器具，和相關包裝、行銷創意的收藏，讓愛好者可以近距離觀賞。

最有趣的莫過於展館內放置加泰隆尼亞巧克力大師們，用巧克力發揮精湛工藝和創意，以西班牙和加泰隆尼亞代表文化和知名景點所設計的巧克力模型，如聖喬治屠龍記、聖家堂、鬥牛場景、唐吉軻德故事等，讓人看得嘖嘖稱奇。此外，更有許多西班牙知名人物和巧克力大師訴說對於巧克力的熱愛和對其意義的展示品。

如果有機會，可透過現場製作教室的落地窗，親眼目睹巧克力製作過程(或不妨試著詢問是否有場次可以參與)，若仍覺得不過癮，那在出入口的售票兼販賣處，可吃到許多美味的巧克力或買到相關紀念商品，繼續沉浸在這甜蜜蜜的巧克力氛圍裡。

3

4

5

1 無論大人或小孩都可以在這裡找到自己喜歡的巧克力作品 / 2 博物館裡可以看到多樣製成巧克力的器具 / 3 門票就是用可以吃的巧克力做成 / 4 巧克力現場製作教室 / 5 令人驚歎的聖家堂巧克力雕塑

1│2

學當地人來這大啖海鮮

奧林匹克港
Port Olímpic de Barcelona

交通 搭乘地鐵4號線至Ciutadella Vila Olímpica站後，往港邊走去，經過Hotel Arts Barcelona雙棟高聳大樓，再沿著停泊船隻的港口即可到達｜**網址** www.portolimpic.es｜**地圖** P.163

因1992年為主辦夏季奧運會帆船賽事所整頓並興建的港口，是從貝爾港(Port Vell)、小巴塞隆納碼頭(La Barceloneta)所延伸過來的區域。許多旅人到訪於此，除了欣賞新興建築群，如天然氣公司辦公大樓(Edificio Gas Natural)、加拿大知名建築師法蘭克·蓋瑞(Frank Gehry)設計的魚雕塑(Fish)，還有許多造型別致的旅館、辦公大樓，及錯落於建築間的現代藝術雕塑、裝置藝術。

更重要的就是到訪靠近港口一整排的海鮮餐廳、酒吧、咖啡廳，雖說小巴塞隆納碼頭也有和海灘為鄰的海鮮餐廳，提供品質良好的海鮮料理，但多半以觀光客為主，這裡則多半以當地人居多(也因為交通因素使然)，加上同樣緊鄰海灘，所以洋溢著有別於城內擁擠的度假氛圍，無論是白天的戲水、看港喝咖啡，或夜晚流連在Bar裡，大啖新鮮美味的料理，都將增加在巴塞隆納的旅遊體驗。

1 來到這絕對不能錯過鮮腴美味的海鮮料理 / 2 當地著名的地標就是巴塞隆納藝術飯店(Hotel Arts Barcelona)和魚雕塑(Fish) / 3 緊鄰奧林匹克港的海灘，總有許多人在進行沙灘運動或戲水 / 4 海港旁邊林立了一整排海鮮餐廳 / 5 越夜越美麗的奧林匹克港

周邊城市散步

如果還有多餘時間，也可順道安排的……

Cadaqués

交通 搭乘地鐵1號線到Arc de Triomf站，步行7分鐘到Nord公車站(Estacíon de Autobuses Barcelona Nord)搭乘Sarfa公車，約近2.5小時到達卡達給斯，再從這裡步行15分鐘到Port Iligat│**網址** www.visitcadaques.org│**地圖** P.311

卡達給斯
Cadaqués

洋溢靜謐恬適氛圍，人口僅有3千人的地中海小漁村──卡達給斯，整個村依山傍海而建，奇特險峻的海景，加上窄小的石板坡道、白色的屋牆，塑造出了一種迷人的海港風情。

原本默默無聞的她，卻因為西班牙藝術家達利居住在鄰近的波爾利嘉特(PortIligat)漁港，加上其他知名藝術家作品的推波助瀾，使得這裡成為觀光度假去處。

達利晚年的故鄉

雖然達利出生於費格列斯，但由於父親是卡達給斯人，所以在每年的夏天都會到此度假，後來在1929年赴巴黎後，更邀請許多的藝術家前來，進而結識

達利知名畫作《Port Alguer》的實景

了他一生的伴侶卡拉(Gala)，也因為被這個嶙峋突兀的礁石和荒蕪蒼涼的海風、海水，所構成的震撼人心景致所吸引，所以便在距離卡達給斯舊城區1公里外的寧靜波爾利嘉特漁港向漁夫買了一間小屋，整修後作為畫室和居住的地方。之後1930～1982年間，除了在西班牙內戰和二次世界大戰遠走美國期間外，都以此為家，經過數十年的擴建，而成了如今我們看到的達利世界規模。

現在，這個需要預約且專人導覽才能參觀的達利之家博物館裡，可以看到書房、臥室、圓弧形起居室，及擺放著達利未完成畫作的畫室。此外，從任何一個房間都可以看到美麗的港景，也成為一大特色。屋外則有放置著粉紅色唇形沙發、蛋形裝飾、雙人頭型雕塑的後院和游泳池等等，讓人見識到達利許多瘋狂的趣味創意。屋外美得令人屏息的漁港，也建議大家隨興漫遊、取景拍照，相信將會留下許多迷人的畫面。

在這裡除了這個知名的博物館，若沿著卡達給斯的岸邊漫步，可以看到許多趴在岩灘上、曬著太陽、悠然戲水的人們，而湛藍的海景、停泊港邊的船隻，都為度假多了份悠閒感，沿途還能發現許多標示達利以景為畫的指示牌，可以和實景相對

1 屋內的圓弧起居室 / 2 放著達利未完成畫作的畫室 / 3 達利喜愛的粉紅色唇形沙發就放在庭院裡，並有阿罕布拉宮噴泉和米其林輪胎的裝置藝術 / 4 無所不在的蛋形雕塑

照，看看達利眼中的世界，幻化為畫的模樣。當然也別忘記跟豎立在海邊的達利雕像來張合照！

除了岸邊，其實穿梭在小巷間也是挺有趣的，你可能會遇見花牆下打著盹的貓兒，看到多彩鮮豔的陶器店，也可能拐個彎就會碰到有著巴洛克風格祭壇的聖瑪麗亞教堂(Iglesia de Santa María)，又或者，可以試著從高處俯瞰整個漁港，欣賞海鳥自在遨遊天際的美景。

若還有體力，就沿著山丘步行數公里，到西班牙本島最東的地方——克雷烏斯角(Cap de Creus)，看看由多個碧綠海灣所構成的壯麗海岸線及日落時分的美景，相信這裡的一切，都將會是你日後構成對卡達給斯永難忘懷的迷人記憶。

👉 來卡達給斯 必體驗的事

☑ 沿著海港閒逛，找尋達利以景為畫的指示牌

☑ 事前預約位在波爾利嘉特漁港的達利之家，而後進去參觀

☑ 漫遊波爾利嘉特漁港

☑ 學學外國人在卡達給斯的港邊曬太陽，玩玩水，享受度假氛圍

5 從高處看整個港灣，使人心情格外愉悅 / 6 沿岸常可看到和實景相對照，證明達利以此景為畫的指示牌 / 7 岸邊的達利雕像，許多人都會特地和他合影 / 8 多彩繽紛的陶藝店

達利之家博物館 Casa-Museo Salvador Dalí
✉ E- 17488 Cadaqués | $ 達利之家宜先網路預約和訂票 | 🌐 www.salvador-dali.org/museus/portlligat/es_index.html

information

費格列斯 Figueres

交通 搭乘地鐵3、5號線至Sants Estació站，搭乘火車約2小時即可抵達｜**地圖** P.311

進入充滿驚奇幻想的超現實藝術之旅
達利戲劇博物館 Teatre-Museu Dalí

地址 Plaza Gala-Salvador Dalí, 5｜**交通** 抵達火車站後，沿著C/Santa Liátzer到達C/Nou右轉，經過Pl. Ernest Vila，沿著Rambla步道走到C/Pujada del Castell至Plaza Gala-Salvador Dalí即可到達，共約需15～20分鐘｜**門票** 需門票，可網路訂票｜**網址** **達利戲劇博物館** www.salvador-dali.org/museus/figueres/index.html、**達利珠寶(Dalí·Joies)** www.salvador-dali.org/museus/joies/index.html

這座從建築本身就是藝術品的博物館，是1904年出生在費格列斯的達利，在1961～1974年間，將在1939年西班牙內戰時被破壞殆盡的市立劇場改建而來，外觀牆上裝飾著達利的代表標示——蛋，及看似女性體操者的金色雕像，引領著大家進入充滿驚奇和幻想的超現實藝術旅行。

在所展示的達利初期到晚年，涵蓋繪畫、家具、裝飾品、雕塑等數百件作品中，不乏有名的裝置藝術，如一走進館內中庭，由凱迪拉克、胖女雕像和漁船組成的《雨中計程車》(Taxi Plujós)作品，只要投錢車內就會下起雨來，而樓上以唇形沙發、房間內景擺設，必須爬上高處，才能看出是美國早期性感偶像梅·蕙絲(Mae West)的空間，都讓人嘖嘖稱奇，當然還有許多必須投50分錢，才會展示真實面貌的活動裝飾。

從外觀造型就很有看頭的博物館

超現實繪風，筆筆勾勒幻想

畫作部分，值得注意的有大廳2樓牆上的《凝望地中海的卡拉》(Gala Mirando el Mar Mediterráneo)是一幅近看是背裸卡拉，遠觀是林肯肖像的馬賽克畫作。而在風之宮(La Sala del Palacio del Viento)的天頂上有一幅他倆高高在上、宛如把所有參觀者踩在腳底下的壁畫作品。另外《柔軟自畫像和煎培根》(Autorretrato Blando con Bacón Frito)和《畢卡索畫像》(Retrato de Picasso)、《原子的勒達》(Leda Atómica)等知名畫作在這裡也都能看見。此外還有一系列的黑白超現實繪畫，和以愛妻卡拉為模特兒的創作及許多別出心裁的作品，讓每個造訪者都能盡情地徜徉在這片超現實的幻想世界裡。

除此之外，在另外一館則能看到由達利設計、紐約專業人士製作的珠寶，從《時間之眼》(L'ull del Temps)、《紅寶石的嘴唇》(Llavis de Robí)，到《高貴的心臟》(Cor Reial)、《蜂窩心臟》(Cor de Bresca de Mel)等獨一無二的傑作，你會發現他的天分和創意，遠超乎你的想像。

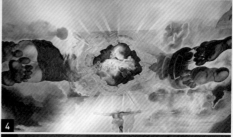

來達利戲劇博物館 必體驗的事

☑ 好好觀賞達利戲劇博物館的外觀

☑ 欣賞《雨中計程車》、《凝望地中海的卡拉》、《柔軟自畫像和煎培根》、《畢卡索畫像》等作品，並排隊爬上駱駝狀階梯，看性感偶像梅·蕙絲(Mae West)的三度空間

☑ 若館內有需要投錢的藝術品，不妨選幾個玩玩，會有嶄新的觀賞視野

☑ 逛逛達利珠寶館，你會更訝異達利的天賦

1 近看是背裸卡拉，遠觀是林肯肖像的馬賽克畫作 / 2 要排隊爬上駱駝狀階梯，才能看到的性感偶像梅·蕙絲(Mae West)三度空間 / 3 會跳動的珠寶《高貴的心臟》(Cor Reial) / 4 在風之宮天頂上的大型壁畫 / 5 達利的墓就位在館內的某一處，看到不妨向他致意

瓦倫西亞
Valencia

一年中300天陽光普照的城市，
最道地的農產海鮮等你嘗鮮。

城市巡禮

傳統節慶和現代建築兼具的城市

若是想感受不同於西班牙第一大城馬德里的首都風華、第二大城巴塞隆納的觀光海港都市風情,那麼名列第三大城洋溢濃郁地中海度假情懷的瓦倫西亞,是很不錯的選擇。

城內終年超過300天的暖陽藍天氣候,與一望無際白色海灘的先天優異條件,加上每年3月被列為西班牙三大節慶的法雅節(Las Fallas)人文慶典,是瓦倫西亞給人的第一印象。此外城內規畫得宜,因此到訪於此,不妨隨興漫遊於城內,悠閒地感受溫暖氣候所伴隨而來的舒適不擁擠、熱鬧不喧嘩的生活氣息,讓度假的心完全地沉浸在這迷人的城市中吧!

看歷史建築也感受綠化的魅力

　　首先不妨先從舊城區開始，看看經歷了長達5世紀的穆斯林控制，及15、16世紀黃金時期，西班牙王位繼承戰爭和西班牙內戰所遺留下來的各式珍貴建築。如：大教堂(Catedral)、米格雷特塔(Torre del Miguelete)、孤苦聖母教堂(Real Basílica De Nuestra Señora De Los Desamparados)和絲綢交易所(La Lonja de Mercaderes)、國立陶瓷博物館(Mueso Nacional de Cerámica)等。

　　接著沿著長達9公里的杜利亞河床公園(Río Turia)散散步，觀賞興建於其中的各項便民及文化設施，感受一下當地政府為綠化城市付出的用心。其中最受注目的，就是於1996年起動工，陸續完成的嶄新地標——藝術科學城(Ciudad de las Artes y las Ciencias)，其科技前衛的建築群，將使你對於這城市豐富的創造力感到訝異。

　　若有時間，也請放下腳步盡情享受這裡間歇不斷的音樂、電影、藝術、美食、書展、時尚週活動，好好地沉浸在藝文的薰陶之中。

　　另外，如足球、網球、田徑、賽馬、鬥牛等知名運動賽事，也讓人能領略到這個城市的活力。來吧！來到瓦倫西亞，相信度假的心，將滿載而歸。

1 市政府是當地著名的地標，許多節慶和活動，都以前面的道路和廣場作為舉辦場地 / 2 位在C/Pintor Sorolla街的瓦倫西亞銀行(Banco de Valencia)，是用當地所產的磁磚拼貼而成的雄偉建築

怎麼前往瓦倫西亞？

▼ 搭飛機到瓦倫西亞機場（Aeropuerto de Valencia）
WEB www.aeropuerto-valencia.com

▼ 搭火車到哈金・索洛亞高鐵車站（Estación de Joaquin sorolla）
從馬德里的Atocha車站出發，約需1小時50分
從巴塞隆納的Sants車站出發，約需3小時30分
從塞維亞的Santa Justa車站出發，約需4小時
WEB www.renfe.com/viajeros/index.html

▼ 搭巴士到瓦倫西亞巴士站
（Estación de Autobuses de Valencia）
請查詢相關前往巴士 WEB www.avanzabus.com WEB www.alsa.es/portal/site/Alsa

▼ 當地交通-公車（EMT）WEB www.emtvalencia.es/ciudadano/index.php | 地鐵（Metro Valencia）
WEB www.metrovalencia.es/page.php | 瓦倫西亞旅遊局 WEB www.turisvalencia.es/home.aspx

瓦倫西亞全區圖

往博奈雷商業中心
Centro Comercial Bonaire

圖形市場Plaza Redona

瓦倫西亞
玩具兵博物館
L'Iber, Museo de los Soldaditos de Plomo

Plaza Lope de Veca
的窄小房子

瓦倫西亞現代美術館
Institut Valencia de Art Modern；IVAM

後封裡

Puente de Serranos

PONT DE FUSTA

瓦倫西亞美術館
Museo de Bellas Artes de Val

TÚRIA

絲綢交易所Lonja de la Seda

中央市場Mercado Central

塞拉諾城樓Torres de Serranos
孤苦聖母堂
Real Basílica De Nuestra Señora

畢歐帕克動物園
Bioparc Valencia

Av. de Pío Baroja

夸爾特城樓
Torres de Quart

大教堂和米格雷特塔
Catedral & Torre del Miguele

La Riúá

ALAMED

Fernando el Católico

Puente 9 de Octubre

國立陶瓷博物館
Museo Nacional de Cerámic

Las Cervezas del Mercado

Calle del
Pintor Stolz

ÁNGEL GUIMERÁ

OriginalCV

瓦倫西亞銀行Banco de Valen

NOU D'OCTUBRE

Calle Alcácer

市政府Ayuntamiento
圍裙店

COLÓN

Gran Vía de Ramón y Cajal

中央郵政總局
Edificio de Correos

PLAZA
ESPAÑA

XÁTIVA

展
Puente
Expos

門牛場

北火車站
Estación del Norte

Gran Vía de Ramón y Cajal

Ruzafa

C/Dénia

C/Buenos Aires

C/Puerto Rico

C/Cuba

C/Sueca

C/Cadis

JOAQUÍN SOROLLA-JESÚS

古隆市場
Mercado de Colón

La Galería Jorge Juan 購物廊

224

往雅緻博物館Museo Lladró

ALBORAYA-PALMARET

Av. l'Orchata

Horchata Daniel

Playa de la Patacona

Playa Malvarrosa

FACULTATS

Blasco Ibañez

esamparados

Avenida de Suecia

梅斯塔雅足球場Estadio de Mestalla

ARAGÓN

Avenida de Aragón

Calle Dr.Juan Reglá

Avenida de Blasco Ibañez

so de la Alameda

花橋Punte de Las Flores

帕勞音樂廳Palau de la Música

cinto Benavente

Punte de Ángel Custodio

格列佛Gulliver

Calle Alcalde Reig

蘇菲亞王妃歌劇院
Palau de les Arts Reina Sofia

天文館Hemisféric建築

行人徒步道Umbracle

法雅博物館
Museo Fallera

菲力佩王子科學館Museo de las Ciencias Principe Felipe

Avenida del Saler

斜張橋El Puente de l´Assut de l´Or

藝術科學城

Camio de las Moreras

多功能場館Ágora

海洋館Oceanográfic

白色海岸

LA CADENA

EUGENIA
VIÑES

LA MARINA

Calle Astilleros

白色海岸
Costa Blanca

DR LLUCH

LAS
ARENAS

Playa de las Arenas

Paseo Maritimo

MEDITERRANI

MARINA REAL JOAN CARLES I

GRAN-CANYAMELAR

Calle de Dr
Marcos Sopena

帆與風
Veles e Vents

Edificio del Reloj

Paseo de Nepuno海鮮餐廳街

La Pepica

往阿爾布費拉湖
La Albufera

225

優質農產
孕育出的美味佳肴

由於當初阿拉伯人在瓦倫西亞的農業發展成功，與良好天候所賜，長久以來，這裡總是能種植出品質良好的蔬菜農產品。其中最顯著的成就，就是成為結實纍纍澄黃色柑橘的集散地，所以來到瓦倫西亞，不能錯過的必嘗美食，除了各式的香甜柑橙及美味柳橙汁，還有如橘子酒、橙皮巧克力、柑橙口味的西班牙肉腸等等，其淡淡的橙味和優雅的橙香，都為這些西班牙經典食品，豐富了更多層次的變化。

用新鮮蔬果農產製作的沙拉，令人垂涎

另外還有不得不提的稻米，這是由於瓦倫西亞自治區內的阿爾布費拉湖(La Albufera)，長年來一直被當地農民引用於灌溉稻田，使得周邊的田地成為西班牙主要的稻米產地，且生產出優質稻米，並被譽為西班牙的米倉，進而孕育出西班牙的經典美食——西班牙燉飯(Paella)，不僅這裡的人，幾乎家家戶戶都有一個燉飯鍋，且有自己的一套烹調方式。餐廳賣的那些多樣口味也讓人食指大動、口水直流，所以來到這座經典料理誕生的故鄉，可千萬別錯過這一味。

瓦倫西亞自治區內的雷給娜鎮所產的各式肉腸，頗負盛名

當地盛產品質良好的稻米，是促成西班牙燉飯誕生的主因

尚青海鮮不愁吃

再者也因為瓦倫西亞有著綿延不絕的海岸線，因此鮮腴尚青的海鮮也長年不乏，所以美味的海鮮料理亦是必嘗的重點，烹調上大多是以鐵板和爐烤為大宗，而這也是最能吃出海鮮鮮度的吃法喔！

在中央市場能看到各式最新鮮的海產

吃好菜還得配好酒

有了好菜，不能錯過的就是好酒了！除了當地釀產的啤酒，自治區內於阿利坎特省葡萄酒產區所產的葡萄酒和雷給娜(Requena)鎮所產的紅酒也相當知名。

除了美酒，這裡還有一種聞名全國的飲品出產於此，就是以油莎草(Chufas)植物做成的獨特風味飲品歐恰達(Horchata)，在酷暑的盛夏來上一杯，更有透心涼的享受。從夏天街頭巷尾的推車小攤，到許多經營數十年的專賣店，就知道這個飲品在當地人心目中的位置。

最後，可別忘了嘗嘗這裡以杏仁做成的杜隆(Turrón)甜點，其綿香濃醇的滋味，將能為你的瓦倫西亞味蕾之旅畫下完美的句點。

1 這裡除了有法定葡萄酒產區，也有酒廠釀製的味美啤酒 / 2 夏日的街頭都能看到賣歐恰達飲品的小販 / 3 西班牙代表甜點──杜隆杏仁糖的主要產地，也在瓦倫西亞自治區內

1 西班牙燉飯 *Paella*

聞名世界的西班牙燉飯，就是誕生於出產好米的瓦倫西亞！不過傳統道地的口味其實是用兔肉和雞肉，加上豆類、蔬菜做成，名為瓦倫西亞式燉飯(Paella de Valencia)，而大家熟知的海鮮燉飯(Paella de Marisco)，只是燉飯的其中一種口味，並非代名詞。另外常見的還有蔬菜燉飯(Paella de Verduras)，及混合海鮮和肉類的山海燉飯(Paella Mar y Montaña，或稱Paella Mixta)，若吃時發現偏鹹且帶點生米心，都是正常的喔！

2 西班牙海鮮燉麵
Fideuá

除了燉飯名氣響叮噹，這裡的海鮮燉麵名氣也不遑多讓！該麵源於自治區內的岡地亞(Gandia)城，主要是用一種名為Fideu的短麵條，放入炒熟的海鮮料中與高湯一起燉煮，使其吸附食材和海鮮高湯的味道，吃起來有點類似台灣的炒米粉，但卻有著海鮮的鮮甜滋味，讓人越吃越停不下來！

3 歐恰達飲品
Horchata

亦寫成Orchata，是用曬乾的油莎草塊莖(Chufa)，外觀如同乾瘪表皮的豆子般，加上水、糖磨製而成，喝時需搭配Fartons長條麵包。而這種營養價值高、且甜香沁涼的冷飲，也是瓦倫西亞人在炎炎夏季，必喝的消暑飲料，除了有專賣店，從4月底在瓦倫西亞街頭也可以看到推著歐恰達攤的小販。

4 橙香類產品 *Cítricos*

瓦倫西亞出產的水果中，以多汁甜美的柑橘類最出名，除了郊外有大量的柑橙田，走在瓦倫西亞市街頭，也能看到作為行道樹的橘子樹。柑橘類水果也衍伸出許多的產品和料理，從巧克力、蛋糕、布丁，到沙拉、鴨類料理，甚至還有用甜橙做成的瓦倫西亞之水(Aigua de Valéncia / Agua de Valencia)酒與橙香肉腸呢！

5 各式肉腸 *Embutidos*

自治區內的雷給娜(Requena)小鎮，常年來以生產美酒和各式的肉腸、肉製品聞名，包含了Chorizos、Morcillas、Longanizas、Sobrasada等，所以在瓦倫西亞市，同樣也能夠品嘗到這些美味。可到傳統市場或是超市，買了直接吃，當然也可以到Tapas吧點一份肉腸三明治或來上一盤肉腸，品嘗當地好滋味。

6 海鮮料理 *Marisco*

在各式的鮮美海鮮中，尤以花枝、章魚、鮮蝦、貽貝(Mejillón)、鱸魚(Lubina)、狗鱈(Merlusa)、鱈魚(Bacalao)最著名，所以來到這無論是點盤炸花枝圈(Calamares Fritos)、鐵板章魚(Chipirones a la Plancha)，還是蒸貽貝(Mejillones al Vapor)，都能讓你感受到滿滿的海洋味！

7 瓦倫西亞沙拉 *Ensalada Valenciana*

相對於西班牙其他地區，這邊因為土地富饒，所以也出產許多蔬果，其中沙拉也自成一格，不僅有新鮮生菜鋪底，加上番茄、玉米、鮪魚罐頭片、橄欖、水煮蛋，有時還會加上白蘆筍，吃時記得淋上橄欖油、白葡萄酒醋，並撒點鹽，就能感受到清爽豐富的滋味。

8 杜隆杏仁糖 *Turrón*

是用烤過的杏仁加上蛋白、蜂蜜做成的圓形或磚塊形的甜點。依照質地分為：用整顆杏仁做成宛如牛軋糖口感的硬狀Turrón Duro de Alicante，和用磨碎的杏仁做成綿密香甜泥狀感的軟質Turrón Blando de Jijona。雖然以前是聖誕節的專屬點心，但因為太受歡迎，現在平時也買得到，且有多種口味可供選擇。

9 西班牙式油炸圈 *Buñuelo*

這是一種用麵糊捏成圓圈狀油炸後，灑上糖粉而製成的法雅節(Las Fallas)專屬點心，吃起來外酥內軟糊，有時還會加入無花果或南瓜，搭配熱巧克力是最標準的吃法，若是於2月中～3月底期間造訪此處，請一定要試試看！

10 葡萄酒和啤酒
Los Vinos y Cerveza

因自治區內擁有受到原產地名稱保護制度的D.O. Utiel-Requena及D.O.Alicante葡萄酒產區，所以怎能不好好品嘗一下？而讓Kate喜歡的Mistela Moscatel Turis餐後白葡萄甜酒，也是這裡的特產。另外這裡也研發專屬啤酒品牌，從單純的麥香，到加了蜂蜜或迷迭香的口感，都讓人驚豔。

經典美味**哪裡尋?**

Horchata Daniel

✉ Avda. de la Horchata,41
🌐 www.horchateria-daniel.es
🗺 P.225

　　創立於1933年的歐恰達 (Horchata)老店，達利曾是座上客，店內提供有不加糖、冰沙形式(Granizada)與加入咖啡及冰淇淋的歐恰達。在古隆市場(P.264)亦有分店。

Horchatería Santa Catalina

✉ Plaza de Santa Catalina,6
🌐 www.horchateriasantacatalina.com
🗺 後封裡

　　為城內供應歐恰達的知名店家，也是咖啡店，它的熱巧克力和Churros也受到許多人喜愛。由於店內大量使用鄰近的陶瓷小鎮Manises的彩繪磁磚做裝飾，所以空間非常具有可看性。

La Riuá

✉ C/ Mar, 27
🌐 www.lariua.com
🗺 後封裡

　　以供應多樣西班牙燉飯和道地瓦倫西亞菜色聞名，店內以大量陶盤和得獎獎牌所裝飾的牆面，令人印象深刻。

Las Cervezas del Mercado

✉ Mercado Central Valencia Pasillo central Puestos 114 a 116
🗺 後封裡

　　位在中央市場內、提供上百種來自世界各地啤酒的專賣店，並還有多樣造型的啤酒杯，也能看到數款瓦倫西亞產的啤酒，另外在古隆市場(P.264)亦有分店。

Turrones Ramos

✉ C/Sombrereria,11
🌐 www.turronesramos.com
🗺 後封裡

　　位在大教堂前女王廣場(Plaza de la Reina)旁巷子內的糕餅店，不僅有高品質的多種口味杜隆，還有巧克力、與傳統點心如Mazapán、Polvorones de Almendra等等。

La Pepica

✉ Paseo de Neptuno, 2-8
🌐 www.lapepica.com
🗺 P.225

　　位在白色海岸(P.256)的餐廳街上，以提供優質的海鮮料理和西班牙燉飯出名，自1898年創立以來，從前任國王到作家海明威都曾到訪。

貼心小提醒

其他餐廳、Tapas吧聚集熱點

　　除了以上店家，在中央市場(P.244)周邊、舊城區(P.248)、白色海岸(P.256)、古隆市場(P.264)、古隆大街(P.265)、C/Ribera (P.265)等，也有許多美味店家聚集在此，所以尋遊這些景點時，不妨可以順道在此用餐。

主題小旅行

～ 美饌賞味之旅 ～

p.233

直擊生產地嘗鮮

瓦倫西亞是西班牙主要的農產品生產地，從稻米、柑橙，到各式的蔬菜水果，並也產葡萄酒，及口感特殊的歐恰達飲品（Horchata）。如果想認識更多的瓦倫西亞美味，無論是直接到專賣店購買當地特產，或是參加當地尋訪產地的行程，都能為旅程帶來更豐富的體驗，看到瓦倫西亞的不同面貌。

美饌賞味之旅

到特產專賣店打包在地美味

地址 Plaza del Mercado ,35｜交通 搭乘地鐵3、5、9號線至Xátiva站，出站後經過市政府廣場，走到Av. María Cristina後，到達中央市場，該市場對面即是，在哈金・索洛亞高鐵車站（Estación AVE Joaquín Sorolla）亦有分店｜網址 www.originalcv.es｜地圖 後封裡

道地特產一應俱全

OriginalCV

在這間以提供瓦倫西亞自治區內農產品和食品的店家裡，你可以找到許多當地生產的產品。調味料包括了橄欖油、葡萄酒醋、糖、鹽、蜂蜜；農產品從稻米、製作歐恰達的油莎草塊莖（Chufa）、柑橘製品、柿子，乳製品起司；肉製品如雷給娜（Requena）鎮生產的肉腸；食品如阿利坎特省（Alicante）的知名美味杜隆（Turrón）杏仁糖，或各式的巧克力、甜點等等，應有盡有。

若你是美酒愛好者，也可以看到各式各樣、當地法定產區所產的葡萄美酒，及各式當地釀造的啤酒或Cava氣泡酒，如果在店內看到許多美麗的陶器製品，也別覺得驚訝，因為瓦倫西亞也是有名的陶瓷器產地，所以來到這，就算只是單純逛逛也能對這塊豐饒的土地有更多的認識。

如果想買些伴手禮，不妨考慮如西班牙燉飯粉、各種口味的迷你型橄欖油，或杜隆杏仁糖等輕便包裝，相信都可以在旅程結束後，藉由這些經典特產，慢慢回味瓦倫西亞帶給你的美味和感動。

享用道地飲品配上Fartons麵包

歐恰達之路 Ruta de la Chufa a la Horchata

時間 5月到9月 | **交通** 在捷運3、9號線的Alboraya Peris Aragó集合出發 | **網址** www.hortaviva.net/rutas/de-la-chufa-a-la-horchata | **預約** www.hortaviva.net/contacto-2/contacto，或到瓦倫西亞旅遊局詢問登記

油莎草塊莖田

導覽人員詳細講解製作歐恰達的來源——油莎草塊莖

自然風乾室

現場歐恰達製作教學

歐恰達(Horchata)是瓦倫西亞的代表性飲品，而用於製作歐恰達原料的油莎草塊莖(Chufa)的產地，就在郊外的阿波拉亞(Alboraya)鎮，如果你想實際看看油莎草長什麼模樣？生長在什麼樣的地方？那麼不妨參加這個行程，來趟尋味之旅，順便感受純樸自然的小鎮風情。

每年在5～9月的油莎草生長季，藉由專業人員的帶領，將能舒服地漫步於油莎草田間，看看綠意盎然、整片整片的油沙草田，且聽聽人員解說它怎麼被種植與收成，你將會訝異原來它收成時，必須透過火燒的方式，且在看似平凡的外表下，竟能做出那樣的美味。

此外，還能看到當地傳統特色小屋，且會到達供應歐恰達的店家，現場除了能見到新舊的收成機器，還能到風乾室知曉收成好的油莎草塊莖如何被風乾，並教大家如何在家做出一杯美味的歐恰達，最後當然就是在微風的輕拂下，好好地享用一份歐恰達配上Fartons長條麵包囉！

貼心小提醒

參加該行程，值得注意的是，約要2～3個小時的腳程，如需英文解說，可在預訂時先告知。

234

在大自然田野中現吃新鮮蔬果

有機農園美酒之旅
Huerta & Vino

交通 在地鐵3號線的Almássera集合出發 | **網址** www.hortaviva.net/enoturismo/huerta-y-vino | **預約** www.hortaviva.net/contacto，或到瓦倫西亞旅遊局詢問登記

　　來到瓦倫西亞，若對當地的農產品產地有興趣，且想在充滿自然氛圍的田野中品酩葡萄酒，那麼不妨撥出3～4小時的時間，參加這個洋溢田園風光的行程。

　　穿過鄉間小路，依照季節的不同，一路上會看到大片的朝鮮薊、甘藍菜田，甚至是穿插在其中的大片油莎草田，當然也可能會不經意地遇到種植在藤架上的番茄、田地裡的小巧馬鈴薯、菜園裡的紅蘿蔔，或是一株株待拔的玉米等等。

　　當恣意沐浴在大自然的同時，導覽人員也會介紹當地的特色建築讓你更了解這塊土地，隨後就會來到有機農園，在親自感受拔取有機洋蔥、紅蘿蔔、甜菜、番茄的樂趣後，導覽人員就會將之洗淨切盤，擺放在田園餐桌上，讓你在藍天白雲、充滿綠意的環境下，一邊啜飲瓦倫西亞自治區生產的葡萄美酒，一邊佐配著現摘現切、僅僅淋上橄欖油、以鹽調味的甜美鮮蔬，在這樣的情境下，或許你會發現，原來從產地到餐桌的美味，竟可以那麼地簡單。雖說如此，仍要提醒大家的是，整段行程約要步行5公里左右，要記得輕便著裝，若參訪時間為傍晚，記得帶件薄外套喔！

貼心小提醒

　　除了以上介紹的這兩種行程，還有阿爾布費拉湖米鄉之旅(El Arroz con D.O. en La Albufera)，或是能見到橄欖園與橄欖油製成的特級初榨橄欖油之旅(Ruta del Aceite de Oliva Virgen Extra)。

　　如果想學習西班牙燉飯，則可選擇參加由當地稻米學院(Escuela del Arroz)所規畫可以認識當地法定產區稻米(D.O. Arroz de Valencia)與烹調3種米飯料理的課程。

阿爾布費拉湖米鄉之旅
WEB www.hortaviva.net/rutas/el-arroz-con-d-o-en-la-albufera
特級初榨橄欖油之旅
WEB www.hortaviva.net/rutas/ruta-del-aceite-de-oliva-virgen-extra
稻米學院
WEB www.arrozdevalencia.org/cursos

漫步田園間

朝鮮薊田

體驗拔取蔬菜的樂趣

在田園中用餐，別有一番情趣

熱門必遊景點

來到這裡，不可不去的是⋯⋯

登上塔頂感受鐘響震撼
米格雷特塔
Torre del Miguelete

地址 Plaza de la Reina, s/n｜**交通** 搭乘地鐵3、5、9號線(往Aeroport方向)，至Xátiva站，出站後經過市政府廣場(Plaza del Ayuntamiento)，走到C/San Vicente Mártir右轉，直走到Plaza de la Reina的對面即是，整個步行約15分鐘｜**門票** 需現場購票｜**網址** www.catedraldevalencia.es｜**地圖** 後封裡

緊鄰大教堂，外觀為八角形、高約近70公尺、約莫200階的米格雷特塔，建造於1418年，沿著旋轉梯登上塔頂的途中，有一個樓層可以看到12個遙遠年代的大鐘，每個鐘亦都有自己的名字，最古老的鐘則是建造於1305年，裡面也有駐守人員，可以聽聽他們說說每個鐘的故事，並看看他們如何在整點或是特殊的時間，奮力敲響這重達數噸鐘的經過。

之後登上塔頂，會有一座高聳的鐘塔，上頭懸掛著仍持續運作、分別建造於1537年和1726年的骨董鐘，近距離地聆聽這鐘聲，會感到十分的宏亮。此外也別忘記從這裡俯瞰瓦倫西亞市美麗的風光，在各個不同的角度都能看到不同面貌，如女王廣場、整座大教堂等等，日落時分時更有難以言喻的美麗。雖然攀爬時會有點辛苦，但根據詢問許多人的經驗，都覺得能看到骨董鐘、且得以站在鐘下實際感受鐘響的震撼，並可瞭望整座城的美景，可謂十分值得。

1 爬上塔頂能近距離感受整點敲鐘的震耳鐘響 / 2 從塔頂可飽覽城市風光，且看到聖母堂

進入大教堂除了欣賞莊嚴開闊的空間，千萬別忘記參觀主祭壇

值得細細觀賞的大教堂門口

來看相傳耶穌在最後晚餐中使用的聖餐杯

大教堂
Catedral

地址 Plaza de la Almoina,s/n｜**交通** 搭乘地鐵3、5、9號線(往Aeroport方向)，至Xátiva站，出站後經過市政府廣場(Plaza del Ayuntamiento)，走到C/San Vicente Mártir右轉，直走到Plaza de la Reina的對面即是，整個步行約15分鐘｜**門票** 需現場購票｜**網址** www.catedraldevalencia.es｜**地圖** 後封裡

這座在當地人心中有著重要地位、從1262年開始興建、歷經數世紀完成的大教堂，因融合了各時代風格而更顯觀賞價值，包含了面對女王廣場(Plaza de la Reina)充滿巴洛克主義風格的主大門(Puerta de los Hierros)，聖母廣場上洋溢哥德式風格的使徒大門(Puerta de los Apóstoles)，以及在阿勒莫伊娜廣場(Plaza de la Almoina)的羅馬風式樣帕勞大門(Puerta del Palau)。其中最具可看性者當屬主大門，其大量繁複的雕花及人物雕刻，營造出華麗又典雅的氛圍，讓許多人花了許多時間在此觀賞。

該教堂除了主殿，還有8個禮拜堂與鐘塔部分。走進教堂，除了可觀賞挑高迴廊中文藝復興時期興建的禮拜堂，還有聖骨匣裡傳說中的聖維森特‧馬蒂爾(San Vicente Mártir)聖人的未腐爛手臂、博物館裡珍貴的聖器和雕像，以及哥雅的作品。最特別

西國文化發現

每週四中午的水利法庭審判

在使徒大門，從千年以來的每週四中午12點，都會舉行水利法庭(Tribunal de las Aguas)審判，原本當初是用來調解當地民間的水利灌溉糾紛，然而即使時光荏苒，目前已無此需求，但為了保留傳統，仍延續原有樣貌，現在依舊在這時間，會出現身著正統服飾的代表準時開庭，上演一段調解戲碼，讓大家瞧瞧當時的模樣，雖然時間短、也使用瓦倫西亞語，但仍舊吸引很多人在此等候觀看，若有興趣，記得早點到達。

週四的水利法庭，12點在使徒大門口準時開庭

之處，是在進去主大門後右手邊進去的一個獨立式哥德風附設聖杯禮拜堂(Capilla de Santo Cáliz)，裡面收藏有一口瑪瑙杯，相傳這就是耶穌在最後晚餐中使用的聖餐杯(Santo Cáliz)，從耶路撒冷一路被帶至此，而這禮拜堂，因為設計特殊，且頗具意義，所以也會有新人在此舉辦相關的儀式。

目前這座教堂除了一般性的宗教活動，在每年的1月22日也會舉辦有紀念當地守護神聖維森特‧馬蒂爾(San Vicente Mártir)的遊行活動，到時他的聖像會在神職人員的帶領，軍隊的護衛下，從正門抬出，巡繞城區供當地民眾瞻仰。

1 許多人都為聖杯禮拜堂(Capilla de Santo Cáliz)裡的最後晚餐聖杯而來 / 2 大教堂常舉行許多宗教儀式及活動 / 3 瓦倫西亞守護神聖維森特‧馬蒂爾紀念遊行活動，就是從大教堂出發

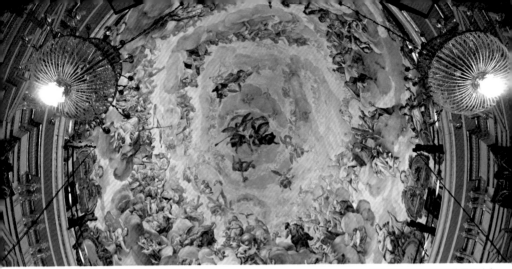

讓人看得捨不得眨眼的圓頂繪畫

瓦倫西亞市民的信仰中心

孤苦聖母堂

Real Basílica De Nuestra Señora De Los Desamparado

地址 Plaza de la Virgen｜**交通** 搭乘地鐵3、5、9號線(往 Aeroport方向)至Xátiva站，出站後經過市政府廣場，走到C/ San Vicente Mártir右轉，直走到Plaza de la Reina的對面，沿 著大教堂，就可以看到Plaza de la Virgen，整個步行約18分 鐘｜**門票** 無需門票｜**網址** www.basilicadesamparados.org/ home.html｜**地圖** 後封裡

與大教堂使徒大門一街之隔，矗立於聖母廣場 上的聖母堂，是當地人的宗教信仰中心，在 粉色外牆加上藍頂樣式建造於17世紀的巴洛克式建 築裡，主祭壇上供奉著一尊從1885年以來就是這個 城市守護者的聖母雕像。

據傳當時創建該教堂的宗教團體，在創立完備， 缺少聖母像的情況下，某天突然來了3位年輕人， 表達希望能以雕刻雕像方式換取3天食宿的意願， 教團同意且為其備妥材料後，3人便閉房雕刻，3 天後前來關切的教團開門後，人都已不見蹤影，僅 看到這尊面容慈藹、懷抱聖子、身披長袍、手拿權 杖的聖像。除了這座聖母像，教堂內還有美麗的天 頂，整體營造出華麗莊嚴的氛圍，因此每天總有絡 繹不絕的人潮到此。

當地人除了平時就對聖母表示虔誠的敬意，每年

1 聖母廣場上的知名噴水池 / 2 外觀素麗的聖母堂

3

4

5

6

7

還有兩次盛大的活動。首先是每年5月第二個週日的聖母節(Festividad de la Virgen de los Desamparados)，這個慶祝活動從週六晚上就在聖母廣場展開，包括演奏會和上百人的傳統舞蹈表演，到了週日，被放置在聖母堂的聖母則會被抬出，接受民眾瞻仰，現場許多人都會爭相去摸聖母的聖衣以祈求平安，或是在聖母像前，大聲的宣告對聖母的敬意，場面非常壯觀。另一個活動，則是在3月19日法雅節前兩天，所有的法雅會成員，會穿著傳統服飾，手持鮮花，組成綿延數公里長的隊伍，前來聖母堂，相關人員會將鮮花插在聖母形體的木樁上做成花袍，當完成後，整個會場宛如淹沒在花海中，十分的壯觀。

　　而這廣闊的聖母廣場，即使沒有活動，也因為聖母堂對面林立許多的露天咖啡座，加上有一座8個手拿噴水壺造型、象徵從杜利亞河引出灌溉水流的少女噴泉、及不時飛舞的鴿子，洋溢著愜意氣氛，所以除了當地人常來，也是旅人喜好的休憩之地。

3 小巧莊嚴的聖母堂，無論何時來，都能看到虔誠的民眾 / 4 聖母廣場除了宗教活動，也曾為4月6日世界枕頭戰日的「戰場」 / 5 每到法雅節獻花遊行完畢，現場總是一片花海 / 6 聖母節當天，聖母像會被抬出，場面相當壯觀 / 7 聖母廣場在平時就是當地人的休憩中心

館內2樓重現了瓦倫西亞舊有廚房景象

收藏豐富、看盡瓦倫西亞的陶藝精華
國立陶瓷博物館
Mueso Nacional de Cerámica

地址 C/Poeta Querol, 2｜**交通** 搭乘地鐵3、5、7、9號線至Cólon
站，出來後沿著C/Don Juan de Austria，過了C/Pintor Sorolla，就會
看到C/Poeta Querol，再步行約5分鐘即可到達｜**門票** 需現場購票｜
網址 www.mecd.gob.es/mnceramica/home.html｜**地圖** 後封裡

以絕佳陶瓷工藝聞名全國的瓦倫西亞，如果想一次看
盡它的陶藝精華，且對陶器有濃厚興趣的朋友，就
一定要造訪這座博物館！該建築由昔日的馬爾給斯宅邸
(Palacio del Marqués De Dos Aguas)改建，並在1954年
開放為陶藝美術館，從門口就會看到教人屏息的美麗立
面，正門上方繁複的聖母雕刻、兩側優美萬分的門柱，每
扇窗戶外框上的細緻浮雕，底層窗戶的新藝術風格鍛鐵都
讓人目不暇給。

　　館內收藏來自世界各地的陶器，從非洲、歐洲到亞洲，
歷史橫跨史前時代到近期，共約5千件以上的陶藝品，在
地面樓主要為不定期的現代陶藝特展，並展示有中國的陶
器，及早期的華麗馬車，沿著優雅的樓梯走上1樓，觀賞
重點則是美輪美奐的各式房間，如書房、臥室、舞廳、飯

1 建築的外觀就是一個巨大的藝術品 / 2
門口上方的繁複雕刻，是觀賞的重點

廳等，無論是家具擺飾、掛毯、吊燈，甚至連天花板的壁畫，牆面的裝飾、地板、門板都有可看之處，當然在房間內也擺設了相當多的美麗瓷器，讓人願意花時間好好觀賞。

2樓及3樓則都是瓷器展覽室，除有13世紀的生活陶器用品、17、18世紀的黃金瓷盤、現代的摩登造型藝術陶瓷，甚至還有畢卡索的陶藝品，當然也少不了介紹瓦倫西亞的陶藝發展史，及陳列了阿爾科拉(Alcora)、馬尼塞斯(Manises)、帕特爾納(Paterna)等近郊知名陶藝小鎮的作品。而在2樓中，千萬別忘記觀賞當時的廚房，除了能看到當時的烹調器具之外，運用大量瓷盤裝飾的牆壁，也讓人忍不住細瞧。

整體而言，這個博物館在陳設上，陶器不僅按照年代排列，簡介除了西文，還有英、法、德語的介紹，加上能以宛如參觀豪華宅邸的心情，細細地觀賞，更比一般的博物館多了點舒適感。且這裡常不時舉辦有各式活動，建議行前先上網查詢。

3 馬尼塞斯是當地知名的產陶鎮，所生產的美麗作品這裡也看得到 / 4 以多面鏡為牆的舞廳(Salón de Baile)，營造出寬闊華麗的氣氛 / 5 在裝潢典雅飯廳(Comedor)，有許多令人讚歎的細節 / 6 美輪美奐的紅廳(Sala Roja)

體會歐洲傳統市場來這裡就對了
中央市場
Mercado Central

地址 Plaza del Mercado｜交通 搭乘地鐵3、
5、9號線(往Aeroport方向)至Xátiva站，出站
後經過市政府廣場，走到Av. María Cristina
後，約步行5分鐘即可到達｜網址 www.
mercadocentralvalencia.es｜地圖 後封裡

這座不僅僅是市場的市場，得先從
它的建築說起，在1914年採現代
主義設計興建後，於1928年落成，據說
花費超過千萬打造。整體以鍛鐵和彩色
磁磚為主，並採用大量的彩色玻璃，與
透光的玻璃圓頂，營造出明亮氣氛。而
在這樓高兩層、占地8,000平方公尺的空
間裡，共容納了上千個攤位，由於提供
的種類之多，加上空間之大，因此被譽
為是歐洲數一數二的市場。所以這裡從
週一到週六都充滿了人聲鼎沸的人潮，
無論是當地人、還是各地的旅人都會在
此交會。若你想體驗歐洲傳統市場的氛
圍，看看當地人的生活縮影，就一定要
到訪這個地方。

　市場內除了新鮮的蔬菜水果、海產肉
類，更有起司、火腿、香料、醃漬物、
麵包、啤酒等攤位，由於瓦倫西亞擁有
葡萄酒產區，且也生產橄欖油，所以來

1 中央市場是當地最大，種類最多的市場 / 2 在市場逛累了，不妨到市場外，彩色房子下的餐廳或咖啡座，補充點體力
吧 / 3 市場內還有可以坐下來吃的Tapas吧

4-9 中央市場內的各式店家 / 10 市場內常不定期舉辦各類烹調活動 / 11 市場中央圓頂的下方，常隨著節日而有不同的布置，如聖母日就會布置聖母花壇 / 12 市場外有專賣西班牙燉飯鍋具的店家，想不想扛一個回去啊

到這也千萬別錯過這些好物。

　　如果逛得飢腸轆轆，這裡不僅有販賣各式燉飯或是小點的熟食攤，更還有可以坐下來小歇一番的Tapas吧，或是能買杯歐恰達豆奶消暑一下的專門攤位，在市場外面，還有販賣西班牙燉飯的鍋具和特色陶盤，如果想要帶一個回去，不妨好好選購一番。

　　來到這裡除了可以看建築、買東西，更重要的是還可以體驗文化，在這市場的中央圓頂下，常常上演著不同的活動，有時會是廚藝表演，有時則會有歌劇、演奏會、行動劇活動。由於表演時，都會和買菜的民眾一起互動，因此很能引起共鳴。如果剛好遇上節日，如聖誕節就在此布置上高聳的聖誕樹；聖母日則會搭上聖母花壇布置；法雅節時，法雅公主們還會到此拍攝宣傳照，所以在這個隨時都可能充滿驚奇的市場裡，你所看到的絕不是僅僅只有市場的面貌而已。

西國文化發現

西班牙燉飯鍋具這裡買

　　如果你和Kate一樣愛料理，那請別忘記在這燉飯之鄉，帶一個西班牙燉飯鍋回家。材質有不鏽鋼、黑鐵、白鐵3種，差異只是在於保養，後兩者在用完後，記得上層橄欖油保養，價格也較為便宜。2～6人份的大小是最方便攜帶的，如果想購買整套，別忘記在烹調時可以均勻晃動鍋內食材的圓扁漏洞湯勺喔！

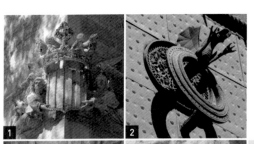

絲綢交易所內的景致

15世紀貿易巔峰時期的建築
絲綢交易所
Lonja de la Seda

地址 C/ Conde de Almodóvar, 4 ,入口在C/ Lonja, 2 | **交通** 搭乘地鐵3、5、9號線(往Aeroport方向)至Xátiva站,出站後經過市政府廣場,走到Av. María Cristina、經過Plaza del Mercado後,再步行約5分鐘即可到達 | **門票** 需現場購票 | **網址** www.lonjadevalencia.com | **地圖** 後封裡

位在中央市場斜對街,為哥德式建築晚期傑出作品之一的絲綢交易所,是興建於瓦倫西亞15世紀貿易巔峰期間的建築,一直到19世紀,都是商業貿易和絲綢的交易場所,由於具有歷史代表性、加上建築特色鮮明,所以在1996年被宣布為世界遺產。

從門口進來後,會先看到種滿綠意植栽、黃澄澄橙樹的中庭,面對花園的左手邊,就是由佩瑞・貢布特(Pere Compte)所設計、花了15年建造的交易廳(Sala de Contratación)。從哥德式大門進入時,可先觀賞一下門邊各式奇特的怪獸、人像雕刻,而後繼續向裡走,就會看到在寬21公尺、長36公尺、高17公尺的優雅空間中,8根以開枝散葉高聳姿態撐住高大半圓形頂篷的螺旋梁柱,加上周邊的哥德式窗戶,頂篷的造

1-2 在Plaza del Mercat的絲綢交易所門上和牆上有著精美裝飾 / 3-4 在中庭通往交易廳的門上有各式奇異造型的雕刻 / 5 海洋領事館的美麗外牆

型吊燈,都能讓相機無法離手,而這交易廳也是瓦倫西亞當時作為地中海主要商業中心時,最能展現權力和財富的象徵。

接著來到設計莊嚴寬廣的商業法庭(Tribunal de Comercio),可在此看看投影在牆上關於建築的影音介紹,走回中庭,沿著樓梯上樓後,就會到達海洋領事館(Consulado de Mar),這裡最值得一看的就是做工細緻、散發華麗感的橫木天花板。而樓梯下方則有一個圓拱空間的地下室。

除了館內的精湛建築,建築的外牆上還有許多精雕細琢的雕飾,而28座造型誇張、兼具導水作用的出水口,更為整座建築增添可看之處。再者,每週日早上在靠近Plaza del Mercat的絲綢交易所外,更有販賣舊郵票、錢幣及徽章的舊市集,聚集了許多愛好者在此淘寶和交流,也讓旅人得以在延續交易所的精神氛圍下,好好的消磨週末早晨時光。

6 海洋領事館的天花板做工十分精緻 / 7 有8根壯麗螺旋柱的交易廳 / 8 在昔日的商業法庭,可看到建築影音介紹 / 9 週日早上交易所外的熱鬧非凡的錢幣、郵票市集

在區內規畫幾個小點徒步旅遊
舊城區 Ciuta Vella

▌塞拉諾城樓（Torres de Serranos）
地址 Plaza de Fueros｜**門票** 需現場購票｜**網址** www.valencia.es/cultura｜**地圖** 後封裡

▌夸爾特城樓（Torres de Quart）
地址 Plaza de Santa Úrsula 1｜**門票** 需現場購票｜**網址** www.valencia.es/cultura｜**地圖** 後封裡

▌玩具兵博物館（L'Iber, Museo de los Soldaditos de Plomo）
地址 Calle Caballeros 20-22｜**門票** 需現場購票｜**網址** www.museoliber.org｜**地圖** 後封裡

▌圓形市場（Plaza Redonda）
地址 Plaza Lope de Vega旁｜**地圖** 後封裡

舊城區是來瓦倫西亞的旅人絕對不能錯過的觀賞區域，除了大教堂、孤苦聖母教堂、絲綢交易所、國立陶瓷博物館、中央市場等觀賞重點，還有一些值得一逛的景點，甚至得以盡情享受夜生活。

首先是靠近杜利亞河床公園的**塞拉諾城樓**(Torres de Serranos)和夸爾特街(C/Quart)的**夸爾特城樓**(Torres de Quart)，這是當時11世紀回教徒占領瓦倫西亞時，陸續興建的12道城門中，在1865年實施都市規畫後，目前城內所遺留下來的二座城門，除具有歷史價值，塞拉諾城樓也是法雅節開幕儀式或多項活動的舉辦場地，兩者皆可登上塔頂，觀賞城內美景。

1840年至今的**圓形市場**(Plaza Redonda)，是一個集結陶器、刺繡、販賣工作服的市場，在前幾年整頓後，變得更具漫遊價值，許多的店家在這經營都有數十年的歷史，以前是當地人的活動中心，現在則是旅人窺看當地人生活軌跡和購買當地特色紀念品的地方。

1 塞拉諾城樓建於1392～1398年，哥德式的裝飾為威嚴的城門多了幾分可看性 / 2 在塞拉諾城樓內，可藉由不同高度的樓梯，看不同的景觀 / 3 登上夸爾特城樓，可看到舊城區風景

　　玩具兵博物館(L'Iber, Museo de los soldaditos de plomo)展示了數以百萬計的玩具兵和多樣特色主題如民俗、時尚、卡通造型的袖珍玩偶,在週日館員還會打扮成士兵的模樣,且有玩家以玩具兵模擬戰爭遊戲。

　　而巡遊在舊城區內,還能不經意地遇見許多二手衣店、二手書店,都能為徒步旅遊增添許多趣味。若想享受夜生活,別忘了可沿著聖母廣場對面的C/Caballeros一直走到Plaza Tossal,眾多熱鬧的酒吧和美味餐廳都等著你蒞臨喔!

4 圓形市場如名是個圓形的空間,中央的噴泉是永遠的地標 / 5 圓形市場裡常聚集許多當地婦女在這學習刺繡,並且交流生活情報 / 6-7 圓形市場是當地民眾購買工作服、陶器、刺繡、孩童服的地方 / 8 在舊城區內有許多有意思的小店,圖中為位在Plaza de Santa Catalina巷內的1分鐘縫製上字樣的圍裙店 / 9-10 玩具兵博物館 / 11 每到週末,所有的玩具兵玩家都會在此用玩具兵作戰,相互交流

感受攀爬在巨大格列佛身上的滋味

杜利亞河床公園
Jardines del Turia

地址 Antiguo Cauce del Turia | **交通** 搭乘地鐵3、5、7、9號線至Alameda站，出站後即是，往科學城的方向，會看到噴水池、格列佛遊戲場；或是搭乘95或1號公車，在帕勞音樂廳下車 | **地圖** 後封裡

這片綿延9公里、貫穿整個瓦倫西亞市的河床公園，在當地有著舉足輕重的地位。這條河在早期時常氾濫成災，在1957年造成極大的損失後，當地政府便廣徵人民意見，毅然決然填平該地，且種植大量林木綠地作為公園使用，並規畫了腳踏車道、運動場、足球場等，讓人民可以恣意在此慢跑、散步、曬太陽、野餐、騎腳踏車，乃至舉辦各種的藝文活動或市集活動。

另外在這公園上也興建了多項藝文娛樂公共設施，除了有專文介紹的動物園、藝術科學城等，更還有帕勞音樂廳(Palau de la Música)、植物園、音樂噴水池和巨大格列佛(Gulliver)兒童遊戲場。在這些設施中又以後兩者最受到當地人喜愛。

噴水池位在帕勞音樂廳的前方，由於綠意盎然，又有玩樂與歇息之處，加上在夏

1 展示橋(Puente de la Exposición)是由出生於當地的建築師卡拉特拉瓦(Santiago Calatrava)興建，是杜利亞河床上通往市中心的重要橋梁，而橋下的阿拉梅達(Alameda)捷運站也是他的代表作，很值得一遊 / 2 公園內還有遊園車，為民眾和旅人提供便利 / 3 在河床公園的花橋(Pont de les Flors)區段，常會不定期舉辦各種活動，包括四月節、國際美食節、夏日遊樂園等 / 4 夏日週末的夜晚，在帕勞音樂廳前的水池會有音樂水舞表演

天週末晚上約8點，都會有伴隨交響樂和燈光長達20分鐘的噴水表演，而受到歡迎。

　　至於格列佛遊戲區，則是孩子們的最愛，在廣大的空地上，仿效「格列佛遊小人國」的故事，設計了一個巨大的格列佛，讓人感覺像在童話故事裡，被小人國的人民綁在地上，一旁還散落著他的長劍和高帽，而在他身體的許多部位，如頭髮、腰帶、衣服，都被設計成溜滑梯的形態，頓時大家就宛如化身為小人國裡的人民，在格列佛的身體上隨意穿梭，你可以從髮絲上溜下來，也可以在衣服皺褶形成的大滑道上來個刺激的滑行，其中也不乏童心未泯的大人和孩子一起玩耍，整個遊樂場裡，此起彼落的歡笑聲，讓人感覺歡樂無比，累了可以坐在由帽子變成的座椅上，裡面還可以看見整個遊戲場的模型呢！

在格列佛遊戲區段，是著名的孩童遊樂區，連標示都很童趣

格列佛遊戲區

在格列佛遊戲區，大人小孩們盡情在他的身體上玩樂！

格列佛的鞋子成了人們乘涼的地方

衣服的皺褶成了溜滑梯

玩累了就坐在手臂上休息吧

格列佛的帽子，化身為小人國裡可供民眾休息的座椅

格列佛的袖子裡可以捉迷藏

髮絲也能玩耍喔

巴洛克式風格的中世紀畫作美術館
瓦倫西亞美術館 Museo de Bellas Artes de Valencia

地址 C/ San Pío V, 9 | **交通** 搭乘地鐵3、5、7、9號線至Alameda站，沿著杜利亞河床公園地面道路，往動物園方向步行15分鐘；或搭乘6、11、16、26、28號公車，到Sant Pius V-Alboraia站下車即可到達 | **門票** 無需門票 | **網址** museobellasartesvalencia.gva.es | **地圖** 後封裡

位在杜利亞河床公園特里尼達德橋(Puente de La Trinidad)旁，從17世紀聖畢歐5世學院(Colegio de San Pío V)改建而來，建築中散發著巴洛克式風格，是城內最重要欣賞中世紀畫作的美術館。

地面樓為14～15世紀的祭壇畫展示空間，採一面面的立牆呈現，以許多的聖經故事和人物為題，畫工與製作之細，讓人歎為觀止，也是這個美術館最特別之處。而1、2樓則有16～17世紀的畫作，展示包括哥雅、委拉斯蓋斯、埃爾‧格列柯等西班牙知名畫家畫作，及荷蘭畫家埃爾‧波斯可(El Bosco)、比利時畫家范‧戴克(Van Dyck)的作品，更重要的是有瓦倫西亞當地畫家的創作，包括14～16世紀的哥德風格畫家，如胡安‧德‧瑪斯(Juan de Juanes)、胡塞佩‧德‧里貝拉(Jusepe de Ribera)；19世紀印象派畫家哈金‧蘇洛亞(Joaquín Sorolla)，及皮納索(Pinazo)作品。

另外館內還有許多巨幅的織錦畫和美麗掛毯、上百件的羅馬雕刻和文物、一座優美的中庭，並且從原址(現在的Calle del Embajador Vich街)遷移部分建築至此、以及建造於1527年的藍色拱形VICH大使庭院(Patio del Palacio del Embajador Vich)。

1 館內有許多16～17世紀的畫作 / 2 地面樓有多樣讓人歎為觀止的14～15世紀祭壇畫 / 3 巨幅的織錦畫和美麗掛毯也值得花時間觀賞

藝術科學城空拍圖，由左至右分別為蘇菲亞王妃歌劇院、天文館、菲力佩王子科學館、行人徒步道、多功能場館

瓦倫西亞邁向現代科技娛樂城的代表作

藝術科學城 Ciudad de las Artes y las Ciencias

地址 Av. del Saler 1,3,5,7 ｜ 交通 搭乘95號公車，看到蘇菲亞王妃歌劇院即可下車，過馬路即可到達，至此步行到最後一棟建築海洋館，約需1小時，亦可依照自己欲觀賞的建築物下車 ｜ 門票 需門票，可網路訂票 ｜ 網址 www.cac.es ｜ 地圖 P.225

來到瓦倫西亞，如果沒到過藝術科學城，那就是等於白走一遭了！因為這裡可說是將瓦倫西亞這座歷史古城，邁向現代科技娛樂城的代表作。

整座的興建設計，是出自出生於當地、聞名於世界的建築師——聖地牙哥·卡拉特拉瓦(Santiago Calatrava)之手，由於設計前衛，加上以湛藍和白為主色調，讓人逛來舒適，因此來到這裡，即使不入內，也建議安排數小時的時間參觀。

春天百花盛開的花園，襯著蘇菲亞王妃歌劇院更為顯目

253

充滿未來感的建築群

依照步行順序，首先會看到的是從希臘頭盔發想而來的蘇菲亞王妃歌劇院(Palau de les Arts Reina Sofia)，看看這鑲嵌著白色馬賽克磁磚的建築，在陽光和水影的照射下顯得光耀奪目，也曾有人遠看覺得像是一條大魚，無論如何，這在當地可是觀賞歌劇、管絃樂、音樂會、舞台表演的好地方。

接下來映入眼簾的，是一座聳立在水池中，有著巨大眼睛造型的天文館(Hemisféric)建築，裡面可是有直徑24公尺、900平方公分所組成的凹屏幕放映空間，和號稱西班牙最大的IMAX超大螢幕電影院及雷射投影系統，若是造訪時有幸遇到宛如眼瞼的

1 圖片的左方為菲力佩王子科學館，正中間即為斜張橋 / 2 科學城的白天與夜晚有著不同的美感

裝置打開的樣子，就實在太幸運了！如願意耐心等待，且天公作美，那麼還可看到水池平靜無波時，與倒影合成一隻眼睛的模樣。

至於距離天文館步行不到3分鐘，緊鄰水池，宛如遠古時代生物骨架的長形建築(亦有一説是以樹林為設計概念)，就是以西班牙王子為名的菲力佩王子科學館(Museo de las Ciencias Príncipe Felipe)，行走於內可感受骨架和光影所建構出的奇特空間感，在占據26萬平方公尺，共4層樓的展場裡，將能藉由多項互動式設備，解開大、小朋友對科學的迷惑，認識科學的奧妙。

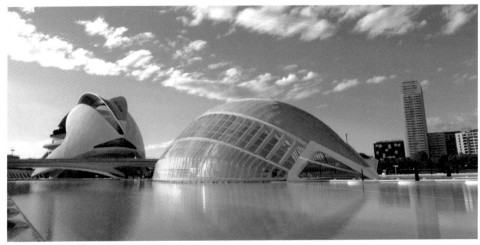

宛如巨大眼睛造型的天文館

而與科學館僅有一水池之隔的行人徒步道(Umbracle)，橋上得以享受微風吹拂的拱形透光設計，不僅是擺放公共藝術品的戶外走廊，也設置有植物園、Lounge Bar與恐龍展覽館。亦是能拍攝到藝術科學城俯瞰美景的好地方。

接著在前往海洋館(Oceanográfic)途中的斜張橋(El Puente de l´Assut de l´Or)時，別忘記稍停片刻觀賞一下它的英姿，該橋主要由155公尺跨度，共72根重達21公噸的條狀肋骨所組成，步行於橋上人行道時，不僅能體會身旁眾車呼嘯而過的快感，與不同時分的美景變化，在夏天的傍晚走過，更能看到美麗的晚霞呢！

多功能場館(Ágora)為所有建築中最後完成者，這座外表宛如鯨魚出水造型的建築，曾舉辦過OPEN 500網球公開賽多場賽事，並也曾是瓦倫西亞時尚週的舉辦場地，尤其是時尚週夜晚於館外水池舉辦的伸展台走秀，總吸引上千人坐在台階上觀賞。

多功能場館常被用來舉辦各種活動，如時尚週走秀台

一定要去歐洲最大的海洋館

藝術科學城的最後一站——海洋館，是建議有時間、有預算者一定要造訪入內的景點，除有被列為歐洲最大海洋館的殊榮，包含了海豚館、白鯨館、極地館、熱帶海洋館、海豚表演區等，並還有可愛的鳥園與烏龜區共10個展館。此外兩條長約70公尺的海底隧道，讓人得以和大小不等的多彩魚群有近距離地接觸，並還設有海底餐廳，能在魚群的陪伴下，享受浪漫的用餐時光呢！

型特殊的海洋館建築

3 在海洋餐廳，可以邊賞魚、邊用餐 / 4 海洋館內有眾多可愛的海底生物 / 5 來海洋館一定要看看精采的海洋動物表演

感受地中海絕佳風情的海灘

白色海岸
Costa Blanca

交通 搭乘地鐵5、7號線至Marítim-Serrería站,到對面月台換6號輕軌,到Dr.Lluch下車,往海邊步行約10分鐘內即可到達|**地圖** P.225

如果來到瓦倫西亞,沒有好好地感受一下白色海岸的魅力,實為一大憾事!位在瓦倫西亞市東邊的綿長海岸線,共分成3段,包括了Arenas、Malvarrosa、Patacona,其中以Arenas海灘最受歡迎,主要原因在於交通方便、海岸線迷人、有Marítimo步道(Paseo Marítimo)等,因此常常聚集許多戲水或是曬日光浴的人,也有人在此放風箏,玩沙灘排球。

也因為人潮眾多,所以也常成為舉辦活動的地點,包括了風箏比賽或是中古世紀市集都曾以這段為據點,假日Marítimo步道則聚集許多街頭藝人和小攤,到了夏天夜晚,還有市集。

順著此步道,往Malvarrosa海灘的路上,更林立許多露天咖啡座和啤酒屋,而在Paseo de Neptuno則有許多的海鮮餐廳,提供了相當美味的西班牙燉飯。若往回一個街區,在輕軌站附近亦有許多的酒吧和舞廳,也是知名的夜生活區域。

1 帆與風(Veles e Vents／Velas y Vientos)建築 / 2 碼頭 / 3 Paseo de Neptuno步道旁有許多的海鮮餐廳,許多人都會專程來這用餐

而面對海洋右邊連接的碼頭上,則是為了2006年美洲盃帆船賽事建造的特殊造型建築——帆與風(Veles e Vents／Velas y Vientos),是英國建築師大衛・奇普菲爾德(David Chipperfield)的作品,以前該區曾被用為舉辦F1街道賽的會場,現在這個海港,則有著讓人愜意散步的步道。

同場加映

逛街、吃飯、看電影,來這一次滿足

博奈雷商業中心
Centro Comercial Bonaire

Outlet 血拼 哪裡去

地址 Ctra. A3 Km. 345, 46960 Aldaia, Valencia │ 交通 搭乘地鐵3、5、9號線至Av. Del Cid站,出站會看到 160號黃色公車站牌,上車後和司機購買到Bonaire 的車票,約40分鐘即可到達。(公車網址:www. fernanbus.es)│ 網址 www.bonaire.es │ 地圖 P.224

如果抵達瓦倫西亞,想要一次一網打盡眾多西班牙品牌,買到諸多廠牌特價品,且滿足逛街、吃飯、看電影、休閒娛樂等欲望,那請到這個從2001年開幕至今、被稱為瓦倫西亞最大購物中心的博奈雷商業中心。

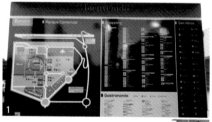

在這個擁有超過200家店面、面積占據13.5萬平方公尺的園區裡,共分為Bonaire品牌進駐區及factory Bonaire。在品牌進駐區共分為上下兩層,地面層的品牌包括了:Bershka、BÓBOLI、CORTEFIEL、ADOLFO DOMINGUEZ、Desigual、TOUS、MANGO、Massimo Dutti、OYSHO、MISAKO、ZARA、Pull & Bear、Stradivarius等西國品牌,

1 進入前可以先從看板了解自己要買的品牌位置 / 2 園區內空間寬敞,且設計充滿熱帶休閒感 / 3 園區內有多樣的兒童設施供孩童玩耍

☑ 到商品齊全的MANGO Outlet和運動用品店逛逛，並試著在其他品牌的Outlet店挖寶

☑ 到台灣沒有的英國平價品牌PRIMARK商場看看

另外還有C&A、UNITED COLORS OF BENETTON、H&M、TOMMY HILFIGER、celio、英國平價時尚品牌PRIMARK等等，除了提供當季服飾，當然這些品牌有時也會有一些特惠活動和區域。

第二層為餐廳及一些遊戲場，而在電影院的空間裡，亦有提供從中式、義式、美式、西班牙式的餐廳。此外，園區內與周邊林立著許多咖啡館、餐廳，甚至還有大型連鎖生鮮超市Alcampo，並布置有許多的小型花園、水池、遊樂設施、Villa式座椅，週末及節慶還會舉辦許多活動。

至於在博奈雷工廠(factory Bonaire)區，雖然規模不大，但都提供折扣相當驚人的過季商品，品牌包括了MANGO、Desigual、CAMPER、ADOLFO DOMINGUEZ、GUESS、Women´secret等等，另外在這裡也可以看到許多知名運動品牌，如Nike、adidas、PUMA、Reebok的Outlet門市，不僅種類齊全，下殺後的價格，也非常便宜。對購物有興趣的朋友，建議可在博奈雷商業中心規畫半天以上的時間，好好享受瘋狂購物，盡情玩樂的樂趣吧！

4 博奈雷工廠Outlet大門 / 5-7 Outlet區內林立各式品牌，讓人心花怒放 / 8 到了夜晚，這裡的水池都會有美麗的音樂水舞秀

隨興漫遊景點

除了那些不可不去，也很精采的……

享譽全球的瓷偶品牌誕生地
雅緻博物館
Museo Lladró

地址 Carretera de Alboraya, s/n , 46016 Tavernes Blanques, Valencia｜**交通** 搭乘地鐵3、9號線到Alboraya Peris Aragó，出站後沿著Carretera de Alboraya，步行15分鐘即可到達｜**門票** 無需門票，但參訪時需要線上預約｜**網址** museo.lladro.com｜**地圖** P.225

享譽全球的藝術陶瓷品牌——Lladró，誕生地就在瓦倫西亞，雖然市區也有門市，但若想看更多的陶瓷品，一睹製作過程和最新的作品，建議可花點時間來這看看！這個位在瓦倫西亞郊外Tavernes Blanques鎮上，占地9萬2千多坪的場地裡，涵蓋了博物館與工廠兩個部分。

在博物館裡，可以看到陶藝師所製作的各式瓷偶，如充滿西班牙風情的佛朗明哥舞者、栩栩如生的唐吉軻德，並還有取材自日常生活中以情侶、新人、母親與小孩等為主題，捉住感動時刻的瓷偶，另外以宗教、文學、音樂等面向為主題作品也不少。在他們的作品裡，或許看不到繁複的裝飾或是炫麗的造型，但因為融入

1 由眾多天使做成的巨型吊燈 / 2 揮舞長劍的唐吉軻德 / 3 以知名藝術品為藍本的作品

4 洋溢西班牙女郎風情的作品 / 5 建築物系列 / 6 作品中不乏以孩童天使為靈感 / 7-9 在折扣區，只要花點心思挑選，就會買到好貨

了生活中美好的情感，而讓他們的作品得以歷久彌新，百看不厭。

而在進行工廠參觀時，你會發現每尊的瓷偶並非一體成形，而是採用模型接合的方式做成，之後再進行修補、上色，與燒窯動作，當更了解這些過程，就會發現每尊瓷器的背後，都需要花費相當久的時間，也因此在每個作品的下方，都會標示上編號和設計者的簽名，以對於自己作品的重視。

之後你將會看到最新一季的創作，與每年針對每個國家文化風情製作的限定款，如日本區的限定款Hello Kitty、穿和服的女人，印度代表智慧和錢財的大象神等。

由於這裡展示在此出品的各項創作，所以如欲買特定國的限定款，在這裡也都能買到，甚至，也可以訂製專屬樣式。

如果你對於館內的作品愛不釋手，但礙於金額，裹足不前，那麼這裡還有一個折扣區，由於Lladró對於品質的要求極為嚴格，因此只要顏色不如預期或是有些許瑕疵，就會被送到這裡，但並不表示折扣品的品質和正品有極大的差異，有時從外觀辦別，幾乎看不出來，差別只是在於底部的商標不完整，加上這裡對外開放，沒有預約的限制，所以常常吸引許多愛好者在這仔細選購呢！

綜覽當地藝術家創作的藝術殿堂
瓦倫西亞現代美術館
Institut Valencia de Art Modern（IVAM）

地址 C/ Guillem de Castro, 118 ｜ **交通**
搭乘地鐵3、5、7、9號線至Cólon站，
出來後搭乘5號公車，約15～20分鐘，
到達Guillem de Castro-Na Jordana站牌
下車即可到達｜**門票** 需現場購票｜**網址**
www.ivam.es/en｜**地圖** 後封裡

位在杜利亞河床公園藝術橋
(Puente de Las Artes)附
近的IVAM現代美術館(發音為ee-
bam)，是西班牙境內相當傑出
的現代藝術館之一，也是當地最
大的現代美術館。當初是由瓦倫
西亞建築師艾米利歐·希們涅茲
(Emilio Giménez)和卡洛斯·薩爾
瓦多列斯(Garlos Salvadores)兩人
設計打造，並在1989年2月啟用，
主要收藏有20世紀西班牙藝術經
典作品，亦長期展出當地藝術家
創作，如雕刻家胡立歐·貢塞列
茲(Julio Gonzélez)和畫家伊格納
西歐·皮納索·卡馬連克(Ignacio
Pinazo Camarlench)等，並且關
注攝影、影像藝術，而在規畫多
樣前衛創新特展及傑出的臨時展
覽之餘，也常賦予新進藝術家機
會，使得不少藝術家得以在此嶄
露頭角。

另外這裡也常舉辦許多的講座
及課程，且不時有戲劇、現場演
奏、音樂表演，而館內圖書館的
豐富收藏，也吸引許多藝術愛好
者在此尋找資料；館內也有附設
餐廳、咖啡館和藝術書店，喜歡
現代藝術的人，可以在此消磨一
下午。

在這裡可欣賞到多種創作類型的藝術品

帶你深入了解法雅節文化

法雅博物館
Museo Fallero

地址 Plaza Pargue de Monteolivete ,4 ｜ 交通 搭乘95號公車到 Professor López Piñero - Museu de les Ciències站，在尚未抵達蘇菲亞王妃歌劇院前下車｜門票 需現場購票｜地圖 P.225

瓦倫西亞的法雅節是西班牙三大節慶之一，若你無法在3月蒞臨這個盛大的節日，那麼參觀這個節慶博物館，不失為一個好方法。

門外宛如火焰意象般的巨大金屬雕刻品，傳遞了法雅節也被稱為火節的意涵，在這棟由醫院改建而來的建築裡，展覽館共分兩層，地面層主要展示法雅節的由來，並依照年代陳列出每年在法雅節人偶展(P.46)中，被民眾票選出來最受歡迎，所以不會被燒毀的一大一小法雅人偶(Ninots)，你可以看到因為年代的演進，在題材選擇、做工精緻度上的差異，甚至還深入淺出地介紹人偶如何被製作，並能透過各種的器具和部位的模型展示，了解這偉大的工藝。

樓上的展間雖然延續了1樓的歷屆人偶，但卻有更多關於法雅節的組成元素介紹，包括了歷任法雅公主的照片、節慶海報及相關報導。而在地面層緊鄰售票口的房間內，規畫有每年市政府製作的法雅人偶和照片，除了看看老照片，還能知曉當時周邊建物改變的情況，對喜歡在旅程中，欲了解更多當地文化的旅人來說，這個博物館很值得一遊。

1 法雅博物館門口 / 2 門口外醒目的火焰意象金屬雕刻 / 3 地面樓展間 / 4 從歷屆被民眾票選出的受歡迎人偶，可以看出與日精進的人偶工藝

Shopping戰區的休息站
古隆市場
Mercado de Colón

地址 C/Jorge Juan, 19 | **交通** 搭乘地鐵3、5、7、9號線至Cólon站，出來後走到斜對街的C/Jorge Juan，步行7分鐘即可到達 | **網址** www.mercadocolon.es | **地圖** 後封裡

美麗的古隆市場為當地人的重要休憩與舉辦藝文活動的據點

這棟位在市中心熱鬧商業區域、充滿現代主義意象的建築，於1916年平安夜落成，被作為市場使用，是由當時深受加泰隆尼亞現代主義建築師多梅內切(Doménech i Montaner)、普易居(Puig)影響的法蘭西斯柯・摩拉・貝林給(Francisco Mora Berenguer)所設計建造。

在建築立面上，以大量的紅磚為主，除了運用陶瓷做出瓦倫西亞市徽作為主要的裝飾，並善用磁磚拼貼出當地生活風情，如在橙園中穿著傳統服飾的人們，或是用立體的柑橘作為綴飾，營造出當地意象。而裡頭則是採用鋼構撐起整個空間，並在中央運用自然光帶來明亮光線。

約西元2000年左右，經過整建，現在市場的功能已漸漸褪去，取而代之的則是充滿閒適氛圍的環境，在這個占地4,337平方公尺的空間裡，共分地面層和地下層，地面層兩邊布滿了許多小巧咖啡館和花攤，地下層則有一些維持市場之名的食材店或攤商，另外還有餐廳、水池。

由於周邊是知名的Shopping區，包括隔街的La Galería Jorge Juan購物廊等，因此常有逛累的民眾選擇在此休息。目前這裡也常常不定期舉辦各式手創市集或音樂活動，讓這個市場有了更多元的藝文面容和現代化功能。

1 美麗的鋼構設計空間 / 2 立面上的多樣裝飾 / 3 不定期舉辦的手創市集，讓古隆市場充滿熱鬧氣息 / 4 位於古隆市場旁的La Galería Jorge Juan購物街

同場加映
逛街娛樂哪裡去

在古隆大街(C/Colón)購物商圈，可以見到許多西班牙品牌

在C/ Ribera和Passeig de Russafa街區也有許多知名品牌駐點

當地人主要購物商圈
古隆大街C/Colón

交通 可搭乘地鐵3、5、7、9號線至Colón站下車 | **地圖** 後封裡

在C/Colón除有3家分別為服飾館和家飾館的El Corte Inglés百貨公司，大街上還有許多西班牙知名品牌商店，而其巷內也有多家美食餐廳和設計店，此外，所延伸的街區如C/Don Juan de Austria、C/Jorge Juan(後封裡)也是必逛的購物街。

瓦倫西亞蘇活區
Ruzafa

交通 搭乘公車2、3、19、40、41、49在Germanies – Sevilla下車，即可開始徒步沿著街區漫遊 | **地圖** P.224

若想看看當地設計創意店、藝術工作坊、特色小店、餐廳、酒吧、咖啡廳的聚集地，請不要錯過Ruzafa市場(Mercado Ruzafa)附近，由C/Sueca、C/Puerto Rico、C/Cádiz、C/Dénia、C/Sevilla等街道交接成的Ruzafa區域，這裡每兩年會舉辦一次Russafart藝術節，活動期間藝術家會開放其工作室參觀，並且有各式各樣的藝文表演。

Ruzafa區內有許多藝文設計特色小店

娛樂美食街區
C/ Ribera

交通 搭乘地鐵3、5、9號線至Xátiva站下車 | **地圖** 後封裡

從北火車站(Estación del Norte)到鬥牛場(Plaza de Toros)、市政府(Ayuntamiento)這區，其中如C/Ribera、Passeig de Russafa則有許多餐廳、Tapas吧、咖啡館、電影院、西班牙品牌服飾店，其所相接的巷內也有許多服飾店和特色小店。

國際精品街區
C/ Poeta Querol

交通 搭乘地鐵3、5、7、9號線至Colón站下車，沿著C/Don Juan de Austria步行到底，越過馬路即可接連C/ Poeta Querol | **地圖** 後封裡

包括有如HERMES、Salvatore Ferragamo、Louis Vuitton、LOEWE、Michael Kors等，並有西班牙瓷偶品牌Lladró，而該區也和C/Don Juan de Austria、C/Jorge Juan一樣，是每年舉辦數次Valencia Shopping Night活動時的重點區域之一。

國際精品街區——C/ Poeta Querol每到Valencia Shopping Night活動時，總是熱鬧非凡，有時有模特兒助陣

乘船遊湖是最能貼近這裡的玩法

阿爾布費拉湖
La Albufera

近郊
Suburban Travel
半日遊

交通 搭乘地鐵3、5、9號線至Xátiva，從
Estación del Norte步行到Gran Vía Germanías,
34(在和C/ Sueca交接處) 即有站牌，搭乘190
號往El Palmar的公車，上車買票時，問一下司
機，是否有到Embarcadero del Palmar。

　另外在Plaza de Cánovas、海洋公園
(Oceanogràfic)也有站牌(公車網址：www.
avmm.es 點選area-metropolitana-de-valencia
查詢)｜**網址** www.albuferadevalencia.com、
www.albuferaparc.com/actividades、www.
albufera.com｜**地圖** P.225

漫遊渠道旁，十分寫意

停泊在湖面的
傳統船隻

位於瓦倫西市亞近郊約15公里處，是一個由沙丘和杉木森林形成的淡水湖區，因為有
著良好的自然生態，吸引了許多的鳥類聚集於此，目前保守估計就約百種之多，其
中長期棲息於此就有近百種，並可以看到多樣的魚類、水生植物，因此在1990年被列為
自然保護公園，如果想認識這個湖區，搭乘傳統造型船隻遊湖(Paseo en Barca)是最好
的方法，當船沿著隨風搖曳的兩岸蘆葦划出湖道，就會順著水流搖晃在一望無際的湖面
上，沿途天空可見到各式的鳥類，船邊亦有多樣的魚兒伴隨著你遊湖，甚至還能看到利
用平底船和捕魚網，正在捕獲魚類和鰻魚的漁夫們。

悠悠划船、愜意捕魚的漁夫

船上還備有望遠鏡和圖鑑，讓你可以分辨各種鳥類和魚類

這裡有許多供應美味西班牙燉飯的店家

遊湖時可以觀賞到許多鳥類

這裡常可見到漫遊在街上和餐桌旁的溫馴貓兒們

鎮上保留許多舊農舍，並眷養羊隻

靠岸下船後，就能沿著小徑從統小屋的後門進入看看那質樸華的內裝，不因時光流逝泯滅華的擺設，無論是小巧的廚、溫馨的火爐，還是沿著木梯樓後，所見的繡有蕾絲的舒適質床單寢室，屋外在豔陽下閃明亮光芒、結實纍纍的果樹，是隨著季節盛開的花朵，都教對從前在此生活的人們，充滿限的想像。

貼心小提醒

參加阿布費拉湖Tour省時省力

和自己搭公車相較，參加Tour的優點是集合和下車都方便，且不用擔心行程的規畫，美中不足的是價錢和自行搭公車相比，雖然有包含遊湖，仍較高，且時間較為受限，無法有吃道地燉飯和鰻魚的時間，所以請大家自行斟酌。

集合地點 在Plaza Reina廣場入口處，面對大教堂(非大教堂前)的左手邊有一冰淇淋店，在其斜左手邊即有遊覽巴士等待處

出發時間 10:31、13:01、16:31

費用 1人約€15，共約2小時(含遊湖)

渠道旁設置了不少餐廳，不妨選擇在戶外用餐，感受閒適時光

鎮上可見現在還有
住人的傳統屋舍

藉由參觀傳統屋舍，可
以看到舊時光的擺設

Must Do 來這裡必做的事

☑ 搭船遊湖
☑ 品嘗西班牙燉飯
☑ 巡遊當地傳統屋舍

　　當然你也可以自在地逛逛鎮內，看看河渠上停泊的船隻、古老的屋舍。時節對了，還有整片綠油油的稻田，甚至還能不經意撞見約2公尺高，運用當地蘆葦和稻草鋪於斜屋頂的房舍，據說這是為了因應潮濕多雨天氣所興建的傳統建築呢！

　　此外，由於湖區內優質的湖水，輔以瓦倫西亞絕佳的天氣，所以在阿爾布費拉湖區的埃爾‧帕爾馬(El Palma)鎮，得以出產吸水力強、可以長時間燉煮，但仍保持口感的稻米，進而間接孕育出西班牙經典料理——西班牙燉飯，許多識途老饕，都會專程跑到此大飽口福。

　　目前這小巧的鎮上，林立著數十家餐廳，由於這裡製作的燉飯都有一定的水準，所以不妨按照直覺和預算選一家餐廳，花點時間好好品嘗！但Kate最推薦的時段是平時的午餐，除了可以享用划算的午間套餐，天氣好時，還能坐在戶外的渠道旁，讓微風舒服的陪你用餐，甚至還有乖巧的貓兒作陪呢！

周邊城市散步

如果還有多餘時間，也可順道安排的……

Valencia
Alicante

阿利坎特
Alicante

交通 搭乘地鐵1、2、7號線至
Joaquin Sorolla-Jesús站，依
照地鐵站標示，步行到Valencia
Joaquín Sorolla火車站，而後搭
乘高鐵約2小時即可到達 | **網址**
www.alicanteturismo.com | **地圖**
P.311

位在白色海岸線上，因擁有寬闊海港、湛藍海水、和煦天氣，美麗沙灘等天然優勢，輔以發展過程中，曾經歷經過羅馬人占領、摩爾人入侵、法國攻擊及西班牙內戰，因此遺留下來許多的建築，再加上近幾十年來的有心整頓，所以城內有不少的歷史建物和藝文展館。另外，歡樂無限的夜生活，更讓許多人得以在愜意尋訪之餘，看到不同的城市面貌，遂也讓這座亦動亦靜的城市，得以成為深受歐美旅人喜愛的度假勝地。

波斯提奎特海岸(Playa del Postiguet)的沙灘上，總吸引許多人在此享受海岸風光

1-2 登上聖巴巴拉城堡，可以看到阿利坎特之美 / 3 聖十字舊街區裡有著和城內現代建築截然不同的風貌 / 4 聖瑪麗亞教堂，是城內最古老的教堂

先從必遊景點開始認識這座城市

首先這個城市顯著的景點，就是位於166公尺的班那坎提山(Monte Benacantil)上、興建於14世紀的「**聖巴巴拉城堡**」，透過徒步或搭乘山內電梯上山，不但可以一覽整個城市和海灣的美景，更可以見到高聳堅固的城牆和瞭望台，此外還有一些常設展覽，讓人可以更了解這座城堡。

而山邊的一區則是「**聖十字舊街區**」(Barrio de Santa Cruz)，目前仍保留著18世紀老城街的建築。以白牆為底，刷上各色油漆的牆面，並飾以多彩的磁磚及盆栽裝飾，讓人穿梭在蜿蜒階梯中時，能感受到另一番趣味。

之後步行回到城內的主要大道**蘭布拉‧門得茲‧奴涅茲大道**(Rambla Mendez Núñez)後，在兩旁的巷內也有著旅人會尋遊的景點，包括當地居民經常去、建造於17世紀、從早期藍色圓頂修道院延伸而來的「**聖尼可拉斯教堂**」；或14世紀由伊斯蘭清真寺遺跡改建，在15世紀發生火災後，採巴洛克式且強調聖母形象重建的「**聖瑪麗亞教堂**」，內部建造於18世紀洛可可風格的美麗主祭壇，更將聖母的無瑕光芒襯托得格外耀眼。

多樣博物館、特色建築一次看盡

　　博物館部分，有收藏20世紀西班牙重要現代藝術家，如畢卡索、達利、米羅藝術品的「**瑪卡當代藝術博物館**」；介紹城內重要節慶——聖約翰篝火節(Hogueras de San Juan，P.63)的「**聖約翰篝火節慶博物館**」，到展示來自世界各國以該國特色做成的耶穌誕生馬廄模型的「**耶穌誕生馬廄博物館**」，都讓人看得不亦樂乎。

　　另外在城內還能看到不少典雅建築，包括落成於18世紀的「**市政府**」，和1847年開業的「**市立劇院**」，前者其建築立面上多面陽台上的雕花，及左右兩側的塔樓，皆洋溢著巴洛克式建築風情。而後者，則是採新古典主義興建，但內部卻展現著義式風格的建築，此外隨興地穿梭在巷內，也能看到一些有趣的小店，滿足採買伴手禮的欲望。

5 瑪卡當代藝術博物館是改建於1685年的民用建築，為城內指標性美術館 / 6-7 耶穌誕生馬廄博物館，有許多意想不到的耶穌誕生馬廄的模型 / 8 在聖約翰篝火節慶博物館，展出許多歷年來經典的人偶，並述說節慶由來 / 9 位在舊城區的市政府，其充滿歷史感的雅緻立面，讓它兼具不少觀賞價值 / 10 有百年歷史的市立劇院，內部規畫有電影院、舞台、馬蹄形劇場，是城內重要的藝文娛樂中心

11 無論何時漫步於西班牙步道，都能領略絕佳海港風情 / 12 散步在海港，無論在哪裡，都看得到聖巴巴拉城堡

陽光、沙灘、美食，越夜越High

如果城內逛累了，不妨坐下來好好吃頓飯吧！由於這裡特產海鮮，且擁有D.O.Alicante法定葡萄酒產區，因此品嘗各式的海鮮料理及燉飯，啜飲杯好酒都是不可少的，此外也因為這裡是西班牙道地甜點杜隆(Turrón)杏仁糖的產地，所以也記得要來上一塊！

吃完後就往海邊走去吧！在波斯提奎特海灘(Playa del Postiguet)，你可以盡情地和全世界旅人一樣，玩水、曬太陽、做日光浴，當然也可以坐在岸邊咖啡座看海發呆，或是就沿著步道吹風，讓所有的煩惱拋諸腦後，到了夜晚不僅可以散步在西班牙步道(Paseo Esplanada de España)，逛逛各式異國風情小攤；或是途中逗留於音樂廣場聆聽一場露天演奏會；也可以到鄰近聖尼可拉斯教堂的老街區選家酒吧、或到港邊聚集賭場、舞廳的夜生活區，徹底享受夜生活，讓阿利坎特的旅程，更多彩多姿！

👉 來阿利坎特　必體驗的事

- ☑ 登上聖巴巴拉城堡，參觀城堡且俯瞰城市美景
- ☑ 沿著海港吹風散步，或到海灘上玩玩水
- ☑ 參觀聖約翰篝火節慶博物館
- ☑ 漫遊聖十字舊街區
- ☑ 吃份杜隆冰淇淋，嘗塊杜隆杏仁糖

聖巴巴拉城堡
Castillo de Santa Bárbara
✉ C/ Jovellanos　$ 需門票
🌐 www.castillodesantabarbara.com

市政府 Ayuntamiento
✉ Plaza del Ayuntamiento, 1　$ 無需門票

聖尼可拉斯教堂
Concatedral de San Nicolás
✉ Plaza Abad Peñaiva, 2　$ 無需門票
🌐 concatedralalicante.com

聖瑪麗亞教堂
Basílica de Santa María
✉ Plaza de Santa María, s/n　$ 無需門票

聖約翰篝火節慶博物館
Museo de Hogueras
✉ Rambla de Méndez Núñez, 29
$ 無需門票　🌐 www.hogueras.org/web/lesfogueres/museo.php

耶穌誕生馬廄博物館 Museo de Belénes
✉ C/ San Agustín,3　$ 無需門票
🌐 www.belenante.com/museo/museo.htm

瑪卡當代藝術博物館
Museo de Arte Contemporáneo de Alicante（MACA）
✉ Plaza de Santa María, 3　$ 無需門票
🌐 www.maca-alicante.es

市立劇院 Teatro Principal
✉ Plaza Ruperto Chapí, s/n　$ 需門票
🌐 www.teatroprincipaldealicante.com

information

塞維亞 *Sevilla*

佛朗明哥與鬥牛文化的搖籃，
這裡將是你與西班牙最美麗的邂逅。

城市巡禮

伊斯蘭與西班牙交融的城市風華

塞維亞因在西班牙歷史、政治、經濟的演進過程中,有著難以抹滅的貢獻,加上豐富的人文藝術發展、經典節慶,和各時代遺留下來的文化資產,不僅讓它成為南部安達魯西亞自治區的首府、塞維亞省省會,更是西班牙第四大城、南部第一大城。

在地理經濟環境上,拜瓜達基維爾河(Río Guadalquivir)之賜,讓它在羅馬時期就因地利之便成為要港,並在14到17世紀期間,經過哥倫布發現新大陸與黃金時期後,累積龐大財富,進而曾經一度成為西班牙最富足的城市。

建築藝術上，在摩爾人於712年占領後，由於他們積極建設和發展，加上西班牙收復失地運動後，除了原有伊斯蘭教較為細緻的建築風格，結合摩爾人風格的西班牙建築形式也逐漸興起，為整座城市帶來不一樣的風景。而16、17世紀因財富所帶來的藝術輝煌期，所造就的藝術家和偉大著作，更為這座城市奠定了豐厚的藝術寶藏。

從衰退之城到重點觀光城市

雖然這座城市曾在17到19世紀期間，經過大規模瘟疫與瓜達基維爾河淤積所帶來的影響，一度受到重創，但隨著之後工業革命的到來，與河川整頓，則為這座城市短暫擦亮光芒，只是20世紀中的西班牙內戰，又讓其蒙塵、面臨危機。直到20世紀，因為1929年伊比利美

1 塞維亞是充滿歷史感中，帶有現代化的城市 ／ 2 塞維亞的夜晚也有不同美麗風情 ／ 3 漫遊城市內不時可見佛朗明哥街頭藝人表演 ／ 4 每年的塞維亞四月節，可見當地人精細打扮、盡情狂歡 ／ 5 西班牙廣場(Plzaz de España)是為舉辦1929年伊比利美洲博覽會應運而建的知名塞維亞建築

洲博覽會(Exposición Ibero-Americana)、與1992年為紀念哥倫布發現美洲500年的世界博覽會的舉辦契機，西班牙政府不僅興建了從首都馬德里到塞維亞的高速鐵路，並大大整頓了城內建設，瓜達基維爾河上也多了7座橫跨兩岸的橋梁，除了提升了工業和商業，也讓塞維亞持續透過觀光站穩經濟腳步。

　　現今來到這座城，有人是為了一覽這城市的建築風華，看看在清真寺舊址興建的大教堂，或皇家城堡、西班牙廣場等建築，亦或是現代建築藝術──都市陽傘(Metropol Parasol)，也有人是為了參與四月節、聖週等知名節慶與觀賞鬥牛、佛朗明哥舞文化到訪。

　　但無論旅人何時來，都可從自己的角度感受濃郁的西班牙印象，並從河的兩岸，從晨曦到深夜體驗到截然不同的塞維亞風情，且待得越久，你將深被迷戀，難以離去。

塞維亞瓷器工藝受摩爾人文化深，現今仍不時可在公共建設、餐廳、Tapas吧見到瓷繪畫磁磚妝點

怎麼前往塞維亞？

▼ **搭飛機到塞維亞聖保羅機場**（Aeropuerto de Sevilla-San Pablo）
WEB www.sevilla-airport.com/es/index.php

▼ **搭火車到聖塔胡斯塔火車站**（Estación de Santa Justa）
從馬德里的Puerta de Atocha車站出發，約需3小時
從巴塞隆納的Sants車站出發，約需6小時
從瓦倫西亞的Joaquín Sorolla車站出發，約需4小時
WEB www.renfe.com

▼ **搭巴士到兵器廣場巴士站**
（Estacíon de Autobuses Plaza de Armas）
請查詢相關前往巴士，從這一站也能搭乘聯接北部、中部、東部城市的巴士
WEB www.autobusesplazadearmas.es

　＊ 聖賽斯提安巴士站(Estacíon de Autobuses Prado San Sebastián)，能搭乘前往南部各城鎮的巴士
WEB www.sevillanisimo.es(點選左欄transportes→點選ESTACIONES DE AUTOBUSES的圖片)

▼ **當地交通**
塞維亞市內交通以公車為主，建議旅人出發前先行了解當地的公車系統
公車(EMT) WEB www.tussam.es
從火車站進市區可搭乘C1、C2和32號，如欲達多個觀光點，可搭乘C5路公車，除可上車買票找零，也可在TABASCO店購買可用於搭乘10次公車或Tranvía輕軌的Trajeta Multiviaje卡
地鐵（Metro） WEB www.metro-sevilla.es/en
目前僅有一條路線，主要連結舊城區和郊區，對旅人的使用性低，建議使用Tranvía輕軌，不過因重要景點大多都在舊城區，所以還是以步行最為方便
塞維亞旅遊局 WEB www.turismosevilla.com

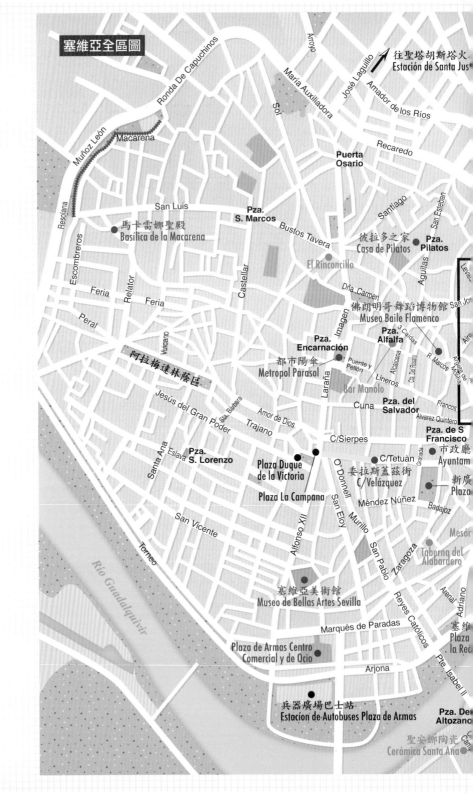

塞維亞全區圖

往聖塔胡斯塔火*
Estación de Santa Jus

Ronda De Capuchinos

María Auxiliadora

Arroyo

José Laguillo

Amador de los Ríos

Sol

Muñoz León

Macarena

Recaredo

Puerta
Osario

Santiago

San Esteban

Resolana

San Luis

Pza.
S. Marcos

Bustos Tavera

彼拉多之家
Casa de Pilatos

Pza.
Pilatos

馬卡雷娜聖殿
Basílica de la Macarena

Escombreros

Castellar

El Rinconcillo

Águilas

Leties

Feria

Relator

Feria

Dña. Carmen

佛朗明哥舞蹈博物館
Museo Baile Flamenco

San Jos

Atre

Peral

Vulcano

Imagen

Pza.
Encarnación

都市陽傘
Metropol Parasol

Pza.
Alfalfa

3 Caídas

R. Marcos

Arquete de
Molina

阿拉梅達林蔭區

Puente y
Pellón

Alcaicena

Ctd. Del Rosario

Jesús del Gran Poder

Sta. Bárbara

Laraña

Lineros

Francos

Amor de Dios

Bar Manolo

Pza. del
Salvador

Trajano

Cuna

Álvarez Quintero

Santa Ana

Eslava

Pza.
S. Lorenzo

C/Sierpes

Pza. de S
Francisco

市政廳
Ayuntam

Plaza Duque
de la Victoria

O'Donnell

C/Tetuàn

Granada

委拉斯蓋茲街
C/Velázquez

新廣
Plaza

Plaza La Campana

San Eloy

Murillo

Méndez Núñez

Badajoz

Alfonso XII

San Vicente

San Pablo

Zaragoza

Mesór

Taberna del
Alabardero

Torneo

Río Guadalquivir

塞維亞美術館
Museo de Bellas Artes Sevilla

Reyes Católicos

Arenal

Adriano

塞維
Plaza
la Reà

Marqués de Paradas

Pte. Isabel II

Plaza de Armas Centro
Comercial y de Ocio

Arjona

兵器廣場巴士站
Estación de Autobuses Plaza de Armas

Pza. Del
Altozano

聖安娜陶瓷
Cerámica Santa Ana

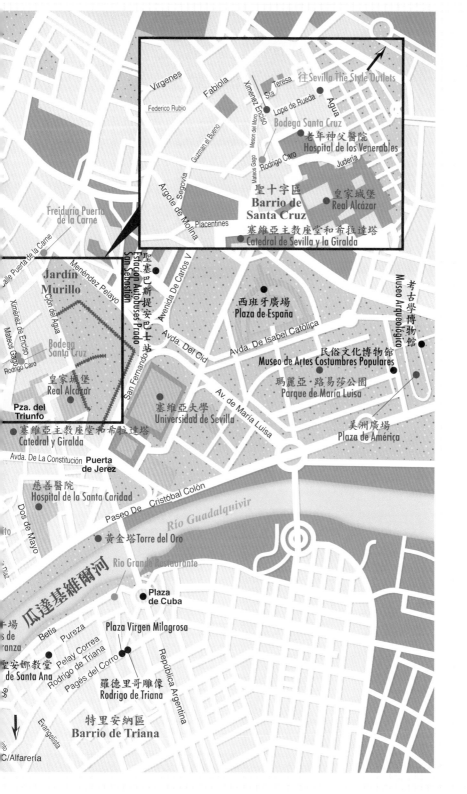

Virgenes

Fabiola

Federico Rubio

Ximenez Enciso

Sta. Teresa

Lope de Rueda

往Sevilla The Style Outlets

Agua

Guzman el Bueno

Mesón del Moro

Bodega Santa Cruz

Mateos Gago

Rodrigo Caro

老年神父醫院
Hospital de los Venerables

Segovia

Judería

Argote de Molina

聖十字區
**Barrio de
Santa Cruz**

皇家城堡
Real Alcázar

Placentines

塞維亞主教座堂和希拉達塔
Catedral de Sevilla y la Giralda

Freiduría Puerta
de la Carne

Calle Puerta de la Carne

Menéndez Pelayo

聖塞巴斯提安巴士站
Estación Autobuses Prado
San Sebastián

Avenida De Carlos V

Cjón del Agua

**Jardín
Murillo**

Ximénez de Enciso

西班牙廣場
Plaza de España

考古學博物館
Museo Arqueológico

Mateos Gago

Avda. Del Cid

Avda. De Isabel Católica

民俗文化博物館
Museo de Artes Costumbres Populares

Rodrigo Caro

**Bodega
Santa Cruz**

San Fernando

瑪麗亞‧路易莎公園
Parque de María Luisa

皇家城堡
Real Alcázar

塞維亞大學
Universidad de Sevilla

Av. de María Luisa

美洲廣場
Plaza de América

**Pza. del
Triunfo**

塞維亞主教座堂和希拉達塔
Catedral y Giralda

Avda. De La Constitución **Puerta
de Jerez**

慈善醫院
Hospital de la Santa Caridad

Dos de Mayo

Cristóbal Colón

Paseo De

Río Guadalquivir

黃金塔Torre del Oro

瓜達基維爾河

Río Grande Restaurante

**Plaza
de Cuba**

半場
s de
ranza

Betis

Pureza

Plaza Virgen Milagrosa

聖安娜教堂
de Santa Ana

Pelay Correa

Rodrigo de Triana

Pagés del Corro

República Argentina

羅德里哥雕像
Rodrigo de Triana

特里安納區
Barrio de Triana

Evangelista

C/Alfarería

富饒物產與多元文化交織出的美味饗宴

安達魯西亞自治區長久以來因位處伊比利半島最南端，又為歐洲和非洲的交接處，加上歷史上受到腓尼基人、羅馬人、阿拉伯人、天主教徒、猶太人的文化影響，所以造就了融合多元文化的美食。

豐富特產
奠定美味料理基礎

本區的特產非常豐富，除了因靠海得以帶來富饒的海產，內陸則是製作優質伊比利火腿(Jamón Ibérico)的伊比利豬(Cerdo Ibérico)重要產地，包括了韋爾瓦省(Huelva)內的哈布果(Jabugo)、哥多華省內的貝多切斯地區(Pedroche)，另外也有製作山火腿(Jamón Serrano)聞名、位在格拉納達省內的特雷維雷茲(Trévelez)等地，所以高品質的肉腸和肉品不虞匱乏。

安達魯西亞自治區是製作伊比利火腿的重要產地之一，來到這裡一定要試試

西班牙人認為好吃的火腿，手切比機器切更美味

農產上，南部生產的橄欖油占總產量的80%，為西班牙之冠(又尤以哈恩省(Jaén)、哥多華省(Córdoba)產量最大)，品種上以帶有苦澀和辛辣、果香濃郁的畢夸爾(Picual)為主，而西班牙橄欖油的等級從高到低，分為特級初榨橄欖油(自由脂肪酸不超過0.8%)、初榨橄欖油(自由脂肪酸不超過2%)、純橄欖油，目前市面以前兩者為主。另外自治區裡，還生產有葡萄乾、水果、蔬菜等。

1 在南部郊區常可見到一望無際的橄欖園 / 2 橄欖是南部農業的重要命脈 / 3 橄欖除了做成橄欖油，也被醃漬成不同口味

文化多樣性成就獨特美食體驗

正因為有這些物產，加上受到摩爾人與多樣文化的影響，因此在烹調時，當地人會以橄欖油為基礎，並運用摩爾人傳入的鷹嘴豆、扁豆、朝鮮薊、茄子、橘子、杏仁，與孜然、番紅花、紅椒粉、茴香、肉桂等香料入菜。此外，現今常使用的油炸料理法，與眾多流傳下來的點心，則是深受阿拉伯人的影響。而這些在自治區各地的豐饒物產和文化，也因為塞維亞貴為首府之故，讓多樣的美味和料理都能匯集在此，讓旅人看得見。所以無論你到訪塞維亞的目的為何，你最不能錯過的就是體驗這裡的美食。

另外，不得不提的，就是享譽全國甚至是全世界的雪莉酒(P.283)，口感主要區分為三大類：不甜雪莉酒，依照陳年時間分為Fino、Manzanilla(只產在桑盧卡・巴拉梅達Sanlúcar de Barrameda)、Amotilldo、Palo Cortado、Oloroso；自然甜型雪莉酒包括Moscatel、Pedro Ximénez；混調加烈型雪莉酒，則有Pale Dry、Pale Cream、Medium、Cream。而雪莉酒除了用於品飲，也常用於當地的料理烹調中。

當時摩爾人傳入許多香料，至今在西班牙仍持續被使用

Tapas吧滿城的塞維亞

除了眾多美味與特色餐廳，可以大快朵頤以外，也因為有一説南部是Tapas的發源地，所以絕對不能錯過這裡的Tapas，在塞維亞有許多老字號、甚至有百年以上歷史的Tapas吧，這些Tapas吧所提供的Tapas種類之多，叫人目不暇給。且有時只要點杯雪莉酒，就會免費送上一盤Tapas。所以請盡情流連在其中，歡愉地享受這些美食吧！這將會是你在塞維亞旅程裡，最難以忘懷的體驗。

西國文化發現

何謂D.O.／D.O.P.？

原文是Donominacíon de Origen (原產地名稱保護制度的縮寫，目前最新歐盟法規的最新標示為D.O.P.，其中的P為Protegida的縮寫)，意指是受到官方嚴格規範地理產區、品種及生產方法所制定的法定產區，只有生產在該區的產品，才得以用該區的名稱銷售，其產品涵蓋了火腿、葡萄酒、特級初榨橄欖油、米、起司、雪莉酒醋等。

1 雪莉酒配Tapas是來塞維亞一定要試一次的Tapas吧點菜方式／2 塞維亞的Tapas吧被妝點得各有特色／3 許多Tapas吧的吧檯上，有許多動手指點就能嘗到的美味

1 西班牙式伴酒小點
Tapas

除了吧檯上即看即點的Tapas，看板上也提供有當日Tapas，常見包括炸魚塊(Adobo)、炸可樂餅(Croquetas)、煎蘑菇(Champiñónes)、煮蝸牛(Caracoles)、蝦冷盤等，另外，各式的炸海鮮也很受歡迎。食用時建議來杯雪莉酒。

2 西班牙冷湯 *Gazpacho & Salmorejo*

Gazpacho以番茄、洋蔥、紅椒、青椒、大黃瓜混打、過濾、冰鎮，品嘗時撒上蔬菜丁。發源於哥多華的Salmorejo則以番茄和麵包攪打成濃稠狀，最後撒上水煮蛋丁、碎火腿享用。

3 炸茄子佐蜂蜜 *Berejenas con miel*

雖說是哥多華經典料理，但在塞維亞很多餐廳和Tapas吧也見得到，主要將切片的茄子，沾上粉油炸後，淋上蜂蜜做成。外酥內軟配上蜂蜜的甜香滋味，讓人吃得欲罷不能，除了單點，也很常見做成Tapas，搭配雪莉酒亦很適合。

4 燉牛尾
Rabo de Toro

源於哥多華，但已成為南部常見菜肴。早期據說是運用鬥牛場上戰敗的鬥牛所製作。主要是將煎炸好的牛尾，以多樣的蔬菜、搭配高湯與其他材料一併燉煮至軟香入味，一般會搭配馬鈴薯一起上菜，是來到南部一定要吃的菜肴。

5 波菜泥佐鷹嘴豆
Espinacas con garbanzos

運用麵包片、番茄泥、香料、冷凍菜、鷹嘴豆、孜然粉做成的料理。常出現在Tapas吧檯的冷凍櫃內，出菜時會再加熱，並附上小巧的麵包棒或麵包片，鬆香的鷹嘴豆搭配濃滑的菠菜泥，很受當地人喜歡。

6 油炸豬里肌肉卷 *Flamenquín*

哥多華特色菜，但塞維亞有些餐廳也看得到。作法是在豬里肌肉片中放入塞拉諾火腿(有些店還會加入起司)捲成條狀後，沾上蛋液、麵包粉後油炸至金黃，起鍋切片，沾上美乃滋享用。該菜除可單點，有時也會化身為Tapas。

7 夾餡麵包 *Serranito & Pringá*

Serranito是一種夾入塞拉諾火腿、里肌肉片、烤綠椒等餡料做成的麵包，隨口一咬就能嘗到滿滿的餡料。而Pringá，則是夾入以豬、牛肉、肉腸和香料燉煮而成的餡料，一入口滿是肉香和濃郁的醬汁，非常過癮。

8 阿拉伯茶和甜點 *Té árabe*

愛喝以多樣香料調製成茶飲的阿拉伯人，隨著當初占領過安達魯西亞的歷史，讓這文化在此生了根，現在可在某些餐廳或茶館(Tetería)看到，而甜點主要運用乾果和果仁來製作，尤以杏仁為多，包括杜隆杏仁糖(Turrón)、杏仁餅(Almendrados)，另有炸麵包(Torrija)等。

9 雪莉酒 *Jerez*

主要以南部赫雷斯‧弗龍特拉(Jerez de la Frontera)、聖瑪利亞港(El Puerto de Santa María)、桑盧卡‧巴拉梅達(Sanlúcar de Barrameda)為主要產區，雖依熟成時間不同而有不同風味，但品嘗時不妨從最普遍的Fino或Manzanilla雪莉酒開始，而哥多華則以Pedro Ximénez葡萄釀製的Montilla-Moriles酒為主。

10 橘子酒 *Vino Naranja*

滿街遍布的橘子樹是對南部的其中一個印象，且當地也常見用橘子或柑橙生產各種食品。其中橘子甜酒就是代表之一，暗沉的色澤中所蘊藏的是濃郁的香甜味，除了單純品飲，搭配Tapas也很對味。

經典美味哪裡尋?

Bodega Santa Cruz
✉ C/ Rodrigo Caro, 1
🗺 P.279

在大教堂靠近聖十字區附近,是該區很熱門的餐廳,提供有多道本篇介紹的經典美味料理,從吧檯旁的看板可清楚看到當天有供應的Tapas。

Bar Manolo
✉ Plaza de la Alfafa ,3
🗺 P.278

Alfafa廣場上的知名Tapas店家,不僅有道地料理,也有炸物和鐵板料理、夾餡麵包,但吧檯冷藏櫃內的Tapas永遠是熱門選擇。

Mesón Serranito
✉ C/Antonia Díaz, 11
🌐 www.mesonserranito.com
🗺 P.278

位在鬥牛場旁,以鬥牛文化相關陳設為主題的餐廳,供應有燉牛尾(Rabo de Toro)、燉豬頰肉(Carrillada)等為人稱道的料理,除分量十足、服務也友善。

Freiduría Puerta de la Carne
✉ Puerta de la Carne,2
🌐 www.freiduriapuertadelacarne.com
🗺 P.279

採炸物秤重外帶的方式,從炸魚塊(Adobo)、炸丸子(Croquetas)、到炸雞(Pollo Frito)都是熱門選擇,並有番茄沙拉和鮮蝦冷盤,也可在戶外座椅點杯啤酒、坐著享用。

El Rinconcillo
✉ C/ Gerona, 40
🌐 www.elrinconcillo.es
🗺 P.278

創立於1670年的老店,除供應塞維亞料理和Tapas,也有多樣美酒,一到用餐時刻總是擠滿了人,其大片陳列的葡萄酒牆面,更增添用餐情趣。

Taberna del Alabardero
✉ C/Zaragoza,20
🌐 www.tabernadelalabardero.es
🗺 P.278

改建自19世紀著名詩人Cavestany宅邸,現為塞維亞餐旅學校與其旅館和餐廳,優雅的空間與傳統新式交融的水準餐飲,總吸引不少老饕上門,欲體驗者可從約15歐元的午間套餐(Menú de Día)著手品味。

貼心小提醒

其他餐廳、Tapas吧聚集熱點

來到塞維亞,除了大教堂旁的C/Alemanes街或Plaza de la Alfalfa廣場有眾多餐廳,也可以從大教堂旁的Pl.Virgen de los Reyes廣場,沿著C/ Mateso Gago街走去,從這裡分散開的街道,如C/ Ximénez de Enciso,到聖十字街(C/Santa Cruz)內都可以見到許多老饕穿梭其中。

西班牙 經典文化

源於塞維亞的國粹之舞
佛朗明哥 Flamenco

佛朗明哥舞是西班牙眾多舞蹈中最著名的舞蹈之一，普遍被認為是與曾流浪過印度、北非到南歐，最後在15世紀時落腳安達魯西亞的吉普賽人有關。

或許也因為這樣流浪逃難的背景，原本就能歌善舞的吉普賽人，在汲取融合了這些人生養分(亦交融當時居住於此的摩爾人和猶太人文化)後，會單純以手打拍子和吟唱的方式，宣洩出苦難悲傷的生活情緒，並藉由激昂快速的舞步、清脆的擊掌拍打解放身心靈魂。經過歲月的演進，開始帶入了響板、吉他，也因為吉普賽人在南部城市間的游移，順應不同的文化環境有了更多元的曲調，加上19世紀中，西班牙的歌舞秀熱潮，以及政府推廣可以在商業場所公開表演，在曲調(優雅、清新、純淨美聲)、舞步、道具(如扇子、披肩、帽子、長尾裙、拐杖等)上都有了更顯著的變化。到了現代則還有加入爵士藍調、流行樂、弦樂的佛朗明哥舞呈現方式，服裝上也有現代禮服的元素。

以長尾舞裙展現精湛舞姿的女舞者

1 觀眾可透過舞者的表情和肢體感受觸動舞者靈魂的舞蹈 / 2 除了看舞者表演，歌手和吉他手的演出也同樣能感動人心 / 3 在塞維亞和哥多華都有許多的餐廳有佛朗明哥舞表演

佛朗明哥舞表演形式和場所

佛朗明哥舞表演時，基本上都會包含歌手(Cantaor)、吉他手(Guitarrista)、舞者(Bailaor)，每場表演中都會涵蓋：歌手搭配吉他手嘶啞聲嗓、抒發感傷的演唱、吉他手展現高超刷弦指藝的單獨演奏，以及兩者搭配下、舞者所展現的濃烈肢體情緒與激昂、俐落的舞蹈表演。

觀賞時請記得要準時入場，且要表演結束後再鼓掌，如果你也深深被表演者所感動，那請別害羞，就盡情地喊出Olé，表現出對他們的肯定。而現在觀賞佛朗明哥舞的場所，都還是以它布拉歐(Tablao)為主，除了單純欣賞，也有包含飲料或餐點的套票方式，當然也能在一些餐廳、小酒館、劇場、甚至藝文活動中看見。

285

古城的百年傳統
鬥牛文化Toreo

長久以來鬥牛都被視為是代表西班牙的文化，雖說近年來加那利群島(Canary Islands)在1991年和加泰隆尼亞(Catalunya)在2010年7月通過「反鬥牛法案」，並於2011年9月25日舉辦最後一場鬥牛後，因為禁止虐待動物和通過反鬥牛法案而禁止鬥牛，但西班牙其他地方，仍可在節慶或是鬥牛期間(從3月開始到11月)見到，加上塞維亞的鬥牛場是全西班牙在規模、歷史，最具代表性之一，也是許多鬥牛士心中的聖殿，或許對於想要一窺這經典文化的旅人來說，頗具吸引力，但由於鬥牛士和牛隻在對峙的過程中有諸多被認為血腥之處，加上各地動保人士的大聲疾呼，Kate提醒大家觀看前請再三斟酌。而目前塞維亞的鬥牛季，主要分布在4月到9月。

貼心小提醒

關於鬥牛表演二、三事

通常鬥牛表演都被安排在傍晚約6、7點，買票時，可以選擇面陽區(Sol)、陰影區(Sombra)、半陰影區(Sol y Sombra)，一般面陽區的3樓最便宜、陰影區的1樓最貴，整場約2小時的表演，通常會安排3位鬥牛士和6隻公牛，共6回合，若是遲到，需得等到1回合結束才可進場，而進場時，為坐得舒適，請記得拿坐墊！

輪番上陣的
鬥牛過程

牛隻出場時，拿著鬥牛披風的助手，和騎著馬的長槍手，會接續出場，藉由舞動披風挑釁、追逐，或以長槍刺弄血管的方式，消耗牛隻的體力，隨後扎槍手上場，在追逐、引逗過程中會陸續將6支尖銳短扎鏢槍(Arpón)，分3次，一次兩鏢槍插刺在牛的頸部和背部上。

後鬥牛士上場，在紅色的披風後隱藏著長劍，藉由一次又一次的披風舞動、閃躲、轉身動作進行一系列高難度表演，也激怒公牛使之撲撞、力竭疲憊，最後在適當時機，會瞄準牛的背椎，並在一瞬間，將長劍直插入牛肩胛處進入心臟，牛隻將漸漸倒地，進而死亡(如沒刺中，會反覆數次)。

但如劍刺插不深，牛不會隨即死亡，此時會再以短劍朝牛的腦門插入，給予致命的一劍，鬥牛士將會依其表現，接受觀眾的歡呼、獻花、禮品等，與揮動白色手帕的殊榮，且進而可能得到繞場一周、單牛耳(自死亡的牛隻割下)、雙牛耳等鼓勵，最後牛隻將被馬或騾子拖出場外結束。

鬥牛士 進行曲

1 助手舞動披風引逗公牛

2 騎馬長槍手，以長槍刺弄公牛

3 扎槍手陸續將6隻短扎鏢槍，插刺於牛的頸背部上

4 鬥牛士在紅色披風後隱藏長劍，挑釁公牛，進行表演

5 鬥牛士拿出長劍，瞄準牛背椎，直插入牛內臟，給予致命一擊

6 鬥牛士接受獻花

7 觀眾揮動白色手帕(有時會以衛生紙代替)給予鬥牛士的表現鼓勵

8 牛隻被馬或騾子拖出場外，表演宣告結束

熱門必遊景點

來到這裡，不可不去的是……

經典哥德式教堂

塞維亞主教座堂和希拉達塔
Catedral de Sevilla y la Giralda

地址 Av de la Constitución, s/n｜交通 搭乘輕軌電車至 Archivo de Indias站下車後，沿著Avda. de la Constitución 步行3分鐘即可到達｜門票 需現場購買｜網址 www. catedraldesevilla.es｜地圖 P.279

僅次於羅馬聖彼得大教堂、倫敦聖保羅大教堂，為全世界第三大，且是西班牙最大的哥德式主教座堂。在1401年耗費一世紀光陰，從清真寺遺址重建成約126公尺、寬約83公尺的規模。

主要運用哥德式和文藝復興建築風格興建，裡頭有許多值得一看之處，包括主禮拜堂中，在鍍金木板上以上千個浮雕呈現基督一生的祭壇裝飾，教堂上美麗的哥德式圓頂、色彩多樣的彩繪玻璃，聖器收藏室中各式精美與大型的聖器，以及空間內包括哥雅(Francisco José de Goya)的《Santas Justa y Rufina》和蘇巴蘭(Francisco de Zurbarán)、塞維亞畫家牟利羅 (Bartolomé Esteban Murillo)等人的作品。

其中最受到矚目的莫過於「哥倫布之墓」，棺木由西班牙統一前的王國：阿拉貢(Reino de Aragón)、卡斯蒂利亞(Reino de Castilla)、萊昂(Reino de León)、納瓦拉(Reino de Navarra)等4位國王所扛抬。

而教堂旁建於12世紀末、高約90公尺的伊斯蘭建築——希拉達塔，內部採迴旋式斜坡設計，主要是方便早期能騎馬上塔，雖然現在旅人得耗費氣力上塔，但看到這壯麗風景時，相信仍會覺得不虛此行。

1 登上希拉達塔可從不同的角度俯瞰主教座堂、種滿橘子樹的中庭和城市景色 / 2 門口的勝利女神(giradillo)雕像，為希拉達塔上高約3.5公尺、重128公斤，代表基督教取得光復勝利女神的複製品 / 3 教堂內可見名畫，如；牟里歐(Murillo Bartolome Esteban)的《受胎聖母》(Inmaculada)

獅子門(Puetra del León)上頭戴皇冠的獅子像,是皇家城堡顯著的標示

伊斯蘭時期的華麗宮殿
皇家城堡 Real Alcázar

在1987年和塞維亞的主教座堂、印度檔案館一同列入世界文化遺產行列中的皇家城堡,在11世紀之前作為防禦堡壘和兵營使用,後因經歷摩爾人掌權、收復失土運動等,在因應各時期國王的喜好與不斷增建下,而有了現在我們所見到融合穆德哈爾式、哥德式、文藝復興時期等風格的宮殿建築。

來到狩獵中庭(Patio de la Montería)後,可先到接見廳(Sala de las Audiencias),裡頭有描繪聖母在海上雲端,打開斗篷宛如庇佑哥倫布等航海探險家們的航海聖母畫(Virgen de los Navegantes),一旁還有哥倫布處女航的模型船。

之後看到由14世紀中期,佩德羅一世(Pedro I)建造的佩德羅一世宮殿(Palacio del Rey Pedro)則是觀賞重點,他向當時格拉那達的統治者借調來自托雷多、建造過阿罕布拉宮的工匠,以極盡奢華之能事運用在這座宮殿上,如空間中大量運用蔓藤花紋式樣和灰泥工藝展現精湛工藝,令人讚歎不已。而其中被多個精雕細刻拱門、幽靜水道環繞的仕女中庭

地址 Patio de Banderas, s/n | 交通 搭乘輕軌電車至Archivo de Indias站下車後,沿著大教堂旁的Calle Fray Ceferino González街走到Pl. del Triunfo廣場,至Calle Joaquín Romero Murube街,共約步行5分鐘 | 門票 需現場購票 | 網址 www.alcazarsevilla.org | 地圖 P.279

1 接見廳內的航海聖母畫 / 2 大使廳內璀璨奪目的拱頂也值得一看

(Patio de las Doncellas),更是必看之作。另外華麗的大使廳(Salón de los Embajadores)除有彩繪雕花拱門,別

忘了抬頭看看有星星雕飾，代表浩瀚宇宙的木造拱頂。而人偶中庭(Patio de las Muñecas)則帶有穆德哈爾建築風格。

　　另外在掛毯廳(Salón de los Tapices)內，則能看見許多大型織錦畫，描述著航海光榮時期經過與塞維亞相關歷史。而宮殿外各式的花園，則種植有多樣果樹，並有小噴泉點綴，很多人都會在此乘涼或小睡片刻。至於Fuente de Mercurio水池則因從半空中傾瀉下水柱，與其內壁畫和雕塑，造就出另一種觀賞風景，吸引人駐足。

3 據說是因摩爾王要求每年需有百名處女進宮而得名的仕女中庭 / 4 逛累的旅人，Fuente de Mercurio水池是個休憩的好地方

在迷宮巷弄中看見猶太人生活老時光
聖十字區
Barrio de Santa Cruz

交通 搭乘輕軌電車至Archivo de Indias站下車後，沿著大教堂旁的Calle Fray Ceferino González街走到Pl. del Triunfo廣場，至Calle Joaquín Romero Murube街共約步行5分鐘，即可到達該區域入口標示 | **地圖** P.279

從皇家城堡獅子門旁的街道漫步就進入此街區，該區在15世紀猶太人遭驅逐前，一直是其居住地，現在於彎曲狹小的街道中仍可窺見當時街區的景象，如「水巷」(Agua)、「生命之街」(Vida)等街名，以黃、藍色油漆點綴在白牆的屋舍、雅緻的門窗，或是聖母、基督像瓷繪畫的裝飾等。

　　此外，矗立著17世紀末十字架裝飾的Plaza de Santa Cruz廣場，外觀質樸、但有著精湛藝術品和聖器收藏的巴洛克式教堂的老年神父醫院(Hospital de los Venerables)也值得一看。而鄰近的Jardines de Murillo花園，有紀念哥倫布發現新大陸500周年紀念碑，有時間不妨一遊。

1 街區內不時出現的花園廣場，方便當地人和旅人在此休憩 / 2 如迷宮般的街道，可讓旅人在尋遊過程中有意外驚喜

被當地人暱稱蘑菇(La Seta)造型的都市陽傘

世界最大的木建築
都市陽傘 Metropol Parasol

地址 Plaza Encarnació s/n｜**交通** 搭乘27、32號公車至 Plaza Encarnació站下車，步行1分鐘即到達｜**門票** 欲參觀傘頂、博物館需要門票，市場、廣場則免費｜**地圖** P.278

耗費6年於2011年完成、占地達5,000平方公尺的都市陽傘，是由德國Jürgen Mayer-Hermann設計的150公尺 X 70公尺 X 26公尺木造蜂巢式結構新興建築，也因造型和構造新穎，所以在當地亦有許多正負面的評價。

　　整體來說，地下層除有登上建築傘頂的售票區，也有個為保留建造時所挖掘到羅馬和摩爾遺址文物的博物館。地面層則是從1837年原址改建來的新恩卡納西翁市場(Nuevo Mercado de La Encarnación)，裡頭有數十個生鮮攤位和咖啡吧，並有些許商店和餐廳，是當地主要的食材採購區之一。

　　而拾階而上的露天廣場，則常被用於舉辦藝術文化活動，也是許多當地人會在此乘涼、休憩的地方，旅人可在此，從不同的角度抬望這座建築。而搭乘電梯到達傘頂後，則可近距離細看這座由每片1.5平方公尺「木板」組成的建築，欣賞其構造，並恣意隨著波動起伏的路線巡遊，觀賞這座歷史古城的城市景觀，且這美景無論是白天還是晚上來，都讓人有不同的感動，如果逛累了，不妨到這裡的咖啡廳小歇一會吧！

1 新恩卡納西翁市場內的咖啡廳，有美味的烤雞和Tapas，亦是當地人常聚集社交的地方 / 2 新恩卡納西翁市場內有許多新鮮食材，當地人常在此採購 / 3 地下層的羅馬和摩爾遺址文物博物館 / 4 夜晚的傘頂和城市，因為燈光的變化，讓登頂漫遊增添些許氣氛

綠意公園裡的兩大知名建築群

瑪麗亞‧路易莎公園
Parque de María Luisa

地址 Av. de Isabel la Católica｜交通 搭乘輕軌電車至Prado San Sebastián站下車後沿著Calle Gral. Primo de Rivera街到Av. Portugal大道向東步行700公尺，穿過對街沿著Av.Gran Capitán即可到達｜門票 博物館皆需門票｜網址 考古博物館www.museosdeandalucia.es/culturaydeporte/museos/MASE／民俗文化博物館 www.museosdeandalucia.es/culturaydeporte/museos/MACSE｜地圖 P.279

以建築圍繞成半圓形的西班牙廣場

在以西班牙瑪麗亞‧路易莎公主命名的同名公園中，因為1929年的伊比利美洲博覽會，而被規畫有西班牙廣場(Plaza de España)和美洲廣場(Plaza de América)兩個主要區域。

西班牙廣場為採半圓形建築的廣場，兩端除有代表天主教雙王的高塔，還有從A～Z排列西班牙近60座城市特色和歷史的瓷繪畫椅座，以展現該城市高超的瓷繪和鑲嵌工藝。並設計有渠道，可在微風輕拂下恣意划盪船隻，而多座連接渠道的磁繪拱橋和巨大的噴水池也是旅人喜愛取景的地方。也因為其頗具特色的設計，讓該廣場也曾為《星際大戰II》(Star Wars Episode II)、《阿拉伯的勞倫斯》(Lawrence of Arabia)等多部電影的場景。

而美洲廣場除了本身美麗的建築和噴泉水池，一旁還有兩座漂亮的博物館建築，分別是以陳設史前時代和古羅馬時期文物著名的「考古博物館」(Museo Arqueológico)和展示塞維亞傳統手工藝和服裝的「民俗文化博物館」(Museo de Artes Costumbres Populares)，而來這除了看建築或是進到博物館參觀，當地人也會在此野餐，或是餵食龐大的鴿子群。除此之外，瑪麗亞‧路易莎公園也不時成為舉辦戶外藝文活動的場所，有時隨興漫步而來，也可能大飽眼福或耳福喔！

1 以西班牙城市特色做成的瓷繪畫椅座，不僅可以近距離觀賞，許多人也在此乘涼休息 / 2 在渠道中悠閒划船之餘，還可邊觀看西班牙廣場這美麗建築 / 3 考古博物館

黃金塔旁就是游河船的停靠點

見證大航海時代的眺望塔

黃金塔
Torre del Oro

地址 Paseo de Cristóbal Colón, s/n │ 交通 搭乘公車03、21、40、41號至Paseo de Cristóbal Colón(Plaza de Toros)站下車後,沿著 Paseo de Cristóbal Colón步行3分鐘即可到達 │ 門票 需現場購票 │ 網址 www.visitasevilla.es/es/lugar-interes/torre-del-oro │ 地圖 P.279

為瓜達基維爾河河畔顯著地標的黃金塔,名字的由來據說是因為貼著金色磁磚的圓頂在陽光的反射下呈現金黃色的光芒,或是作為西班牙航海艦隊從美洲所帶回黃金的接收地而命名。

但它在13世紀建造時主要是作為軍事眺望塔使用,當時對面還有一座塔,兩塔以鐵鍊相連以控制河道,但後來可能因為戰爭被破壞。而在歷史的洪流中,黃金塔也一度作為監獄和倉庫等用途,目前則為航海博物館(Museo Naval)。

現今來到這座12邊形、高約36公尺的三層黃金塔,在第一、二層可以了解塞維亞的航海史與其海上霸權的情況,並可以見到哥倫布航行的船隻模型,以及其他重要的海軍人物介紹。此外,相關的地圖文件、導航工具也都被展示其中,而瓜達基維爾對於塞維亞發展的重要性,亦有詳細的文獻。最後別忘記登上18世紀蓋好的頂樓,將河岸風光盡收眼底。到了晚上,黃金塔也將因為燈光的照射

1 夜晚打上燈的黃金塔也有不同的美麗 / 2 航海博物館內可見許多航海時代重要的船隻模型 / 3 館內亦展示有許多重要人物畫像、航海器具和文件

而幻化為不同的樣貌,當地人都會在其河岸空地乘涼休憩,享受岸邊風光。

西班牙鬥牛士的聖殿

塞維亞鬥牛場
Plaza de Toros de la Real Maestranza

地址 Paseo de Cristóbal Colón, 12｜交通 搭乘公車03、21、40、41、C5號至Paseo de Cristóbal Colón(Plaza de Toros)站下車，步行1分鐘即可到達｜門票 需現場購票｜網址 www.realmaestranza.com｜地圖 P.278

建造於1749年、完成於1881年，可容納約1萬4千名觀眾，為西班牙最大、最古老的鬥牛場之一。其融合巴洛克、古典風格的白黃相間建築，與氣派的正門——王子門(Puerta de Príncipe)，是瓜達基維爾河河畔上鮮明的辨識，而對鬥牛士來說，若能在民眾的夾道歡呼聲中，從王子門被抬出，將是至高無上的榮耀。

入內參觀須採英文或西班牙語的導覽方式進行，其內可見壯闊的環形鬥牛場，與頂層漂亮的拱門裝飾，並有鬥牛博物館，介紹該鬥牛場的歷史、知名鬥牛士及其服飾配件、海報、油畫像、照片等等，還有刺死鬥牛士牛隻的牛頭標本。而門口的紀念品販售區，則有許多和鬥牛及鬥牛士相關意象的別致商品。

鬥牛場正門

1 每年的鬥牛季，都會設計詳細的鬥牛次表貼在售票窗口附近 / 2 鬥牛場大門對街上，知名塞維亞鬥牛士Manolo Vázquez雕像 / 3 商店內有許多鬥牛意象的商品，吸引人購買 / 4 鬥牛場外圍，都會有販售相關商品的小販，有些東西便宜又具代表性，不妨看看

昔日的菸草工廠
塞維亞大學 Universidad de Sevilla

地址 C/San Fernando s/n｜交通 搭乘輕軌電車至Puerta de Jerez站下車，沿著C/San Fernando向東步行300公尺即可到達｜門票 無需門票｜網址 www.us.es｜地圖 P.279

塞維亞大學門口

在18世紀時，曾作為國營企業——菸草工廠使用，並因是當時全國最大且頗富歷史的菸廠之一，也為塞維亞帶來巨大的財富，而《卡門》歌劇中，就是以此為故事舞台，描述卡門在此工作及與荷西相遇的過程。目前已成為塞維亞大學校區的一部分，作為法學、文學與地理、歷史學院使用。

而現今造訪，仍可藉由外牆上菸草工廠(Fábrica de Tabacos)字樣的瓷繪磁磚，與大門上吹著喇叭的天使大理石雕刻、帶有巴洛克和新古典主義風格的立面和中庭，恣意想像當時的故事情境。

1-2 塞維亞大學中庭 / 3 外牆上仍可見到當時有著菸草工廠(Fábrica de Tabacos)字樣的瓷繪磁磚

西國文化發現　卡門故事

這是19世紀法國作曲家喬治‧比才(Georges Bizet)改編自普羅司貝‧梅利美(Prosper Mérimée)同名小說的著名歌劇，後在20世紀改編成電影。

故事描述塞維亞菸草工廠女工——吉普賽女郎卡門(Carmen)誘惑已有未婚妻的青年士兵荷西(Don Jose)，兩人後來雖情投意合，但因鬥牛士埃斯卡米諾(Escamillo)的出現，讓卡門轉變了心意，在荷西返鄉探望即將去世的母親時，卡門應鬥牛士之邀來到鬥牛場，並在廣場外拒絕歸來的荷西的復合要求，荷西在失去理智下，拿出匕首刺殺了卡門。

本劇主要傳達為追求自由和愛情奮不顧身，但卻難逃無可抗拒的悲劇命運，並融入了西班牙鬥牛文化在當時的意義。

因《卡門》歌劇中描述女主角最後在該鬥牛場前被刺殺身亡，所以大門對街可見到卡門的雕像

隨興漫遊景點

除了那些不可不去，也很精采的……

塞維亞最具可看性的私人宅邸
彼拉多之家
Casa de Pilatos

地址 Plaza de Pilatos, 1 | 交通 搭乘公車C5號，到Águilas (Casa Pilatos)站下，步行3分鐘即可到達 | 門票 需現場購票 | 網址 www.fundacionmedinaceli.org | 地圖 P.278

典雅的中庭還以古羅馬神話人物雕像坐落其中

該建築的歷史可以追溯到1483年的安達盧西亞總督，佩德羅‧安里奎茲‧金紐涅斯(Pedro Enríquez de Quiñones)，並由其後代佩德羅‧安里奎茲‧里維拉Fadrique Enríquez de Ribera(第一任塔里法侯爵primer marqués de Tarifa)完成。

由於在1518和1520年，塔里法侯爵行旅至歐洲、並到耶路撒冷朝聖，被當地的文藝復興風格建築所吸引，回來後，便興建這座帶有文藝復興風格的建築，之後經過數次整建，並融入了哥德式、穆德哈爾、浪漫主義的建築形式。而後於20世紀時，則由梅迪納塞里公爵(Medinaceli)入住在此。

所以現在來到這座建築，除能看到由不同建築風格交融的空間，如四周貼滿美麗磁磚、以拱廊圍繞、中央豎立噴泉的中庭(Patio Principal)，還有執政官廳(Salón Pretorio)內精雕細琢的天花板、房間內展示的手工藝品，而與之連接的漂亮花園，也是一定要觀賞的。

另外一個必看的焦點，就是樓上需由導覽人員帶領參觀，展示有珍貴畫作、骨董家具家飾、收藏品的樓層。也因為這裡處處可見迷人

1 運用大量瓷繪磁磚和精緻雕刻拱門做成的長廊，是兼具休憩和觀賞的好地方 / 2 每個房間內，從天花板、牆壁到吊飾，其繁複的做工都叫人目不轉睛 / 3 每個房間的天花板都具有可看性，值得細細觀賞 / 4 戶外細心照料的美麗花園與造景 / 5 從2樓往下看，中庭有不同的美麗

景致，所以有許多電影，如《王者天下》(Kingdom of Heaven)、湯姆克魯斯(Tom Cruise)主演的電影——《騎士出任務》(Knight and Day)都曾以此為拍攝場景。

觀賞和了解佛朗明哥舞的好去處
佛朗明哥舞蹈博物館
Museo del Baile Flamenco

地址 C/ Manuel Rojas Marcos, 3 | **交通** 搭乘公車 C5號，到Jesús de Las Tres Caídas (Alfalfa)站下車，往南沿著Calle Ángel María Camacho走到於 Cuesta del Rosario向左轉直行到Calle Luchana後，沿著該條街接續Calle Manuel Rojas Marcos步行200 公尺即可到達 | **門票** 需門票，可網路訂票 | **網址** www.museodelbaileflamenco.com | **地圖** P.278

館內除有展示佛朗明哥服，在商店區亦可看到

隱身巷弄內、看似樸質外觀的建築，卻是當地知名舞者克里斯提娜‧霍約司(Cristina Hoyos)所創設、傳遞她終生熱愛佛朗明哥舞的地方。除了作為詳細介紹該舞相關知識的場域，這裡也是傳授佛朗明哥舞蹈、唱歌、吉他、西班牙文化的教學中心，多年來不僅培育了相當多優秀的佛朗明哥舞人才，甚至還吸引許多海外人士慕名而來。

在這從2006年開始啟用的4層樓博物館裡，地下層仍可以看見這棟建築原來18世紀時的風貌，現則作為練舞室、展覽空間使用，地面層的中庭則是表演區，除能在晚間欣賞精湛的佛朗明哥舞表演，在一旁的教室，旅人們還可能在專業舞者的指導下，體驗跳佛朗明哥舞的樂趣。

2、3樓則運用多媒體如影片、音樂等，或是照片、服裝、繪畫、文學等展示品，全面呈現佛朗明哥舞的面貌，如該舞蹈的起源、舞蹈、音樂形式，更含括了美學、社會意義和舞者的生活等，甚至還有簡體中文輔助介紹。

此外，位於地面層的商店也很值得一逛，不但能找到許多佛朗明哥舞的用品如服裝、配件，如想更了解該舞蹈，也有CD、書籍、雜誌，更有許多精緻的紀念品，讓人得以延續參觀完後，對於佛朗明哥舞的熱情和想像。

1 位在曲折巷弄內的樸質外觀建築，卻是當地第一個、且是唯一一個以佛朗明哥舞為主題的博物館 / 2 進入館內，透過布置就可以感受到佛朗明哥舞的風情 / 3 商店內琳瑯滿目的佛朗明哥商品，很適合挑選紀念品

當地人跨年倒數的聚集地
市政廳和新廣場
Ayuntamiento y Plaza Nueva

地址 Plaza Nueva, 1 | 交通 搭乘輕軌電車至Plaza Nueva站下車即可到達 | 門票 參觀市政廳，建議先預約 | 網址 www.sevilla.org | 地圖 P.278

市政廳的鐘樓是當地重要的地標之一

坐落在聖法蘭西斯科廣場(Pza. de S. Francisco)的市政廳，是15世紀時因發現美洲所帶來的財富，而決定建設的新建築，由迪亞哥·里亞紐(Diego de Riaño)著手設計，並在部分立面中，雕繪有城市創造者海格力斯(Hércules)與凱撒(Julio César)的歷史神話故事，後來經歷數次整建，亦在繁複華美雕刻的銀匠式風格建築中，融入了新古典主義與哥德式建築風格。現今來到這除了觀看建築，也可預約導覽行程，欣賞內部所陳列的西班牙重要畫家，如委拉斯蓋茲的名作。

而在市政廳西面的新廣場(Plaza Nueva)，則以寬廣的空間、綠意滿溢的樹蔭，成為當地居民休憩、聚會、舉辦活動的地方，尤其是跨年時，這裡更是看著市政府鐘樓，一邊聽鐘聲、一邊吃葡萄，迎接新年到來的好去處。

面向聖法蘭西斯科廣場的市政廳立面有華美的雕刻裝飾

綠樹成蔭的新廣場是當地重要的社交休憩地

西國文化發現

關於「NO8DO」市徽

源於13世紀國王阿方索十世，為感念與其兒子、也是後來的卡斯提亞國王——桑丘四世(Sancho IV de Castilla)在王位爭奪戰爭時，塞維亞人民對其忠誠、不離棄的支持，而讚揚No me ha dejado，以表示(塞維亞一直)不離開我，或沒離棄我而去之意，進而有了「NO8DO」這個縮寫符號(發音為No madeja do)。其中的「8」表示的是線團、絞線(Madeja)的意象(和數字8無關)。目前從塞維亞市政廳，到水溝蓋、欄杆、柱子等公共建設都能不經意看見。

市政廳建築上的市徽

西班牙廣場(P.293)裡的瓷繪市徽

Plaza de Armas Centro Comercial y de Ocio 購物中心(P.301)建築上的市徽

購物、美食一次滿足

委拉斯蓋茲街
C/Velázquez

交通 搭乘公車27、32號於Campana(Sierpes)或Plaza del Duque(La Campana)站下車後，向南沿著Calle O'Donnell步行3分鐘就可到達Calle Velázquez｜**地圖** P.278

委拉斯蓋茲街是當地知名的購物大街

如果問當地人熱門的購物區在哪？那許多人一定會推薦市政府所在地聖法蘭西斯科廣場(Pza. de S. Francisco)北邊所連結，從C/Tetuán、接續C/Velázquez，與其平行的C/Sierpes的整個街區，在這個區含括了西班牙人常買的如Cortefiel、MANGO、Massimo Dutti、OYSHO、SPRINGFIELD、Stradivarius、TOUS、PULL&BEAR、Women's secret、ZARA等西班牙牌子，也有一些歐美品牌，更有許多特色藝品小店(尤其是在C/Sierpes街)、設計店穿插其中，而周邊延伸的巷道內則有許多美食餐廳或Tapas吧，等著旅人發掘、好好品嘗。

此外從C/Velázquez街再往Plaza Duque de la Victoria廣場走去，則有西班牙知名的連鎖百貨公司El Corte Inglés，裡頭更有著包羅萬象的品牌，將能滿足你對購物的渴望。

從該購物區所延伸的巷子內，也有許多做工細緻的西班牙製品店，如專賣西班牙帽子的店家

購物區焦點順遊

Plaza de Armas Centro Comercial y de Ocio
地址 Plaza de Legión, s/n
網址 www.centrocomercialplazadearmas.es
地圖 P.278

由舊車站改裝而來，古典的外觀與優雅的空間讓人印象深刻，除有不少西班牙品牌與知名品牌商店，並有電影院、餐廳和超級市場，是當地人休閒購物的好去處。

Sevilla The Style Outlets
地址 P.I. los Espartales,San José de la Rinconada 41300 - Sevilla｜**交通** 可搭乘免費接駁公車(Autobús Gratuito)前往｜**網址** sevilla-aeropuerto.thestyleoutlets.es/es；**免費接駁公車查詢** sevilla-aeropuerto.thestyleoutlets.es/es/informacion-centro｜**地圖** P.279

塞維亞市區近郊Outlet，有60多個知名品牌在此設點，能以優惠的價格買到許多西班牙好牌，如Adolfo Dominguez、bimba&lola、Desigual、Mango、Massimo Dutti、Piel de Toro(塞維亞當地品牌)等，另也可見國際運動與知名品牌。

巷弄中不乏以瓷繪磁磚拼貼的牆面裝飾

1 在C/San Jorge街尤以31號的Cerámica Santa Ana陶瓷工坊最受矚目/ **2** 在C/Betis街有許多優質景觀餐廳，其中的Rio Grande餐廳頗富盛名

佛朗明哥明星的搖籃

特里安納區
Barrio de Triana

交通 搭乘公車43號，於San Jorge(Altozano)站下，即可開始徒步巡遊該區｜地圖 P.279

沿著舊城區的瓜達基維爾河岸邊漫步，在跨過Puente de Isabel II橋後，就進入了特里安納區，該區最早是吉普賽人的聚集地，也是佛朗明哥舞的發源地，所以這裡亦誕生許多流著吉普賽人血液的知名佛朗明哥舞者和歌手。

現在漫步在狹窄巷弄中，仍不時能聽到從屋舍中傳出的佛朗明哥舞吟唱，與練習佛朗明哥舞的踏步聲，當然這裡也有些佛朗明哥舞蹈坊在此。

除此之外該區內還有許多美麗的風景，包括了塞維亞最古老、建造於1266年的聖安娜教堂(Iglesia de Santa Ana)、在C/San Jorge、C/Alfarería、C/Antillano Campos街道內，建築立面上貼著美麗磁磚的陶瓷工作坊和建築等等。

而在Plaza Virgen Milagrosa廣場上，則有一尊名為羅德里哥(Rodrigo de Triana)的雕像。這是為了紀念誕生於15世紀、和哥倫布第一次出航遠征的水手，據說當時是他在船上眺望到陸地，並喊出「¡Tierra!」(陸地)，而被認為是先看到美洲大陸的第一人，除此之外這裡還有一條以此命名的C/ Rodrigo de Triana街。

另外這裡除了充滿歲月痕跡的房舍，也有許多新興的中上層階級住宅，如C/Betis街，且在其岸邊還有一整排景觀餐廳，如創立於1956年、前任西班牙國王胡安・卡洛斯一世(Juan Carlos I)曾蒞臨的Rio Grande Restaurante餐廳，不僅可以享用美饌，更可以看到對岸的舊城區和黃金塔。

富麗堂皇的宗教信仰中心
馬卡雷娜聖殿
Basílica de la Macarena

地址 Calle Bécquer, 1-3 | **交通** 搭乘公車C5號，到San Luis (Arco Macarena)站下車，往北沿著Calle San Luis到Calle Macarena街口的左手邊即可看到 | **門票** 無需門票 | **網址** www.hermandaddelamacarena.es/la-basilica | **地圖** P.278

黃白相間的聖殿建築，外觀非常顯眼，能輕易地辨認出來

於1941年建造，在1949年落成啟用，由馬卡雷娜教區的兄弟會所建造，全名為馬卡雷娜聖母聖殿(Basílica de Santa María de la Esperanza Macarena)，當地人常以馬卡雷娜聖殿(Basílica de la Macarena)稱之，屬於羅馬天主教宗座聖殿。

在這座以巴洛克風格建造的建築中，可以見到描繪聖母和聖經故事的精美拱頂，與用多彩大理石裝飾的空間，讓人感覺華麗萬分。而在裡頭有著許多的聖像，其中最具可看性、且重要的當屬金色聖壇中，身穿做工華麗、綴以寶石金袍、溫柔神情上淚水滑落臉龐的馬卡雷娜聖母(Virgen de la Macarena)像，此外這裡還有一尊有著華貴裝飾、抱有聖嬰的聖母像，並有耶穌受難像等等，另外在聖壇的後方，不僅有一幅精緻的聖母瓷繪畫可以觀賞，還可依照觀賞時間、拾級而上，近距離觀看馬卡雷娜聖母的服飾和金色頭冠。

也正因為這裡是當地人重要的宗教信仰中心，除了許多人都將此處選為舉行人生重要時刻如婚禮、受洗禮、初領聖餐禮的地點，在聖週期間，如耶穌受難日時，更會將裝扮華美的馬卡雷娜聖母像和耶穌審判像抬出遊行，除了遊行隊伍本身，有時還有高達上千名的信徒跟隨，相當壯觀，可說是當地相當著名的遊行隊伍之一。

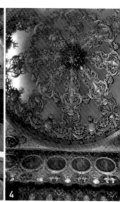

1 教堂內富麗的空間 / 2 許多人都是為了看聖壇上的聖母像而來 / 3 從聖壇後面的樓梯拾級而上，可近距離觀看聖母背面的華貴聖袍 / 4 聖壇後方璀璨華麗的天頂

蒐羅17~20世紀的重要藝術藏品
塞維亞美術館
Museo de Bellas Artes Sevilla

地址 Plaza del Museo, 9 | **交通** 搭乘C5號公車在Monsalve
(Miguel de Carvajal)站下，沿著Plaza del Museo廣場
步行3分鐘即可到達 | **門票** 需現場門票 | **網址** www.
museodebellasartesdesevilla.es | **地圖** P.278

以Merced Calzada de la Asunción修道院在17
世紀進行改建後的繪畫博物館，並於19世紀
中開放，後又陸續經過3次重大改建，而有了現今
我們看到的規模。

由於這個博物館歷經過塞維亞17世紀黃金時期，
當時藝術蓬勃發展，所以有許多藝術品被收納其
中，尤以塞維亞畫家牟利羅(Bartolomé Esteban
Murillo)、蘇巴蘭(Francisco de Zurbarán)為多。

此外，收藏品也從中世紀橫跨到20世紀，並有大
量塞維亞藝術家作品與精美陶器、金銀製藝術品、
紡織品、武器、家具等收藏。因藏品質量驚人，故
在全西班牙重要美術博物館中占有一席之地。

其中不容錯過的，除了有牟利羅的《聖母無原
罪》(Inmaculada Concepción)、《聖母與子》

(Virgen con el Niño)、蘇巴蘭的《十
字架上的耶穌》(Jesús crucificado
expirante)、《洞窟聖母》(La Virgen
de las Cuevas)等畫作，還有埃
爾・葛雷柯(El Greco)、委拉斯蓋茲
(Velázquez)等畫家的作品，此外，
15世紀的佩德羅・米蘭(Pedro Millán)
與皮耶特羅(Pietro Torrigiano)的雕刻
作品也別忘記欣賞。

兼具教堂和醫院的藝術寶庫
慈善醫院 Hospital de la Santa Caridad

地址 C/Temprado, 3 | **交通** 搭乘公車C5號在Santander(Tomas
de Ibarra)站下車，向西沿著Calle Santander走到Calle
Temprado，沿該街步行3分鐘即可到達 | **門票** 需現場購票 |
網址 www.santa-caridad.es | **地圖** P.279

這座結合教堂和醫院的建築，在17世紀時，
由慈善兄弟會(Hermandad de la Santa
Caridad)中的米蓋爾・馬納那(Miguel de Mañana)
創立，主要是為了救助貧窮、瀕臨死亡邊緣的病患
與協助埋葬死刑犯，並為他們祝禱。

教堂的立面採用巴洛克風格，在黃白色相間的三
層建築中，將信、望、愛與聖喬治等以瓷繪畫的方
式呈現，內部除了繁複雕刻結合祭壇畫的大型聖
壇、精雕細琢的拱頂，還有以死亡和救贖為主題、

展示一系列17世紀珍貴收藏的藝術
品。包括有巴爾德司・雷亞爾(Valdés
Leal)的《世界榮光的末日》(Finis
gloriae mundi)、《眨眼之間》(In
ictu oculi)，與牟利羅的《起來行走
的瘸子》(El levantamiento del tullido)
等畫作。

周邊城市散步

如果還有多餘時間，也可順道安排的……

Córdoba

Sevilla

哥多華
Córdoba

交通 在塞維亞的Plaza Duque de la Victoria廣場，坐32號公車至聖塔胡斯塔車站搭乘火車，不到1小時到哥多華火車站出站後可搭乘3號公車抵達市中心的Plaza Tendillas廣場，接著步行約10～15分鐘就可以到達舊城區的清真寺｜**網址** www.turismocordoba.com｜**地圖** P.311

安達盧西亞自治區內哥多華省的首府，位於瓜達基維爾河上游，城市發展的歷史可以追溯到西元前的羅馬時期，在8世紀初摩爾人入侵後，將其作為伊斯蘭統治時期的西班牙首府，且因商業發達，所帶來的都市繁榮，陸續興建多座清真寺、宮殿，隨後在10世紀時阿卜杜拉赫曼三世(Abderramán III)的統治下，更讓哥多華達到全盛時期，奠定阿拉伯文化在文字傳播、醫學、建築、文學、哲學等方面的發展和成就，培育出許多足以影響後代的各領域學者，進而成為歐洲主要的商業和文化藝術城市之一。

現在來到這座城市除能感受到這些古蹟傳遞的歷史過往，更可透過每年舉辦的庭院節和佛朗明哥相關節慶與藝文活動，看到這座城市的活力，莫怪乎除了在1984年被列入《世界遺產名錄》中，也成為2016年歐洲文化之都候選城市之一。現在就跟著Kate來逛逛這座精采的歷史古城吧！

連接清真寺——大教堂，原是喚拜樓的鐘樓

清真寺──大教堂

　　這座在785年，阿卜杜拉赫曼一世下令在西哥德教堂原址上改建，並歷經後世主政者數次擴建的清真寺，在經過200多年完成後，成為占地2萬3千多平方公尺，有上千根石柱，可以容納數萬名信徒的清真寺，成為占地2萬3千多平方公尺、有上千根石柱，可以容納數萬名信徒的清真寺。

教堂內的主祭壇　　　　　　　　　雕飾華美的伊斯蘭風格穹頂和壁面

　　但當摩爾人被驅逐、天主教徒在1236年收復哥多華後，開始陸續將這座建築在保留原有的結構下進行多處改變。不過，當16世紀國王卡洛斯一世(Carlos I)在主教曼里克(Manrique)的建議下、不顧人民反對進行大規模改建後，便讓清真寺有了主禮拜堂的教堂規模與樣貌。但現今仍可以透過遺留下來的850多根柱林、紅白相間的圓拱、雕刻細緻的壁龕、裝飾華美的拱頂一窺當時的伊斯蘭建築風華。「教堂」內則有採巴洛克式、文藝復興風格所建等的多色大理石柱裝飾和主祭壇、唱詩班席位等。

　　而原本是用來跪拜祈禱的橘樹中庭，現在則是許多人乘涼漫步的好地方，而一旁近百公尺高、原來是喚拜樓的鐘樓，和建於14世紀、採穆德哈爾風格建造的赦罪之門(Puerta del Perdón)也是觀看的重點。

清真寺──大教堂內由紅白相間圓拱和柱林形成的景象

漫遊猶太人街區有時會不經意撞見美麗的庭院

猶太人街區

由於國土收復運動後，驅逐令迫使猶太人逐漸離開哥多華，因此若想感受當時猶太人的居住風情，不妨從清真寺北邊到阿莫多瓦門(Puerta de Almódovar)間的彎曲巷弄與白牆屋舍間隨興漫步、感受驚喜。你也許會不經意遇見西班牙僅存3座之一的猶太教堂(Sinagoga)、百花巷(Calleja de las Flores)，或看到漂亮的庭院、小巧的博物館、知名的邁蒙尼德(Maimónides)雕像等。

1 邁蒙尼德廣場(Plaza de Maimónides)上，有兼具醫生身分的知名猶太哲學家邁蒙尼德紀念像 / 2 走進百花巷後，別忘記回頭看看清真寺——大教堂鐘樓的景緻

基督教君主城堡

這座原本為摩爾人的城堡，後在1236年國土收復失地運動後，由阿方索十一世國王下令改建，經過不斷地整建成了現今的規模。而後這座城堡，曾作為攻打剩餘摩爾人的總部、長達3世紀的宗教法庭，也是伊莎貝拉女王第一次接見哥倫布的地方、亦曾為軍營和監獄。而現在來到這座被譽為南部最漂亮城堡之一的建築，可以見到阿拉伯人浴場、古羅馬石棺、讓人目不暇給的摩爾風格花園、圖案多樣的馬賽克鑲嵌磁磚等，也可以沿著城牆登上守衛塔，從不同的角度看城堡。

1 沿著城牆登上守衛塔，可見不同美景

2「基督教君主城堡」內的阿拉伯人浴場 / 3 大型繁複的馬賽克拼貼磁磚畫 / 4 漂亮的水池、花園是城堡內值得一看的美景

小馬廣場

因為曾是中世紀商人和冒險者常聚集的地方，加上文學家賽萬提斯曾落腳該地客棧，而讓這座廣場為人知曉，現在更因有數家博物館和美術館坐落於此而成了藝文廣場。包括了收藏西班牙畫家蘇巴蘭(Francisco de Zurbarán)、穆里歐(Bartolomé Esteban Murillo)等作品的哥多華美術館(Museo de Bellas Artes)，和在同一庭院的胡力歐·羅梅洛美術館，其內主要展示哥多華知名畫家胡力歐·羅梅洛的作品；若對佛朗明哥舞文化有興趣的朋友則別錯過佛朗明哥中心(Centro de Flamenco Fosforito)，裡頭有許多精湛的展示空間，可仔細觀賞。到了五月庭院節(P.60)時，上述所提的兩座美術館與其中庭，有時會開放免費參觀，不妨把握機會。

1 小馬廣場，因廣場中有座小馬雕刻像的噴水池而得名 / 2 佛朗明哥中心是從舊農舍改建而成，2樓也有完整的歷史模型解說 / 3 透過佛朗明哥中心的多媒體與靜態展示，能對佛朗明哥舞有深入的了解

羅馬橋有16座橋墩以抵擋瓜達基維爾河湍急的水流

羅馬橋、卡拉歐拉塔

　　為抵擋瓜達基維爾河湍急水流與兼具戰爭防禦功用，於2世紀所興建連接舊城區和卡拉歐拉塔的羅馬橋，到了夜晚則會因為照明和街頭藝人表演變得更動人。而曾作為軍事要塞、監獄和學校的卡拉歐拉塔，現在則成了運用多媒體介紹哥多華伊斯蘭時期文化的博物館，裡頭多樣豐富的展示空間，很值得一看，而登上塔頂則可以看到美麗的羅馬橋全景。

👉 **來哥多華** **必體驗的事**

- ☑ 參觀清真寺──大教堂
- ☑ 巡遊基督教君主城堡
- ☑ 隨意漫步猶太人區
- ☑ 從羅馬橋散步到卡拉歐拉塔參觀
- ☑ 觀賞一次庭院節
- ☑ 品嘗Salmorejo冷湯與燉牛尾(P.282)
- ☑ 喝Montilla-Moriles酒(P.283)

👆 **哥多華焦點順遊**

維雅那宮
Palacio de Viana
地址 Plaza de Don Gome, 2 ｜ 門票 需門票
網址 www.palaciodeviana.com

　　從14世紀的Viana公爵宅邸改建而來，除有10多座美麗中庭，還可見到該家族珍貴的藝術收藏。

燈火中的基督聖像 Cristo de los Faroles
地址 Plaza de Capuchinos ｜ 門票 無需門票

　　位在Convento de Capuchinos修道院旁，由8座燈火圍繞的耶穌十字架雕刻，傍晚到此觀賞更顯氣氛。

清真寺──大教堂
Mezquita-Catedral
✉ C/Torrijos,10
$ 需門票

基督教君主城堡
Alcázar de los Reyes Cristianos
✉ C/Caballerizas Reales,s/n $ 需門票
WEB www.alcazardelosreyescristianos.cordoba.es

羅馬橋、卡拉歐拉塔
Puente Romano、Torre de la Calahorra
✉ Puente Romano s/n $ 卡拉歐拉塔需門票
WEB www.torrecalahorra.com

小馬廣場 Plaza del Potro $ 以下三者皆需門票
哥多華美術館 WEB www.museosdeandalucia.es/culturaydeporte/museos/MBACO
胡力歐・羅梅洛美術館 WEB www.museojulioromero.cordoba.es
佛朗明哥中心 WEB www.turismodecordoba.org/centro-flamenco-fosforito

猶太人街區──百花巷
Calleja de las Flores
✉ Calleja de las Flores

information

認識西班牙

首　都　馬德里(Madrid)

面　積　約50.6萬平方公里，含伊比利半
　　　　島、巴利阿里群島、加那利群島，
　　　　約台灣(36,188平方公里)的14倍大。

人　口　約4,600萬人，是台灣(2,334萬)的2
　　　　倍。

宗　教　天主教

語　言　全國官方語言為卡斯提亞語(即我們
　　　　熟知的西班牙文)。另有通行於北部
　　　　巴斯克自治區的巴斯克語、西北部
　　　　加利西亞自治區的加利西亞語、地
　　　　中海沿岸加泰隆尼亞自治區的加泰
　　　　隆尼亞語、瓦倫西亞自治區的瓦倫
　　　　西亞語等地方官方語言。

行政區　17個自治區，50個省

☞ *西班牙的世界遺產列表*　必體驗的事

西班牙於2019年9月止共有48處世界
遺產，於本書中介紹者如下：

1.薩拉曼卡(P.149)─舊城區

2.阿維拉(P.154)─舊城區、城牆外教堂群

3.巴塞隆納─安東尼‧高第建築作品(P.171)：
　聖家堂、文森之家、奎爾宮、米拉之家、奎
　爾公園、巴特婁之家

4.巴塞隆納─多梅內切建築作品(P.184)：聖
　十字及聖保羅醫院、加泰隆尼亞音樂廳

5.瓦倫西亞─絲綢交易所(P.246)

6.塞維亞─塞維亞主教座堂(P.289)、皇家城
　堡(P.290)

7.哥多華(P.306)─舊城區

完整清單列表，可參閱網站：whc.unesco.
org/en/statesparties/es

西班牙全圖

比斯開灣
Mar Cantábrico

法國
Francia

葡萄牙
Portugal

北大西洋
Océano Atlántico Norte

薩拉曼卡
Salamanca

塞哥維亞
Segovia

阿維拉
Ávila

★馬德里
Madrid

托雷多
Toledo

卡達給斯
Cadaques

費格列斯
Figueres

吉隆納
Girona

巴塞隆納
Barcelona

瓦倫西亞
Valencia

巴利阿里群島
Islas Baleares

地中海
Mar Mediterráneo

阿利坎特
Alicante

塞維亞
Sevilla

哥多華
Córdoba

格拉那達
Granada

赫雷斯
Jerez

加地斯
Cádiz

馬拉加
Málaga

直布羅陀海峽

加那利群島
Islas Canarias

氣候與服裝

■穿衣

四大城的早晚溫差大，馬德里>巴塞隆納>瓦倫西亞>塞維亞，建議採洋蔥式穿法，春到秋天宜帶條絲巾，冬天應準備圍巾、帽子、甚至是手套。

■時差

夏令時間，3月最後一個週日～10月最後一個週六，減6小時為西班牙時間。

冬令時間，10月最後一個週日～3月最後一個週六，減7小時為西班牙時間。

■建議攜帶物品

當地人夏天鮮少撐傘，故應以帽子和太陽眼鏡為遮陽選擇，並塗抹防曬用品，如果要到海邊，應準備泳衣、泳帽、海灘鞋。秋冬空氣較乾燥，宜帶乳液和護唇膏。

雨季旅遊記得帶傘具。由於水質之故，為避免洗後頭髮乾澀，宜帶潤絲精，另外旅館一般沒提供牙膏、牙刷和室內拖鞋，也應準備為佳。

■適合旅遊季節

3～10月是適合旅行西班牙的月分，11月～隔年2月冬天寒冷，馬德里曾冷到降雪。細分來說，馬德里夏熱冬寒，早晚溫差大，春末～秋初較適合造訪。靠地中海巴塞隆納地區終年氣候溫和，春末夏初多雨，夏秋季適合旅遊。瓦倫西亞的氣候較前兩者更溫和，一年有超過300天的陽光，而在4月中到6月為雨季，夏天雖熱但不黏膩，有時會到8點多才覺天黑，秋天到10月就有涼意，冬天則早晚溫差大，且降雨次數偏多，氣候多風大乾冷。

塞維亞以春末夏初(3月到5月)最適合造訪，夏天有時會在40度左右，秋天氣候乾燥、冬天尤以11和12月多雨。由於這幾年的氣候不穩定，出發前請再次確認。

簽證辦理

從2011年1月11日開始，台灣人到西班牙觀光，無需辦理申根簽證，只要持6個月以上有效護照，就可以在6個月內，最多累計停留90天。

雖然無須簽證，但仍需備妥的入境查驗文件有：

1 持中華民國有效護照離境西國時，仍要有3個月以上的效期

2 來回航班訂位紀錄和回程機票

3 旅館訂房紀錄、付款證明或當地親友邀請函，或當地相關機關證明文件

4 英文或西文旅遊行程表

5 足夠維持在西國旅遊的英文存款證明

6 旅遊保險證明

更多疑問可詳洽**西班牙商務辦事處**
（**Spanish Chamber of Commerce**）：

地址 台北市民生東路三段49號10樓B1室
電話 02-25184901～3
另外，出發前可以視旅途需要，申請國際學生證(ISIC)、青年旅館會員和國際駕照喔！
網址 www.yh.org.tw

交通資訊

■飛機

目前沒有從台灣直飛西班牙的飛機，都需經過亞洲(香港、曼谷、新加坡或杜拜)、歐洲(阿姆斯特丹、羅馬、巴黎、倫敦、蘇黎世、法蘭克福)等大都市，轉機1～2次才能抵達。航班有華航、荷航、泰航、義航、新航、法航、英航、瑞航、德航、國泰、土航。西班牙兩大國際機場為馬德里巴拉哈斯機場(Barajas)、巴塞隆納埃爾普拉特機場(El Prat)。

▶ 機票比價網站
易遊網 www.eztravel.com.tw
Skyscanner www.skyscanner.com.tw
Expedia智遊網 www.expedia.com.tw

▶ 西班牙城市間移動，可參考的廉價航空
瑞安航空 Ryanair www.ryanair.com/en
伏林航空 Veuling www.vueling.com/es
易捷航空 Easyjet www.easyjet.com

■ 火車

西班牙鐵路(Renfe)有下列4種：高速鐵路(AVE)、長程特快列車(Larga Distancia)、地區火車(Regionales)、近郊列車(Cercanias)，除有頭等艙(Preferent)、旅遊艙(Tourist)等的分別，根據換票、退票、選位等條件，也有不同的票價和規定，網路購票時務必看清楚。

網址 www.renfe.es

■ 租車

在機場、車站都有租車公司櫃檯，可以甲地租乙地還，但會比原地租還貴，有的會有還車需加滿油箱的規定。此外，有時在租車公司網站會有優惠，建議出發前好好查詢研究一番。

取車時要出示國際駕照、中文駕照、護照，並都要刷卡先付清，視公司有押金及保險的支付規定和選擇，且租車年齡資格各家不同。以下兩家在台灣都可以先預約。

Avis www.avis.com
Hertz www.hertz.com

訂房與住宿

西班牙的住宿形式常見的有：

■ 飯店(Hotel)

以「H」為代表標示，並用1～5顆的太陽標誌區分等級。

■ 國營旅館(Parador)

是由古堡、修道院改建的西班牙特有旅館形式，全國共有93家。

■ 旅館(Hostel)＆民宿(Pension)

以「Hs」和「P」表示，等級用1～3顆太陽標誌區分。

■ 青年旅館(Albergue Juvenil)

全西班牙約有超過200家，原則上需要有青年旅館會員證才能入住，所以出國前應事先辦好。

▶ 訂房參考
國營旅館 www.parador.es
西班牙青年旅館協會 www.reaj.com
台灣青年旅館會員證辦理處 www.yh.org.tw

▶ 訂房相關網站
Booking.com www.booking.com
Agoda www.agoda.com/zh-tw
Trivago www.trivago.com.tw

★注意事項

1. 一般入住都在下午2點後，若有空房可提前入住，如不能也可寄放行李，若有延遲入住或抵達情況，宜先以信件或電話通知旅館。

2. 西班牙住宿都不提供牙刷和牙膏，多半也不會有拖鞋，請自行準備。若房間無吹風機，可向櫃檯詢問，登記後出借。

3. 退房以中午12點為主，若想繼續觀光，都可以寄放行李。

匯兌及消費購物

■如何帶錢與匯兌？

建議先兌換一部分的歐元現金，因為一到機場就要支付到市區的交通費，而旅行支票因為兌換較為麻煩，且需支付收續費，故應避免使用。

此外，為保險起見，最好帶兩張以上的信用卡。也因為在西國使用信用卡結帳時，除需出示護照、身分證件(有照片和英文名)進行確認，有時還需按「Pin Code」(有時簽名亦可)，因此宜在出國前辦理好預借現金密碼，供刷卡時使用。

若是使用金融卡，記得出國前要向所屬的銀行確認是否可以跨國提款，並且要記住4碼的提款密碼(非台灣晶片卡的6～12位)，提款時，只要在有「Plus」、「Cirrus」的ATM都可以提領歐元現金。

▶ 貨幣單位

歐元 (€) (E u r o)，輔助貨幣單位是分 (Eurocent)

€1 = 約34～40元台幣

紙幣有€5、€10、€20、€50、€100、€200、€500(€50(含)以下紙鈔最常用)，硬幣有€1、€2、50分、20分、10分、5分、2分、1分

■營業時間

▶ 銀行
週一～週五 08:30～14:00，週六到13:00

▶ 商店
週一～週五 10:00～14:00，16:30～20:30
週六10:00～14:00

▶ 百貨公司和購物中心
週一～週六10:00～22:00，El Corte Inglés 百貨公司週日和節日為11:00～21:00

* 以上仍依實際狀況，有所調整

■小費的學問

在西班牙餐飲消費時，付小費非必須，亦可將找回的零錢留下當小費，飯店住宿的服務生服務費則以支付€1為基本禮貌。

■購物與退稅

▶ 退稅怎麼做？

1. 在Tax Free商店，符合€90.15的消費標準

辦理時，記得要認明貼有Tax Free標誌的商店，退稅的要點是，必須累積購買超過€90.15的商品，凡服飾、珠寶、手錶配件都在此範疇。

2. 在商店辦理退稅單

先在商店填寫個人資料及護照號碼和地址，如果是使用信用卡，則要註明信用卡號碼，在簽名後，即可領退稅單，上頭註明有商品的名稱、金額與可退的金額。

3. 到出境機場的退稅處蓋章

退稅時，到離開歐盟最後的出境機場退稅櫃檯，將退稅的物品、機票、護照、退稅單、購買收據拿給相關人員檢查，待蓋章後，依照退稅公司規定，有的可在代理退款處領回現金。

★注意事項

1. 所謂的同一家商店，即便是同一品牌有許多分店，也算同一家。

2. 要退稅的商品要放隨身行李且不能開封。

3. 退稅時，如果不及辦理，可在退稅櫃檯蓋完章後，將退稅單註記上信用卡號碼，放入信封，投入退稅處旁的郵筒，而退稅款項會在數週後退到信用卡帳戶或以銀行支票的方式寄送。

通訊、網路及郵務

■電壓

220V，電器插頭是2根圓柱頭，插座是圓形凹孔狀，台灣電器到西國使用時，需使用變壓器和轉接頭，並確認電壓。

■寄明信片和包裹

除了機場外，一般的郵局(Correos)雖然各區不盡相同，但普遍來說營業時間在週間為：09:00～14:00，17:00～19:30，總局在週六早上會營業。單買郵票(Sello)可以在書報攤(Kiosko)買，投入街頭的黃色郵筒內即可，如有兩個寄件口，請投國外(Extranjero)。地址可以寫中文，但一定要強調註明Taiwan字樣；若是包裹則需到郵局辦理，目前都只有航空寄送(Por Avión)，約2週可到。

網址 www.correos.es

■電話這樣打

西班牙的公共電話可以直接撥打國際電話，電話卡可以在西班牙的電信公司Telefonica的服務處、書報攤(Quiosco)、菸店(Estanco)購買，也可以投幣。

▶ 從西班牙打回台灣

撥到台灣市話

國際冠碼	台灣國碼	區域號碼	電話號碼
00	886	2	XXXX-XXXX

（去掉0，以台北市為例）

撥到台灣手機

國際冠碼	台灣國碼	手機號碼
00	886	9XX-XXX-XXX

（手機要去掉前面的0）

▶ 從台灣打至西班牙

撥到馬德里

國際冠碼	西班牙國碼	區域號碼	電話號碼
002 +	34 +	913 +	XXX-XXX

撥到巴塞隆納

國際冠碼	西班牙國碼	區域號碼	電話號碼
002 +	34 +	933 +	XXX-XXX

撥到瓦倫西亞

國際冠碼	西班牙國碼	區域號碼	電話號碼
002 +	34 +	963 +	XXX-XXX

撥到西班牙手機

國際冠碼	西班牙國碼	手機號碼
002 +	34 +	6XX-XXX-XXX

■網路

如需申請網路，可以查詢當地電信通訊公司如Movistar、Vodafone和Orange等所推出的購買預付卡上網服務。不過現在西班牙有些餐廳都有免費Wi-fi可供上網，而在入住的飯店如果有提供上網服務，記得詢問登入的帳號和密碼。

■旅遊資訊APP

以下APP皆為免費，且多為當地城市的旅遊資訊性小指南，旅人可視手機規格所能相容的系統下載，增加旅遊便利性，提高玩樂興致！

▶馬德里

Guía Bienvenidos a Madrid
適用系統 Android、iOS

馬德里官方提供，英、西文介面，雖圖片不多，但卻有諸多旅人會用到的實用在地資訊，並有天數、遇到下雨和行程規畫建議。

Metro de Madrid Oficial
適用系統 Android、iOS

馬德里官方提供，有中文介面，並有地鐵圖、票價等資訊，能藉此快速查詢最近地鐵站，做出旅遊計畫。

Guía de Madrid（Guía Punto）
適用系統 Android、iOS

英文介面，除有多樣旅遊資訊，在「Only in Madrid」類別中，提供許多有趣的城市玩法，並有鄰近城市遊玩資訊。

▶巴塞隆納

Barcelona Official Guide
適用系統 Android、iOS

有英、西文介面，提供旅人所需的城市介紹、交通地圖、景點分區介紹、和眾多藝文娛樂資訊，並有多樣照片集可供觀賞。

▶塞維亞

Sevilla
適用系統 Android、iOS

塞維亞市政府提供，西文介面，涵蓋當地旅遊必要資訊，並有景點路線與家庭旅遊的景點規畫建議。

▶瓦倫西亞

Love Valencia - Guía y agenda
適用系統 Android、iOS

西文介面，除有吃喝玩樂必備資訊，並有如夜生活、休閒生活，與豐富多樣的城市藝文活動訊息。

Visit Valencia
適用系統 Android、iOS

瓦倫西亞官方提供，可選擇英文介面，除了景點、旅遊路線介紹與地圖下載，還能直接使用APP購買旅遊卡與部分景點門票，並享有折扣，且能預定美味餐廳。

緊急救助及醫療

■緊急救助

▶馬德里駐西班牙台灣經濟文化辦事處
Oficina Económica y Cultural de Taipei

地址 C/ Rosario Pino, 14-16,Piso 18Dcha 28020 Madrid
交通 搭乘地鐵1號線至Valdeacederas站，或10號線至Cuzco站下車，步行約5～10分鐘即可到達
時間 週一～週五09:00～14:00、15:30～18:30
電話 +34-915-714-678、+34-915-718-426
急難救助行動電話 639-384-883
Email esp@mofa.gov.tw
網址 www.taiwanembassy.org/ES

▶馬德里境外旅客服務處（S.A.T.E）

協助證件、物品遺失、遭竊辦理和受難旅人救助，及聯繫駐外單位的中央警局機構。

地址 C/ Leganitos Nº 19 (靠近 Plaza de España)
交通 搭乘地鐵2號線到Santo Domingo下車；或2搭地鐵3、10號線到 Plaza de España下車；或搭地鐵3、5號線於 Callao站下車後，步行10分鐘內可到達
時間 每天09:00～22:00
電話 902-102-112 (24小時，有英語服務)

■醫院、藥局

生病、受傷時可以到門外掛有綠色十字的藥局(Farmacia)買藥，週一～五營業時間：09:30～13:00、17:00～20:30，週六10:00～13:30，有的會有24小時營業。在西班牙藥局買藥絕大多數需要處方籤，所以有特殊用藥者，出國前記得向台灣醫生申請英文處方籤。若是急症，到醫院看完病後的收據要留存，回國才可以申請保險給付。

旅行費用規畫參考

■住宿

▶ **青年旅館、無星級旅社** €15/人～€35

▶ **2、3星級** €40～€75

▶ **3、4星級** €80以上

* 以上為2人平常住房之房價，如為度假勝地或遇節慶、假日則會調漲，建議出發前預先訂房

■餐點

三明治、漢堡約€7、午間套餐€10、晚餐餐廳€15～€30。

* 以上為1人約略估算值

■交通、娛樂

由於目前的景點票價都偏高，尤其是人氣景點，票價約要€15上下，三大城的往來鐵路交通，單趟一般票價平均約€40～€75上下，租車則還有過路費及停車費。此外，西班牙的飯店住宿，停車費多半另計，路邊停車應注意告示。

其他旅遊注意事項

1 西班牙的自來水偏硬，建議買礦泉水飲用為佳。

2 西班牙各城都會設置旅遊中心（辨識符號為i，Información），可以取得必備的當地旅遊資訊，和最新的景點開放資料，並有各式城市導覽行程，可以在此報名，如果抵達時較晚或適逢週日旅遊中心休息，可先和飯店要份地圖。

3 由於主要景點都在舊城區，故可先從該區漫遊，也因巷道狹窄、車位有限，主要以徒步為主，所以停車不方便。此外，也因屬觀光區，房價偏高且較吵，所以訂房時，宜再三斟酌。

4 護照、簽證、機票、旅行支票、信用卡等證件應影印兩份，一份給家人、一份帶出國與正本分開放，並隨身攜帶信用卡緊急掛失電話，以及3張以上的大頭照，方便證件補發時使用。

5 觀光大城都有扒手宵小，西班牙也不例外，除了包包放前面，錢財不露白且分開放之外，也要注意靠近的「任何」陌生人。再者，穿著不要招搖、舉止盡量低調、不要夜歸都是保身之道。另外近年來流行假警察假借搜身、檢查之名，實採偷竊、詐騙行為，也請大家留意喔！

世界主題之旅 87

(20'～21'版)

西班牙深度之旅：馬德里、巴塞隆納、瓦倫西亞、塞維亞

| | | 國家圖書館出版品預行編目(CIP)資料 |

作　　　者　宋良音

總　編　輯　張芳玲
發 想 企 劃　taiya旅遊研究室
編輯部主任　張焙宜
企 劃 編 輯　張焙宜
主 責 編 輯　林孟儒
修 訂 主 編　邱律婷
修 訂 編 輯　黃　琦
美 術 設 計　吳靜雯
地 圖 繪 製　何仙玲
封 面 設 計　林惠群
修 訂 美 編　林惠群

西班牙深度之旅：馬德里、巴塞隆納、瓦倫
西亞、塞維亞 / 宋良音作. -- 五版. -- 臺北市
：太雅, 2019.12
　　面；　公分. -- (世界主題之旅；87)
　　ISBN 978-986-336-358-3(平裝)

　　1.旅遊　　2.西班牙

746.19　　　　　　　108016235

太雅出版社
TEL：(02)2882-0755　FAX：(02)2882-1500
E-MAIL：taiya@morningstar.com.tw
郵政信箱：台北市郵政53-1291號信箱
太雅網址：http://taiya.morningstar.com.tw
購書網址：http://www.morningstar.com.tw
讀者專線：(04)2359-5819 分機230

出 版 者　太雅出版有限公司
　　　　　台北市11167劍潭路13號2樓
　　　　　行政院新聞局局版台業字第五〇〇四號

總 經 銷　知己圖書股份有限公司
　　　　　106台北市辛亥路一段30號9樓
　　　　　TEL：(02)2367-2044／2367-2047　FAX：(02)2363-5741
　　　　　407台中市西屯區工業30路1號
　　　　　TEL：(04)2359-5819 FAX：(04)2359-5493
　　　　　E-mail：service@morningstar.com.tw
　　　　　網路書店 http://www.morningstar.com.tw
　　　　　郵政劃撥 15060393(知己圖書股份有限公司)

法律顧問　陳思成律師

印　　刷　上好印刷股份有限公司 TEL：(04)2315-0280
裝　　訂　大和精緻製訂股份有限公司 TEL: (04)2311-0221

五　　版　西元2020年1月1日
定　　價　430元

ISBN　978-986-336-358-3
Published by TAIYA Publishing Co.,Ltd.
Printed in Taiwan

填線上回函，送 "好禮"

感謝你購買太雅旅遊書籍！填寫線上讀者回函，
好康多多，並可收到太雅電子報、新書及講座資訊。

好康 1

好康 2

每單數月抽10位，送珍藏版
「祝福徽章」

方法：掃QR Code，填寫線上讀者回函，
就有機會獲得珍藏版祝福徽章一份。

填修訂情報，就送精選
「好書一本」

方法：填寫線上讀者回函，並提供使用本
書後的修訂情報，經查證無誤，就送太雅
精選好書一本(書單詳見回函網站)。

＊同時享有「好康1」的抽獎機會

西班牙深度之旅
(20'～21'版)

bit.ly/2QY37Yz

＊「好康1」及「好康2」的獲獎名單，我們會
　於每單數月的10日公布於太雅部落格與太
　雅愛看書粉絲團。

＊活動內容請依回函網站為準。太雅出版社保
　留活動修改、變更、終止之權利。

太雅部落格 http://taiya.morningstar.com.tw
　　有行動力的旅行，從太雅出版社開始

23 太雅 週年慶

發票登錄抽大獎
首獎 澳洲Pacsafe旅遊防盜背包

凡於 **2020/1/1～5/31** 期間購買太雅旅遊書籍(不限品項及數量)
上網登錄發票，即可參加抽獎。

首獎
澳洲Pacsafe旅遊防盜背包 (28L)

RFID晶片
防側錄口袋

專利防盜鎖扣

2名

普獎
BASEUS防摔觸控靈敏之
手機防水袋

顏色
隨機出貨

80名

掃我進入活動頁面
或網址連結 https://reurl.cc/1Q86aD
活動時間：2020/01/01～2020/05/31
發票登入截止時間：2020/05/31 23:59
中獎名單公布日：2020/6/15

活動辦法
● 於活動期間內，購買太雅旅遊書籍(不限品項及數量) ，憑該筆購買發票至太雅23周年活動網頁
，填寫個人真實資料，並將購買發票和購買明細拍照上傳，即可參加抽獎。
● 每張發票號碼限登錄乙次，並獲得1次抽獎機會。
● 參與本抽獎之發票須為正本(不得為手開式發票)，且照片中的發票須可清楚辨識購買之太雅旅遊
書，確實符合本活動設定之活動期間內，方可參加。
● 若發票存於電子載具，請務必於購買商品時，告知店家印出紙本發票及明細，以便拍照上傳。
＊主辦單位擁有活動最終決定權，如有變更，將公布於活動網頁、太雅部落格和「太雅愛看書」粉絲專頁，恕不另行通知。